普通高等教育"十一五"国家级规划教材

21世纪新概念教材："换代型"系列

高等职业教育旅游与饭店管理专业教材新系

旅游交际礼仪

（第五版）

乔正康　陆永庆　王春林　郑旭华　编著

东北财经大学出版社
Dongbei University of Finance & Economics Press

大连

图书在版编目（CIP）数据

旅游交际礼仪/乔正康等编著．—5版．—大连：东北财经大学出版社，2015.7（2017.8重印）

（高等职业教育旅游与饭店管理专业教材新系）

ISBN 978－7－5654－2004－7

Ⅰ．旅…　Ⅱ．乔…　Ⅲ．旅游业–礼仪–高等职业教育–教材　Ⅳ．F590.63

中国版本图书馆CIP数据核字（2015）第151203号

东北财经大学出版社出版

（大连市黑石礁尖山街217号　邮政编码　116025）

教学支持：（0411）84710309

营销部：（0411）84710711

总编室：（0411）84710523

网　　址：http：//www.dufep.cn

读者信箱：dufep@dufe.edu.cn

大连图腾彩色印刷有限公司印刷　　东北财经大学出版社发行

幅面尺寸：185mm×260mm　　　字数：359千字　　　印张：15.25

2015年7月第5版　　　　　　　　2017年8月第25次印刷

责任编辑：许景行　张晓鹏　　　　　责任校对：刘　洋

封面设计：冀贵收　　　　　　　　　版式设计：钟福建

定价：29.00元

总　序

中国的旅游管理教育已经走过了二十多年的历程。二十多年，对于人生而言，可说已经走近成熟了。然而，对于一个学科的发展来说，这么短的时间恐怕只能够孕育学科的胚芽。万幸的是，这二十多年不同于历史进程中的一般二十多年。由于我们坚持了改革开放的政策，我们的视野由此而得到扩展，我们的信心由此而得到强化，我们的步伐也由此而得以加快。所以，虽然只有二十多年，但在中国的教育园地和学科家族中，旅游管理经过有效的分化与发展，已经形成了学科体系的基本雏形。如今，旅游管理专业把中等职业教育作为起点，并设有高职高专、普通本科和研究生教育（包括硕士和博士研究生教育）。这样完整的教育层次系统，展示了旅游管理教育发展的历程和成果，同时也提出了学科建设中的一些迫切需要解决和面对的问题，其中最重要的一点，就是如何在不同的教育层次和不同的教育类型上对教育目标和教学模式进行准确定位。当旅游管理高等教育领域中开始出现职业教育这种新的教育类型时，这一点就尤其显得突出了。

我国改革开放后得以重建的高等教育体系向来注重的是学科教育，一直没有给高等职业教育以足够的重视。困扰教育家们的问题似乎不是学科教育和职业教育的关系问题，而是在学科教育体系中如何区别普通专科教育与本科、研究生教育的层次和定位问题。二十多年的教育实践证明，人们在这三个层次上所做出的定位努力没有取得应有的效果。相反，在几乎所有的专业领域，都或多或少地存在着一种倾向，即专科教育仅仅是本科教育的简单压缩，而研究生教育仅仅是本科教育的有限延伸。这种状况导致了人才培养的低效率，也由于人才规格的错位而造成了人才使用上的浪费，甚至引起社会用人单位与教育机构之间在这个问题上的矛盾。

正是由于存在着这种带有普遍性的问题以及解决这种问题的动力，我国高等教育近年来的改革在这方面才有了比较大的突破：高等普通专科教育向高等职业教育转轨。这种转轨使高等职业教育在一定程度上提高了层次，引起了社会的重视，从而使高等职业教育成为高等教育体系中的重要类型。高等职业教育的登堂入室，创造了一种有效的社会氛围，也反过来促使普通专科教育不得不重新审视自己一贯坚持的教育思想和教学模式，正视自己所面临的问题，并抓住历史的机遇。换言之，普通专科改弦更张的内力和外力都已经具备了。这种转型，是一种全方位的转换，而不是局部的调整。它涉及培养目标的重新定位、教学模式的重新选择和教学条件的有效变更。从培养目标上看，高等职业教育将更加突出人才规格的专业技能性和岗位指向性；从教学模式上看，要着力体现专业设置的职业性、教学内容的实用性和教学过程的养成性；而从教学条件上看，则必须实现教学主体的双元化（即产业部门和教育部门的有效合作）、教师队伍的"双师身份"，并拥有完备的实训手段。只有在以上几个层面实现全面转型，高等职业教育才能培养出合格的人才。在这方面，德国的双元制教学模式、加拿大的以能力培养为中心的 CBE 教学模式、澳大利亚的 TAFE 职业教育模式以及国际劳工组织的 MES（职业技能模块组合）教学模式，都有值得我们借鉴的东西。

　　然而，比较发达国家的高等职业教育实践，我国的高等职业教育近年来并没有完全摆脱传统的学科教育模式的束缚，有的专业领域的高等职业教育与原来的普通专科教育相比，可谓换汤不换药。目前的旅游管理专业高等职业教育在很大程度上就是这样一种情况。中国在旅游管理专业实行高等职业教育是在全国职业教育工作会议召开后，与其他一些专业同时步入职业教育领域的。由于中国旅游管理专业的普通高等教育二十多年来所追寻的教育模式也一直是学科教育的模式，由于人们对旅游管理高等职业教育的性质认识不清，由于整个社会还不能建立起对旅游高等职业教育的有效支持机制，由于转型后的普通专科院校在实施职业教育时缺乏相应的软件和硬件条件，甚至由于一部分高等职业教育机构的办学动机错位等原因，脱胎于这种背景的职业教育，就自然难以脱离学科教育的定式，难免出现教育的低效率状况。其结果是导致这样一种局面：当前的旅游管理专业的高等职业教育不过是由一些"新生的"或"转型的"教育机构承办的传统的学科教育的翻版。这种翻版在教师的知识背景、教学设计的结构安排、教材的选择和使用以及实验室建设等方面都有所体现。这种教育模式的后果，不仅仅是教育资源的浪费和学生受教育机会的丧失，而且也是旅游产业发展机会的丧失。

　　解决这个问题，实际上是一个系统性的工程，非一朝一夕之功所能奏效。高等职业教育思想的改变，教师的培养，尤其是全社会的职业教育体制和机制的构建和完善，都需要一个过程。但是，这里也有可以马上做起的工作，那就是教材的建设。

　　教材是教育实施过程的重要载体之一。尽管教材建设也同样需要有成果的积累，但在一定情况下，教材建设的先进性、前瞻性和科学性是可以实现的。尤其是第二次世界大战以后发达国家在旅游教育领域所积累的经验，如职业教育和普通学科教育间的差别以及实现这种差别教育的制度性建设，在职业教育领域已经取得的多方面成果，在职业教育的人才规格、培养目标、教育特色等方面形成的认识，在教材建设中所探索出的先进经验等，都可以成为今天我国旅游职业高等教育发展的基本参照和经验宝库。东北财经大学出版社现在推出的这套旅游与饭店管理专业高职高专教材，正是在这种认识和思想主导下完成的一个大动作。这套教材的问世，其意义将不仅仅局限在高职教学过程本身，而且还会产生巨大的牵动和示范效应，将对旅游管理与饭店专业高职教育的健康发展产生积极的推动作用。

　　推出的这套"高职高专教育旅游与饭店管理专业教材新系"，是在原"高等专科旅游管理专业系列教材"的基础上改版形成的。原专科教材由于定位准确、风格明显、作者队伍精干，已得到全国各大专院校的普遍认可。而为了适应蓬勃兴起的高等职业教育的需要，改版教材无论是在指导思想上还是在内容的组织上，都做了彻底的调整。这套改版教材的编写，充分体现了全体编者对旅游与饭店高等职业教育规律和特征的认识，对旅游与饭店管理专业高等职业教育的规格、层次、教育对象的特点的把握，对职业教育与普通学科教育的区别的理解，以及对发达国家职业教育的借鉴。同时，这套教材也体现了我国高校教师在感受20世纪90年代世界范围内兴起的以满足旅游者个性化需求为导向的"新旅游"这一时代脉搏之后所做出的积极反应，从而使这套教材有了更超前的视野。这种独特而新颖的教材编写思路，最终还通过在教材形式建设上颇具匠心的处理而进一步得以体现，使这套教材成为一种能打破传统学科教学模式、适合高职教育的目标和学生特点，同时反映教材编写样式之世界潮流的全新的"换代型"教材。凡此种种，都足以说明这是一套有特殊奉献的高质量教材。坦率地说，这套教材的问世，应该是目前旅游与饭店管理专业高等职业教育领域的一件幸事。

东财版"21世纪新概念教材·换代型系列：高职高专教育旅游与饭店管理专业教材新系"自20世纪90年代末全套推出到2012年，绝大部分已出四版，印刷20余次，其中有8种入选"普通高等教育'十一五'国家级规划教材"，2种分别入选"教育部普通高等教育精品教材"和"中国旅游协会旅游优秀教材"，深受广大高职院校师生的喜爱与欢迎。

为了将《国家中长期教育改革和发展规划纲要（2010—2020年）》中提出的"着力提高人才培养水平"，"坚持育人为本，德育为先"，"强化能力培养，创新人才培养模式"，"着重培育学生的主动精神产创造性思维"等新时期教育要求进一步落到实处，完成"十二五"起我国高等职业教育新型人才培养的阶段性目标，专业课程教材必须与时俱进，体现国内外先进的专业技术水平、教育教学理念和课改新趋势，同步实现课程教材建设的模式转换。为此，我们于2012年底启动了对第四版教材的全面修订，于2013起推出全新的第五版。

新版教材在研究和能动落实新时期国家教育部关于高等职业教育定位相关文件精神与要求的基础上，从以下方面沿着"21世纪新概念教材·换代型系列"的方向继续前行：

1.同步提升高职高专职业教育的人才培养目标定位。新版高职专业教材将人才培养目标由先前的"教高〔2006〕16号"文件定位，即"培养面向生产、建设、服务和管理第一线高素质技能型专门人才"目标，经过"教职成〔2011〕9号"文件定位，即"培养高端技能型人才"目标，向内涵更为丰富的"培养高等职业复合型专业人才"目标迈进。

2.兼顾与中职专业课程教材的"衔接"和"层次区别与提升"。在教学重点、课程内容、能力结构等方面，既细化了高职专业教材与中职专业教材的有机衔接，也研究和探索了"高等职业学院"不同于"中等职业学校"的专业教材层次区别与提升。

3.兼顾"工学结合型"教育所要求的"双证沟通"与"互补"。在把国家职业资格标准融入专业课程内容与标准的同时，一方面着眼于高等职业学历教育与职业培训的重要区别，强化了对学生"职业学力"特别是"学习迁移能力"的培训和训练；另一方面通过同步反映行业领域、国内外高职教育教学及课程改革新发展、新标准、新成果，弥补国家职业资格标准因"制定—调整"周期过长而导致的相对滞后性不足。

4.扩展了"职业学力"建构的基本内涵。将学生"职业学力"基本内涵的建构，由先前的"职业知识"和"职业能力"两者并重，扩展到"职业知识"、"职业能力"和"职业道德"三者并重，致力于建构以"健全职业人格"为更高整合框架的教材赋型机制。

5.兼顾"理论"、"实务"、"案例"和"实训"诸多教学与训练环节。与那种单纯侧重"实务"和"技能操作"的高职课改倾向不同，本系列修订版教材着眼于自20世纪90年代以来"学术课程"与"职业课程"整合的世界职业教育主流课改趋势，以E.L.桑代克、J.S.布鲁纳、D.P.奥苏贝尔、J.安德森和弗拉威尔、M.C.维特罗克、R.J.斯皮罗等等著名教育心理学家的相关研究成果为指导，依照"原理先行、实务跟进、案例同步、实训到位"的原则，循序渐进地展开高职专业课程教材内容。

6.对照《国家中长期教育改革和发展规划纲要（2010—2020年）》关于"强化能力培养，创新人才培养模式"，"着重培育学生的主动精神和创造性思维"等新时期的教育要求，将"问题思维"和"创新意识"培养纳入新版高职专业教材的人才赋型机制中。

7.兼顾各种教学方法。将"学导式教学法"、"案例教学法"、"互动教学法"、"问题教学法"、"讨论教学法"、"项目教学法"等诸多先进教学方法具体运用于专业课程各种教学活动、功能性专栏和课后训练的教材设计中。

教材改革与创新是一项系统工程，旨在培养高等技术应用型人才的高职高专教育教材改革与创新更是如此。我们试图在深入调查研究、系统总结国内外教材建设先进经验的基础上，与时俱进地不断推出具有我国高职高专特色、优化配套的旅游与饭店管理专业新型教材。

期待广大专家、学者和读者们继续给我们以宝贵的关怀与支持，使本系列教材通过阶段性修订，与我国新时期高职高专教育旅游类专业教学及课程改革发展始终保持同步。

"高职高专教育旅游与饭店管理专业教材新系"
项　目　组

第五版前言

当前，我国旅游事业空前繁荣，2014年，国内游达到36亿人次，出国游达到1.15亿人次，双双创出历史新高。中国出国旅游人数和国外消费水平已取代美国和德国，稳居世界首位。习近平主席在博鳌亚洲论坛2015年年会上的主旨演讲中说，未来5年，中国出境人数将超过5亿人次。

但是，我国旅游业也出现了新的问题：一方面，旅行社用低价推销出国游，大量教育程度较低、对旅游交际基本礼仪和外国文化习俗一无所知的人群蜂拥出国；另一方面，大城市和二三线城市的旅行社雨后春笋般出现，从业人员大量短缺，一些不具备礼仪素质和接待能力的人员滥竽充数。这些都带来很多矛盾和抱怨。

国家旅游局已采取了很多治理措施，包括立法、培训、加强管理、调高出国游价格等等，但治本的方法还是得进行系统的旅游交际礼仪的教育，提高出国人员的文明素质。正是在这样的新形势下，对《旅游交际礼仪》的修订和教学就显得十分迫切了。

为适应不断变化着的环境，能动落实《国家中长期教育改革和发展规划纲要（2010—2020年）》和教育部关于高等职业教育新近文件的精神与要求，本书第五版对第四版的内容和形式都做了较大改动和增删：

1.同步提升了高职高专职业教育的人才培养目标定位。新版教材将人才培养目标由先前的"教高〔2006〕16号"和"教职成〔2011〕9号"文件定位，向内涵更为丰富的"培养高等职业'应用—复合'型专业人才"目标迈进。

2.扩展了"职业学力"建构的基本内涵。为体现"人才培养立德为先"的教育理念，新版教材将学生"职业学力"基本内涵的建构，由先前版本的"知识目标"、"技能目标"、"能力目标"，扩展到"职业知识"、"职业能力"和"职业道德"三者并重，并强化了"问题思维"和"创新意识"训练，致力于建构以"健全职业人格"为更高整合框架的教材赋型机制。

3.兼顾了"理论"、"实务"、"案例"和"实训"诸多教学与训练环节。新版教材着眼于"学术课程"与"职业课程"整合的当代世界职业教育主流课改趋势，依照"原理先行、实务跟进、案例同步、实训到位"的原则，循序渐进地展开高职专业课程教材内容。各章正文部分设置引例、同步案例、同步思考、职业道德与企业伦理等功能性专栏，章后"基本训练"的基本题型与"学习目标"相对应，设置"知识训练"（包括"复习题"和"讨论题"）、"能力训练"（包括"理解与评价"、"案例分析"和"实操训练"）和"善恶研判"等题型，使知识复习、技能实训、素质提高都落到了实处，做到了教师好教、学生好学。

4.兼顾了各种先进教学方法。新版教材将"学导式教学法"、"案例教学法"、"问题教学法"、"讨论教学法"、"项目教学法"等诸多教学方法具体运用于专业课程的各种教学活动、功能性专栏和课后训练的教材设计中。

5.在内容方面，第1章章名改为礼仪概述，原来的3、4、5三节合成了"学习旅游交际礼仪的意义和方法"一节；第4章第2节删去了"会展场所设计"关于建筑装潢的内容，节名也改成"会展场所布置和装饰礼仪"；第5章增写了第1节"国际交往的基本原则"，以后各节改为"迎送礼仪"，"会见、会谈、签字礼仪"，"宴请礼仪"，"文艺晚会与参观游览礼仪"，删去了内容重复的第5节"礼宾次序和国旗悬挂法"；第7章删去了第1节"概述"，另两节名称改为"国内部分民族礼仪与禁忌"、"我国港澳台地区礼仪与禁忌"；第8章针对当前出国游人数众多、问题多发的情况，主要向出国游人员介绍四大洲主要旅游国家的礼仪、生活习惯与禁忌等等，各章的文字也相应有较大改动。书后增加了有关礼仪的谚语、敬语、谦辞、节日等资料（见附录1~5）。

为方便教学，本书第五版补编了"章后习题参考答案与提示"，并制作了PPT教学课件。使用本教材的任课教师可登录东北财经大学出版社网站（www.dufep.cn）免费查询或下载这些网络教学资源。

本书可作为中高等职业教育旅游与饭店管理专业的通用教材，也可作为旅游企业在职员工的培训教材。

本书第五版由乔正康修订，参考了最新出版的相关高校教材和众多礼仪方面的著作以及报章杂志上的资料，并得到了东北财经大学出版社许景行编审的大力支持和帮助，在此一并表示感谢！由于时间较紧，错漏之处恐在所难免，祈望使用本书的老师、同学、旅游者、旅行社工作人员提出宝贵意见。

乔正康
2015年4月

第四版前言

本书自 2000 年问世后，经多次修订再版，累计发行量达 10 余万册，被广泛用于高职高专旅游与饭店管理专业教学、成人教育以及旅游行业管理干部岗位培训，并受到了普遍的好评。

根据《面向 21 世纪教育振兴行动计划》和国务院《关于加快发展旅游业的意见》，适应我国社会主义市场经济体制下新型旅游管理岗位第一线的需要，为满足高职高专旅游与饭店管理专业对新型教材的需求和旅游企业接待工作的实际需要，我们对《旅游交际礼仪》一书进行了第三次修订。

本次修订有以下特点：一是定位明确；二是结构新颖；三是内容翔实；四是方便教学。在第四版中，全书的结构框架基本保持不变，在内容上保留了前三版的精华部分，在重视知识、技术、能力三个目标统一的基础上，突破传统教材框架，各章前有"引例"，章后有"基本训练"，可供学生练习，各章正文中穿插"相关链接"、"小思考"、"小资料"、"观念应用"等，可供学生阅读，有利于调动学生的主动性和积极性。为方便教学，本书第四版配有 PPT 电子教学课件和"章后习题参考答案与提示"等网络教学资源。使用本教材的任课教师可登录东北财经大学出版社网站（www.dufep.cn）查询或下载这些网上教学资源。

本书是一本较有特色的礼仪教材，可供旅游院校教学使用，也可作为旅游企业的培训教材，对其他服务行业及涉外工作者也有一定的参考价值。

本次修订更新的内容较多，吸取和参考了旅游礼仪教学工作者近几年的新成果，在此，谨对他们表示衷心的感谢。

我们也由衷地感谢东北财经大学出版社和许景行编审。正是在他们的热心鼓励和大力支持下，方使本书第四版得以顺利问世。

《旅游交际礼仪》（第四版）共分 8 章，其中第 1、2、4 章由陆永庆编写，第 3、5 章由郑旭华编写，第 6、7、8 章由王春林编写，全书由陆永庆负责统稿、定稿。

鉴于编者视野及水平所限，本书仍会有不足之处，诚挚地希望专家、同行及广大读者批评指正。

编　者
2010 年 6 月

目 录

第1章　礼仪概述

- **学习目标**
- 1.1　礼仪的基本概念
- 1.2　礼仪的起源和发展
- 1.3　学习旅游交际礼仪的意义和方法
- **本章概要**
- **基本训练**

● **学习目标**

通过本章学习，应当达到以下目标：

职业知识：学习和把握礼仪以及礼、礼貌、礼节的概念，礼仪的起源和发展，现代礼仪的特征，微笑服务经营策略，学习旅游交际礼仪的意义与方法等理论与实务知识；掌握礼仪知识在旅游服务中的应用，并能用其指导相关认知活动，规范相关技能活动。

职业能力：掌握学习旅游交际礼仪的方法，能以"礼仪概述"知识点评旅游交际中不符合礼仪的行为，研究相关案例，培养在特定情境中分析问题的能力与评价力；应用"微笑服务"知识进行实训操练，训练相应专业技能。

职业道德：结合本章"职业道德与企业伦理"专栏和"基本训练"中的"善恶研判"等教学内容，依照行业道德规范或标准，分析评判本章相关业务情境中企业或从业人员行为的善恶，强化职业道德素质。

引例：APEC 2014北京会议欢迎晚宴礼仪在"水立方"举行　寓意"上善若水"

背景与情境："上善若水，同舟共济"，2014年11月10日，APEC北京会议欢迎晚宴活动在"水立方"举行。活动包括入场式、合影、晚宴、文艺演出、焰火表演等。

（1）入场式　"红地毯"灯光铺就

晚6时30分，APEC各成员经济体领导人、代表及配偶，出席加强互联互通伙伴关系对话会的有关外国领导人及配偶相继抵达北京奥林匹克公园。"水立方"前，大型灯光秀以银杏树叶为天然背景道具，营造多变的灯光效果，不同灯光颜色打造出春、夏、秋、冬的视觉盛宴。"鸟巢"正前方，21组灯柱腾空而起，代表21个经济体成员。"水立方"前255米的迎宾大道上，两侧2 000多名身着民族服装的青年男女载歌载舞。随着贵宾车辆的前行，地面红色的LED光影像波浪一样向前铺开，最终形成一条灯光铺就的红地毯，直至"水立方"北门。习近平与彭丽媛在入口迎接，与贵宾一一握手，互致问候。各成员经济体领导人、代表在"APEC未来之舟"帆叶前签名。

（2）全家福　"水面上"合影留念

晚宴正式开始前，习近平和彭丽媛与各成员经济体领导人、代表及配偶集体合影。他们都穿着为本次会议专门设计制作的"新中装"。新中装为领导人及配偶提供了多种款式、颜色的选择，既充满中国传统元素，又体现现代气息。男领导人的服装采取"立领、对开襟、连肩袖、提花万字纹宋锦面料，饰海水江崖纹"的设计。上衣一款四式，有故宫红、靛蓝、孔雀蓝、深紫红、金棕、黑棕六种颜色。

女领导人的服装是"立领、对开襟、连肩袖，双宫缎面料，饰海水江崖纹"外套，有孔雀蓝、玫红两色。夫人们的服装则为"开襟、连肩袖外套，内搭立领旗袍裙"，外套及内搭各四款，有四色。考虑到北京11月夜间的气温，新中装还提供了羊绒围巾或披肩。

合影在水立方被改造过的游泳池上举行，寓意与晚宴"上善若水"的主题相呼应。中国古语道，天下莫平于水。一池清水既象征着中国对和平的渴望，也希望整个亚太地区领导人能心静如水、静心思考、互通有无、互相联通。

（3）晚宴　片鸭师现场献艺

APEC会议欢迎晚宴是国宴规格，菜谱为一道冷盘，四菜一汤：翡翠龙虾、柠汁雪花牛肉、栗子菜心、北京烤鸭，上汤响螺。不吃烤鸭的贵宾则换成了用黄瓜丝、胡萝卜丝、山药丝、杏鲍菇丝、生姜丝做成的"五福蔬菜卷"。之后为北京特色点心和水果、冰淇淋、茶。酒水是长城干红2006和长城干白2011，均为我国河北出产。北京烤鸭是重头戏，片鸭师现场献艺，向世界传递着华夏美食精华。全聚德的8位片鸭师现场表演片鸭绝技，从上场、片鸭到摆盘、展示，整个过程4分钟完成。片鸭摆盘的设计造型是中国国花牡丹，外圈7片，第二圈5片，第三圈3片，中心1片，配上丝瓜苗做成的枝叶，雍容华贵，栩栩如生，因而这款烤鸭也被定名为"盛世牡丹"。

（4）演出　"跃龙门"演绎美好传说

宴会中，习近平和彭丽媛同贵宾们边吃边看文艺演出。本场演出共10个节目，有舞蹈、歌曲、鼓乐、中国戏曲集锦。恢弘大气的舞蹈"盛世牡丹"拉开演出序幕：400余人无伴奏合唱"青春舞曲"，传递出人类对青春的永恒追求；"鱼跃龙门步步高"用舞蹈、长绸和太极讲述了鲤鱼奋发向上、终于化身为龙的美好传说；民歌"板蓝花儿开"表达了游子对故乡和母亲的眷念；芭蕾舞"天宇流芳"将人们带入了竹影月夜的曼妙意境；"云端旗鼓"描绘了旌旗闪烁映日光的壮观,敲响了雷啸通九天的鼓声;男女二重唱"今夜无人入睡"余音绕梁,经久不息;"姹紫嫣红梨园春"展示了中国戏曲"变脸"、"椅子功"等绝活;残疾人表演的舞蹈"千手观音"美妙、圣洁,赢得了经久不息的掌声。演出在表现主题的"同舟共济向明天"的歌舞中落幕。

(5)焰火秀 "自然颂"奇特震撼

晚宴后,APEC焰火表演在奥林四克中心区举行,鸟巢、玲珑塔、瞭望塔三大地标建筑上空绽放烟花胜景。习近平夫妇与贵宾们一起在"水立方"东门外广场观看。这场焰火的主题为"自然颂"。搭建在鸟巢巨幅网幕上的辽阔天空、深邃海洋、富饶大地,交替变幻着斑斓壮美的自然景象。广场上640个鼓手齐声擂响安塞腰鼓、洛川蹩鼓和威风锣鼓。绚烂的烟花盛开在夜空中,演绎着春生、夏长、秋收、冬藏的自然变化。天上的烟花、地上的鼓阵、幕上的景观,虚实结合,相映生辉,汇成奇特震撼的视、听觉盛宴。本场焰火表演实现了全球最高的环保标准,没有使用重金属和有副作用的物质,有效地降低了污染。

资料来源 范洁.在水面上合影寓意"上善若水"[N].北京日报,2014-11-11.孟安娣,薇薇恩·周.服装反映东道主和APEC领导人的风格[N].南华早报,2014-11-11.有改动.

问题:这场重大国际活动的礼仪包括哪些内容,起到了什么作用?

分析提示:该引例说明,重大的国际会议在迎宾、宴会、服饰、娱乐等方面都有严格完整的礼仪。整个活动的设计热情有礼,细致周到,尽善尽美,充分体现了新兴大国的气派和礼仪之邦的优良传统。整个礼仪活动受到各经济体贵宾的交口赞誉,拉近了彼此间的距离,体现了互相沟通、同舟共济的精神,为开好APEC会议和取得成果起到了重要作用。

古往今来,在国际交往,国内政治、经济、文化关系和不同民族、不同地域人们的交往之间起着纽带和黏合剂作用的是各项约定俗成的礼仪规则。离开了礼仪规则,什么事都不好办。礼仪无时不在、无处不在。我国自古以来就十分重视礼仪的建设和践行,有着"礼仪之邦"的美誉。旅游酒店的从业人员每天都要为大量国内外宾客提供各项优质服务,学习并掌握相关礼仪,对学习相关专业的学生和已从事相关工作的人员来说,都是非常必要的。

1.1 礼仪的基本概念

在文明古国中,我国素以"礼仪之邦"著称。由古至今,形成了宏大的关于礼仪的理论体系,完整的政治、经济、文化各方面的伦理道德、生活行为规范。这是我们中华民族对人类文明的重大贡献。在实现伟大复兴的"中国梦"的过程中,继承传统、汲取先进经验、充分发挥礼仪的作用,有着十分重要的意义。

《辞海》对礼的解释是:本谓敬神,引申为表示敬意的通称。礼的含义比较丰富,它既可为表示敬意而隆重举行的仪式,也可泛指社会交往中的礼貌和礼节,是人们在长期的生活实践中约定俗成的行为规范。在古代,礼特指奴隶社会或封建社会等级森严的社会规范和道德规范。在现代,礼已涉及人们的衣、食、住、行和交往、沟通的各个方面,对人们的一切言行起着指导、约束的作用。正如孔子所说的"不学礼，无以立"（《论语·季氏》）。

1）礼貌

礼貌是人与人之间在交往过程中相互表示敬重和友好的行为准则。它体现了时代的风貌与道德品质，体现了人们的文化层次和文明程度。礼貌是一个人在待人接物时的外在表现，它通过言谈、表情、姿态等来表示对人的尊重。礼貌可分为礼貌行动和礼貌语言两个部分。

礼貌行动是无声的语言，如微笑、点头、拱手、欠身、鞠躬、握手、双手合十、拥抱、亲吻等；礼貌语言是有声的行动，如使用"小姐"、"先生"等敬语，"恭候光临"、"我能为您做点什么"等谦语，"哪一位"、"哪里可以方便"等雅语。

我国历来十分重视"言"与"礼"的关系，有许多关于礼貌的语言至今仍为人们所沿用，如"己所不欲，勿施于人"，"滴水之恩，涌泉相报"，"奉陪"，"贵姓"，"惠顾"，"恭候"，"过奖"，"不敢当"等。过去常说的"温良恭俭让"，即做人要温和、善良、恭敬、节俭、忍让，就是我国古代衡量个人礼貌周全与否的重要准则。今天我们正在提倡的最基本的礼貌语言为五声十个字，即"您好"、"请"、"谢谢"、"对不起"、"再见"。

在人际交往中讲究礼貌，不仅有助于建立相互尊重和友好合作的新型关系，而且能缓解或避免某些不必要的冲突。对从事旅游接待的工作者来说，礼貌是衡量其服务质量高低的重要标志之一。礼貌礼仪不仅是现实生活中每个人的个性特征，而且是中华民族精神文明的具体体现。它可以比做人们之间心心相印的导线、团结合作的桥梁、众志成城的纽带。谁恰当地做到了礼貌待人，谁就会收到工作顺利、行动自如、精神愉快、生活幸福的良好效果。正像清代颜元说的"国尚礼则国昌，家尚礼则家大，身有礼则身修，心有礼则心泰"。

> **职业道德与企业伦理1-1**

旅馆大王康拉德·希尔顿的成功秘诀——微笑服务

背景与情境： 美国"旅馆大王"希尔顿于1919年把父亲留给他的1.2万美元连同自己挣来的几千美元投资出去，雄心勃勃地开始了经营旅馆的生涯。当他的资产从1.5万美元奇迹般地增值到几千万美元的时候，他欣喜、自豪地把这一成就告诉了母亲，想不到，母亲却淡然地说："依我看，你跟以前根本没有什么两样……事实上，你必须把握比几千万美元更值钱的东西：除了对顾客诚实之外，还要想办法使来希尔顿旅馆的人住过了还想再来住，你要想出这样简单、容易、不花本钱而行之久远的办法去吸引顾客，这样你的旅馆才有前途。"

母亲的忠告使希尔顿陷入迷惘：究竟什么办法才具备母亲指出的"简单、容易、不花本钱而行之久远"这四大条件呢？他冥思苦想，不得其解。于是他逛商店、住旅店，以获得作为一个顾客的亲身感受，最终得出了准确的答案："微笑服务"。只有它才实实在在地同时具备母亲提出的四大条件。

从此，希尔顿实行"微笑服务"这一独创的经营策略。每天他对服务员说的第一句话就是："你对顾客微笑了没有"。他要求每个员工不论如何辛苦，都要对顾客投以微笑，即使在旅店业务受经济萧条严重影响的时候，他也经常提醒员工记住："万万不可把我们心里的愁云摆在脸上，无论旅馆本身遭受的困难如何，希尔顿旅馆服务员脸上的微笑永远是属于旅客的阳光"。经济危机中幸存的20%的旅馆中，只有希尔顿旅馆服务员的脸上带着微笑。因此，经济萧条刚过，希尔顿旅馆就率先进入新的繁荣时期，跨入黄金时代。

资料来源 佚名.希尔顿的微笑经营[N].山东商报，2010-04-16.

问题："微笑服务"为什么有这么大作用？它是否体现了礼仪的本质特征？

分析提示：希尔顿的"微笑服务"体现了礼仪的本质——尊重人、热爱人。孟子说："爱人者，人恒爱之；敬人者，人恒敬之。"希尔顿事业的成功恰好说明了"微笑服务"是旅游交际礼仪最重要、最基本的要求。从事旅游服务工作的人员必须学会微笑并持之以恒，时时、处处、事事以微笑面对客人。

2）礼节

礼节是人们在日常生活，特别是在交际场合中，相互问候、致意、祝愿、慰问以及给予必要的协助与照料的惯用形式。礼节是礼貌的具体表现，如中国古代的作揖、拱手、跪拜，当今世界各国通行的点头、握手，南亚诸国的双手合十，欧美国家的拥抱、亲吻，少数国家和地区的吻手、吻脚、拍肚皮、碰鼻子等，都是不同国家和地区礼节的表现形式。

礼貌和礼节之间的关系是相辅相成的。有礼貌而不懂礼节，容易失礼。对旅游接待工作者来说，礼节往往是本国或本民族对接待对象表示尊敬、善意和友好的行为。对个人来说，是其心灵美的外化。如餐厅的引位员在接待客人时，要主动微笑问候："小姐（先生），您好！""请问，预订过吗？一共几位？""我能为您点菜吗？"等等；在服务时，餐厅服务员送茶、上菜、斟酒、送毛巾等应按照先主宾后主人、先女宾后男宾等礼节顺序进行。

同步思考1-1

问题：十字文明用语的含义是什么？

理解要点：十字文明用语是人际关系和谐的润滑剂，是我们中华民族精神文明的具体体现。其含义"字字千金"，如："您好"——崇高的音符、尊敬的旋律；"请"——礼貌的象征、谦恭的标志；"谢谢"—— 知情达理的表示；"对不起"——道德的尺度、灵魂的水准；"再见"——良好的祝愿、诚挚的情意。

3）礼仪

"礼仪"是个复合词语，包括"礼"和"仪"两部分："礼"指在一定的社会道德观念和风俗习惯基础上形成的人们共同遵守的行为准则；"仪"指人们的容貌举止、神态服饰和按照礼节进行的仪式。礼仪是有形的，它存在于社会的一切交往活动中。礼仪的基本形式受物质水平、历史传统、文化心态、民族习俗等众多因素的影响。礼仪具体体现在礼貌、仪表（仪态表情）、礼节、仪式等方面，而语言（包括书面和口头的）、行为表情、服饰器物是构成礼仪最基本的三大要素。一般来说，任何重大典礼活动都需要同时具备这三个要素才能完成。本章的引例充分说明了这一点。

现在，凡为表示敬意而隆重举行的仪式，均称做礼仪。如开学典礼、毕业典礼、开业典礼、结婚典礼、大型工程的奠基礼、展览会开幕式或轮船下水的剪彩礼以及迎接国宾的检阅仪式、鸣放礼炮等，均属礼仪的范畴。

同步案例 1-1

（1）跪拜礼

背景与情境：某酒店正在举行婚礼，在司仪的主持下，新郎跪下身向岳父、岳母敬茶。一名旁观者小声地评价："跪都没有跪相，摇摇晃晃的，茶都洒出来了。"另一人接着道："这种礼节很久不用了，现在又开始时兴起来。"第三人问道："什么时候废除呢？"

资料来源　李建峰，董媛.社交礼仪实务[M].3版.北京：北京理工大学出版社，2014.

问题：在你的家乡，哪些场合还存在跪拜礼？当前有些小学组织学生集体向家长跪拜，进行感恩教育，你有什么看法？

分析提示：跪拜礼在中国具有悠久历史，在古代曾经是臣民向君主、下级向上级、平民向官员、晚辈向长辈表示顺服和敬意的隆重礼节，1912年《中华民国临时约法》将其废除。此后，鞠躬礼逐渐取代跪拜礼成为表示敬意的隆重方式。不过，民间对跪拜礼有所保留，跪拜礼在剔除了自我贬低、奴性服从的意义后，继续存在于某些特殊场合。比如，婚庆时新人以跪拜礼向双方父母表示感谢，扫墓时子孙以跪拜礼向先人表示尊敬等。

（2）松下幸之助和理发师

背景与情境：日本的著名企业家松下幸之助从前不修边幅，也不注重企业形象，因此企业发展缓慢。一次理发时，理发师不客气地批评他不注重仪表，说："你是公司的代表，却这样不注重衣冠，别人会怎么想，连人都这样邋遢，他的公司会好吗？"从此松下幸之助一改过去的习惯，开始注意自己在公众面前的仪表仪态，生意也随之兴旺起来。

资料来源　李建峰，董媛.社交礼仪实务[M].3版.北京：北京理工大学出版社，2014.

问题：个人仪表对自己的形象、事业有什么影响？

分析提示：现在，松下电器的各类产品享誉天下，与松下幸之助长期率先垂范，要求员工懂礼貌、讲礼节是分不开的，由此亦可见个人仪表的影响。

1.2　礼仪的起源和发展

1.2.1　礼仪的起源

儒家认为，我国完整的礼仪制度是西周初年周公（姬旦）创制的，即所谓"周公制礼作乐"。相传周公著《周礼》，全书共6篇，按天、地、春、夏、秋、冬六官分述。《周礼》不仅制定了人们的行为规范，而且论述了国家的政治、经济、军事、外交等各个方面的典章制度。除《周礼》外，还有汇集春秋战国时期礼制的《仪礼》和秦汉以前各种礼仪论著的选集《礼记》，合称"三礼"。历代统治阶级都把"三礼"奉为经典，"三礼"也成为我国传统文化的重要组成部分，渗透到中国社会的各个方面。

儒家学说的创始人孔子对礼仪非常重视，他明确告诫弟子："非礼勿视，非礼勿听，非礼勿言，非礼勿动。"孔子之所以如此重视"礼"，因为"礼"代表了孔子的政治理想。其特征有三：其一是"和"，主张以仁爱之心待人，"和为贵"，反对征战、杀伐；其二是"让"，主张安分守己，互相谦让，"己所不欲，勿施于人"；其三是"序"，强调在人际关系中，必须"有序"，即遵守"君君臣臣，父父子子"，"贵贱有等"，亲疏有分，长幼有序"。儒家的另一位代表荀子进一步提出："人无礼则不生，事无礼则不成，国无礼则不宁。"在我国几千年的文明历史中，儒家的礼治主张成了我国人民广泛遵守的行为规范，也对我国及周边国家文化产生了巨大影响。

同步业务1-1

"五礼"

五礼指中国古代最基本的五种礼仪，分别为吉礼、嘉礼、宾礼、军礼、凶礼。吉礼主要指祭祀，古人认为天地、宗庙、神祇关系到国运之兴盛、宗族之延续，故置之于五礼之首；嘉礼指婚冠、朝贡、登基、筵宴等；宾礼指交往应对、士庶相见之礼；军礼是有关军事的礼仪制度、规定或习俗；凶礼主要指丧礼，但也包括对各种灾变（如水旱、饥饿、兵败、寇乱等）的应付与哀悼礼仪。

资料来源　周文柏.中国礼仪大辞典[M].北京：中国人民大学出版社，1992.

礼仪产生于礼，礼又是怎样产生的呢？从历史唯物主义的观点来看，礼属于上层建筑，是与社会经济基础相适应的。礼作为一种文化现象，最早产生于人与人的交往之中。在原始社会时期，同民族的成员在共同的采集、狩猎、饮食生活中所形成的习惯性语言、动作，构成了"礼"的最初萌芽。在原始社会中，人们常常有意无意地用一些象征性动作来表示他们的意向、感情。这些动作，有的后来成为社会生活的习惯，并常常被用做维护社会秩序、巩固社会组织和加强部落之间联系的手段。进入阶级社会以后，统治阶级将其中的某些习惯加以改变和发展，逐渐形成各种正规的"礼仪"。

人类最初的礼仪主要是对自然物的敬畏和祈求，他们对自然现象充满了敬畏和恐惧，于是各种宗教、原始崇拜便由此而生，如拜物教、图腾崇拜、祖先崇拜等等。后来，人类在祭祀活动的历史发展中逐渐形成人与人之间的各种规范和制度，从而形成各种礼仪。

1.2.2 礼仪的发展

从历史发展的角度看，中国古代礼仪演变可分为四个阶段：

礼仪的起源时期——夏朝以前（公元前21世纪以前）。原始的敬神礼仪、政治礼仪、婚姻礼仪等在这个时期已有了雏形，但还不具有阶级性。

礼仪的形成时期——夏、商、西周三代（公元前21世纪—公元前771年）。在这个阶段，中国第一次形成了比较完整的国家礼仪与制度，提出了许多极为重要的礼仪概念，如"五礼"等，确立了崇古重礼的文化传统。

礼仪的变革时期——春秋战国时期（公元前771—公元前221年）。这一时期，学术界百家争鸣，以孔子、孟子为代表的儒家学者系统地阐述了礼的起源、本质和功能，第一次在理论上全面而深刻地论述了社会等级秩序划分及其意义。

礼仪的强化时期——秦汉到清末（公元前221—1911年）。这一时期的重要特点是尊君抑臣、尊夫抑妇、尊父抑子、尊神抑人。儒家的"三纲五常"在漫长的历史演变过程中，逐渐成为妨碍人们个性发展、阻挠平等交往、窒息思想的精神枷锁。

辛亥革命以后，西方文化大量传入中国，传统的礼仪规范、制度逐渐被时代抛弃，科学、民主、自由、平等的观念日益深入人心，新的礼仪标准、价值观念得到推广和传播。中华人民共和国成立后，新型人际关系、社会关系确立，党和国家先后提出"五讲四美三热爱"、"八荣八耻"等要求。中国共产党十八大明确提出建设"富强、民主、文明、和谐"的国家，"自由、平等、公正、法治"的社会，要求人人都要"爱国、敬业、诚信、友善"，标志着我国的现代礼仪建设发展到了一个新的高度。2014年上半年，习近平总书记在上海考察时提出，建设核心价值观，要求做到"四化"（日常化、具体化、形象化、生活化），"三德"（明大德、守公德、严私德），更为我们每一个人的礼仪修养指明了方向和方法。

从世界范围看，资产阶级登上历史舞台以后，在经济基础和上层建筑各个领域都进行了深刻的变革，这是礼仪发展的一个重要阶段。今天国际上通行的一些外交礼仪绝大部分就是这个时期留下来的。今后，随着社会的进步、科技的发展和国际交往的增多，礼仪也一定会不断发展完善。

同步思考1-2

三纲五常为中国传统礼学之核心。三纲，即君为臣纲，父为子纲，夫为妻纲。其系统阐述者为西汉思想家董仲舒，他认为三纲为天意之体现，"天不变，道亦不变"，强调"君臣、父子、夫妇之义"是永恒不变的社会行为准则，是人人应当遵循的基本社会秩序。五常，即仁、义、礼、智、信，是儒家鼓吹的重要道德标准。亦说五常即五典，谓"父义、母慈、兄友、弟恭、子孝，五者，人之常行"。另外，五常亦指五伦，即君臣、父子、夫妇、兄弟、朋友。《孟子·滕文公上》："使契为司徒，教以人伦，父子有亲，君臣有义，夫妇有别，长幼有序，朋友有信。"

资料来源　周文柏.中国礼仪大辞典[M].北京：中国人民大学出版社，1992.

问题："三纲五常"对中国社会和礼仪的发展有何影响？

理解要点：一方面，三纲五常在漫长的封建社会和半封建半殖民地的旧社会起着维护、巩固封建统治秩序的巨大作用；另一方面，三纲五常则成为"君让臣死，臣不得不死；父叫子亡，子不能不亡"，丈夫可以任意"休妻"的法典，成为强者迫害弱者的信条。所以新社会必须推倒三纲五常，代之以人格平等、社会平等、互相尊重的现代礼仪。

1.2.3 礼仪的特征

礼仪体现的是人与人之间、国与国之间、不同民族地域之间的关系准则。不同时代的社会经济和道德规范、文化习俗决定了礼仪的表现和发展。历史地、宏观地考察，礼仪有下列特征：

1）普遍性

礼仪作为一种文化现象，是全人类的共同财富，它跨越了国家和地区的界限。尽管不同国家、不同民族、不同社会制度所构成的礼仪有一定的差异，但讲文明、讲礼貌、相互尊重、和平共处的原则，正为世界各国人民所接受。现代礼仪兼容并蓄、互相影响、互相整合，很多礼仪如个人交往的握手问候、国家交往的迎送等都已成为普遍通行的礼仪。而且，在科技高度发展，人与人之间的交往空前频繁、便利的今天，礼仪已经无时不在，无处不在，无事不在。

2）阶级性

在阶级社会中，统治阶级为了使自己的统治能长治久安，一方面建立起强大的国家机器，充分发挥国家机器的镇压和压迫职能；另一方面又通过建立和完善礼仪制度、道德规范等使统治和被统治、压迫和被压迫的关系合法化、秩序化。统治者为了维护自己的统治，除了在礼仪规范中强调其统治是天然合理外，还需要有稳定的社会秩序。为此，统治阶级制定了社会各阶级之间的行为准则和礼仪规范。在奴隶社会、封建社会中，统治阶级和被统治阶级的礼仪是严格区分的。所谓"礼不下庶人，刑不上大夫"等，就是礼仪阶级性的鲜明体现。现在在多数国家，礼仪的阶级性已不明显，但在个别君主制国家和一些少数民族中，礼仪的阶级性仍留有一些痕迹。

3）民族性、国别性

不同国家、不同民族，由于其历史文化传统，经济、政治发展程度，活动区域，以及在长期的历史发展过程中形成的心理特征不同，其礼仪都带有本国、本民族的特点。例如，我国自古以来就是一个地域辽阔的多民族的文明古国，既有统一的中华民族的礼仪规范，各个民族又有体现其本民族特点的风俗习惯，呈现出多姿多彩的礼仪形态。不同国家、民族之间的交往，既要求发扬本国、本民族礼仪规范的精华，又要尊重其他国家、其他民族的风俗习惯，做到相互尊重，互通往来，和平共处，共同发展。周恩来总理对我国外交工作提出的"入乡随俗，不强人所难"的指导原则，是处理国家之间、民族之间礼仪关系的精辟见解。

同步案例 1-2

（1）邓小平赢得泰国人民的心

背景与情境：1978年11月5日，邓小平应泰国总理江萨的邀请访问泰国。这是中泰自1975年建交以来，中国领导人首次访泰。考虑到外交礼仪，外交部礼宾司当时要求，出访的每一个人都要穿西服和长袖衬衣，再热也不能挽袖子、露胳膊。11月的泰国，气温仍然很高，有些随行人员担心会热，但5日下午到达泰国时，天气凉爽。江萨总理对邓小平说："您给我们带来了好运。"下了飞机一看，机场内外人山人海。人群中既有耄耋老人，也有少年儿童。后来听说，有人还是一大早从外地乘火车专程赶来。从机场到曼谷市中心邓小平下榻的饭店，一路上数万群众夹道欢迎。邓小平在泰国的活动日程排得很满，在短暂的访问期间同泰国王室、政府、议会、各政党以及社会各界人士进行了广泛友好的接触。特别值得一提的是，邓小平11月6日还参加了泰国王储剃度（正式做和尚）大典。这是一个临时的安排。本来6日下午那段时间是用来政治会谈的，并没有参加剃度仪式的安排。但此前一天，泰方接待人员提出，第二天是王储剃度仪式，也是泰国人民很看重的大事，询问邓小平能否参加。邓小平没有任何犹豫，立刻答应下来，他对泰方接待人员说："我是一个无神论者，但我尊重你们的风俗习惯，我可以参加。"这让当时的中国访问团感到很惊讶，因为共产党坚持无神论，中国访问团以往去泰国，都不参加进庙、拜佛等宗教活动。但事实证明，邓小平的决定是非常正确的。

11月6日下午，邓小平参加了在曼谷玉佛寺举行的泰国王储玛哈·哇集拉隆功亲王剃度仪式。当邓小平下车走向即将举行仪式的圣殿时，聚集在寺院内的男女老少拥上前去向邓小平献荷花并同他握手。邓小平也连声用泰语对群众说："库昆！库昆！库昆！（感谢）"。当时天气炎热，但邓小平同志还是认真观看了仪式的每道程序，并为王储赠送袈裟，向王储表达祝贺。回去途中，泰国国务部长颂蓬·汶耶库对邓小平说："泰国全国人民都在电视上看到了您。当泰国老百姓蜂拥前来迎接您时，您可以看出他们心底是多么欢迎您。"

果然，泰国报纸、电台、电视台第二天详细报道了邓小平参加的剃度活动，并介绍了中国取得的成就，称"邓小平的来访在泰国引起轰动，掀起中国热"。还有一家报纸刊登重头报道——《邓小平赢得泰国人民的心》，称"邓小平虚怀若谷，与泰国人民打成一片，赢得了全体人民的心"。参加王储剃度仪式，也让邓小平很感慨，他后来对随行人员说："参加这个仪式，效果比参加几次重要政治会议还要好，而且有意义！"

（2）尊重别人，赢得信赖

邓小平于11月12日自吉隆坡飞抵新加坡，这是我国领导人首次访问新加坡。新加坡当时尚未同我国建交，但一切都按建交国规格（挂国旗、奏国歌、鸣礼炮）行事，而且礼仪周到，接待规模超出通常。礼仪活动后，邓小平分别拜会了薛尔思总统和李光耀总理。邓小平对李光耀说："58年前，我去法国时途经新加坡，在此停留两天。今天所有的旧印象都没有了，一下飞机就看到一个崭新的新加坡，可以说给我一个很深刻的印象。你们取得了可喜的发展。你们走的道路是对的，发展是快的。"李光耀对邓小平说，我们两国有许多共同点，但新中现在彼此还不能过分流露感情，新加坡主张承认一个中国，但建交要在印度尼西亚之后。对有些事情要有耐心。邓小平对此表示完全理解，强调"中新没有根本利害冲突，两国关系没有什么问题，我们尊重你们的观点、处境和地位，有耐心，不强加于人"。因李光耀总理不抽烟，也怕别人抽烟，喜欢抽烟的邓小平一语双关地说："我能忍耐，如同在这里我尊重主人的意愿，会谈中忍着没有抽一支烟。"他的这段话引起哄堂大笑，会谈气氛也随之变得轻松起来。

资料来源　江培柱.1978年，我随邓小平出访东南亚[N].环球时报，2014-11-25.略有改动.

问题：邓小平在国际交往中践行了哪些礼仪，起到了什么作用？

分析提示：1978年"文化大革命"刚结束，为了打开局面，赢得周边国家信赖，营造经济发展的有利条件，邓小平率团访问东南亚的泰、马、新三国。邓小平通过尊重别国礼仪、尊重宗教礼仪，一举赢得了这些国家的信赖，为我国经济发展创造了良好的国际环境。这说明了尊重别国礼仪、尊重宗教礼仪、尊重别人、入乡随俗的重要作用。

4）时代性、继承性

礼仪具有时代性，随着社会经济、政治、文化形态的发展而发展，不同的时代会有新的礼仪出现，现代礼仪反映了时代精神，体现了新的核心价值观和社会道德规范，确立了新型的人际关系。礼仪在社会发展中不断更新其内容，改变其形式，但这种改变又是在继承的基础上进行的，历史上一些好的礼仪传统，通常都会长期沿袭，经久不衰。例如，我国古代继承至今的尊老敬贤、父慈子孝、尊师重教、扶老爱幼、礼尚往来等等反映传统美德的礼仪，都得到了发扬光大，并代代相传。

5）地域性

礼仪作为约定俗成的行为规范和风俗习惯，在不断相互影响、互相融通的过程中，仍然体现出浓厚的地域性色彩。从大的范围来说，亚洲人比较含蓄深沉，欧洲人和北美洲人比较直率开放。亚洲人初次见面时习惯拱手、鞠躬、双手合十致敬、握手，欧洲和北美洲人则常常拍肩膀、亲吻、拥抱。非洲人和南美洲、大洋洲人的礼仪又大为不同。即使在一个国家、一个民族内，不同的地方也有一些只在某一地域通行的礼仪，这在婚、丧、祝寿、看望亲朋、慰问伤病的礼仪中尤为明显。

1.3　学习旅游交际礼仪的意义和方法

现代社会是一个科技高度发达、经济高度繁荣、交通高度发展、国际国内人员旅游交往极其频繁的时代，"地球村"的形象比喻概括了这一特点。我国已成为世界第二大经济体，2014 年，我国出国出境旅游人数已达到 1.15 亿人次。接待的国外、国内旅游人数迭创新高。旅游酒店业要不断适应新形势，提高服务质量，出境出国旅游要有礼有节，这些都离不开礼貌礼仪的学习与践行。

1.3.1　学习旅游交际礼仪的意义

现代礼仪丰富多彩，根据使用对象及适用范围的不同，一般把礼仪分成了政务礼仪、商务礼仪、服务礼仪、社交礼仪、涉外礼仪等几大分支，旅游交际礼仪的特点是横跨商务礼仪、服务礼仪、礼交礼仪、涉外礼仪，内涵丰富，要求更高。

旅游交际礼仪主要是指与旅游相关的饭店、会展、旅行社、公司等企业的工作人员在各种业务活动中应当遵循的礼仪。在这些活动中，为了体现对客人的尊重，有利于工作和业务的开展，必须通过一些行业规范、行为准则来约束人们在活动中的方方面面，如仪表、言谈举止、书信往来、电话电讯等。按照活动场合，礼仪又可分为饭店服务礼仪、会展服务礼仪，以及与旅游接待相关的国际接待礼仪，周边国家及国内少数民族礼仪、宗教礼仪等内容。所以，从事旅游与饭店管理工作的人员学习旅游交际礼仪有着重要意义。

1）学习并践行旅游交际礼仪能塑造良好的个人形象

个人形象包括个人的相貌、身高、体型、服饰、语言、行为举止、气质风度及文化修养等。相貌、体型、身高虽然有先天的因素，但后天的学习和妆饰也是十分重要的。俗话说，"人靠衣装，马靠鞍装"，"三分长相，七分妆饰"，就是这个道理。旅游饭店工作者都是为客人服务的，每个人在客人眼中的形象都十分重要。有人说："形象是金。"一个穿着打扮得体、对人尊重有礼、谈吐高雅、服务训练有素的工作人员不光是进行自我宣传的广告，而且还体现着他所在企业的管理水平和服务质量。美国推销学会有一个统计，在第一次推销成功的概率中，相貌占 55%，声音占 38%，谈话内容占 7%，可见个人形象对工作成败的影响。

同步案例 1-3

推销员的形象

背景与情境：当前，旅游市场的竞争十分激烈，各家旅行社都以开辟新的旅游线路、价格优惠、提供优质服务等争取游客。某市甲、乙两家旅行社开辟了同一条新的旅游线路，各自派出一名青年先后到一个大公司推销。甲旅行社的推销员穿着旅行社统一服装，却留着长头发，而且染成了彩色，他大声夸耀自己公司的产品价格优惠，服务周到，是全市第一；乙旅行社的推销员穿着黑色西装，系着蓝色领带，理着普通的短发，他亲切简要地介绍自己公司的产品，请这家公司的主管给自己公司一次机会，考察一下自己公司的服务质量。该公司主管很快与乙旅行社签订了合同。

资料来源　根据学生实习见闻编写.

问题：为什么乙旅行社的推销员能取得成功？

分析提示：甲旅行社的推销员夸夸其谈，留着彩色长发，一看就让人怀疑，他说的是否靠得住。乙旅行社的推销员穿着朴素，仪表大方，谈吐文雅、比较实在，得到了这家大公司主管的信任，所以跟他签订了合同。

2）学习并践行旅游交际礼仪能塑造企业的良好形象

企业形象是社会公众对一个企业的总体评价，包括企业的观念、传统文化和服务礼仪。一些国际名牌企业之所以长盛不衰，一些产品成为地方著名品牌，甚至一年365天每天门口排着长队等待购买，都跟这些企业货真价实、优质服务的企业形象分不开。企业形象是企业最宝贵的无形资产，塑造和树立良好的企业形象是企业生存和发展的根本。希尔顿酒店的"微笑服务"数十年如一日，成了它最鲜明、最突出的形象。

礼仪是企业形象的核心内容之一，是通过企业的员工表现的。在旅游职场上，礼仪不仅仅是员工个人的外在表现，更是企业文化内涵的体现。所以，现代企业都十分注重礼仪，因为礼仪能表现企业的经营服务规范，体现企业的整体素质，从而获得良好的社会评价。现在，我国知名企业都有统一的企业标识、统一的企业着装、统一的服装色彩，就是为了塑造统一的社会形象，激发所有员工自觉维护企业形象。企业还常常通过开业庆典、周年纪念、表彰大会、抽奖大会等仪式，激发员工对企业的热爱、激发公众对产品的购买热情。

3）学习并践行旅游交际礼仪有利于塑造旅游行业的良好形象

行业形象是行业组织的精神及文化理念与全体从业人员个体的有机融合，是个性化和规范化的统一。不同的行业有不同的文化理念，其从业人员要维护行业形象，个性化必须服从行业统一的规范，树立与行业相适应的职业理想、职业道德、职业气质和职业仪表。每一个人都要争取成为学习和践行行业礼仪的榜样。俗话说："一个榜样，企业兴旺"；相反，个人形象不佳，也会影响行业形象，正像俗语所说，"一个老鼠坏一锅汤"。

4）学习并践行旅游交际礼仪有利于塑造新兴大国的国家形象

现在，随着我国经济的快速发展、对外开放的进一步扩大和深入，综合国力大大提高，我国已成为世界上的一个新兴大国，每年出国旅游和来我国旅游、留学以及进行外交、商务、学术交流的人越来越多，旅游交际十分频繁。出国旅游的每一个人和国内旅游服务从业人员的一言一行、一举一动，都代表着国家的形象。很多宾馆管理人员为游客排忧解难、出租车司机拾金不昧、酒店服务员的优质服务引起了国外宾客对中国人良好素质的赞誉，而个别人不文明的言行举止也影响了文明古国、新兴大国的形象。由于旅游酒店行业从业人员与国际游客接触较多而且比较深入，旅游酒店从业人员和将要从事这个行业的工作人员，学习并践行旅游交际礼仪就显得更加重要。

1.3.2 学习旅游交际礼仪的方法

学习旅游交际礼仪不是一朝一夕的事，需要长时间学习和训练才能养成良好的礼仪习惯和品质，所以其学习方法也不是一招一式、一蹴而就的。

1）确立目标，锲而不舍

做什么事首先要有个目标，有了目标，就有了努力的方向。学习旅游交际礼仪也一样。旅游交际礼仪内容丰富，要求严格，不妨把总目标定成掌握旅游交际礼仪的全部内容，并能在言行、实训、实习工作中合乎规范地践行。把每一种具体的礼仪如旅游接待人员的基本礼仪、旅游行业主要岗位的接待礼仪、会展服务礼仪、国际接待礼仪和主要客源国礼仪、国内部分民族及港澳台地区礼仪、宗教礼仪列为阶段性目标，学习一章，掌握一章。学完全书，集其大成，达到目标。孔子说："有志者，事竟成。"确立了目标，然后锲而不舍地学习、实践，就一定能达到目的。

2）知行合一，注重实践

礼仪是一门应用学科，学习礼仪，不坚持知行合一是不行的。仅仅了解理论知识，不去实践肯定学不好，而且要反反复复地实践。开头可能掌握得不好，做得不符合规范，经过不断总结，不断纠正，反复练习，就像庄子描写的庖丁解牛那样，手的动作、肩的动作、脚的动作都能熟练掌握，养成习惯，就会合乎礼仪标准。

3）内外兼修，全面发展

真正的礼仪追求的是内在的"真、善、美"和外在的优雅举止、优美的自然谈吐、大方得体的个人形象的统一。没有内在的修养，即使记住了礼仪规则，西装笔挺，皮鞋锃亮，而谈吐粗俗，言不由衷，只会给人缺乏内涵与底蕴，"金玉其外，败絮其中"的感觉。比如"微笑服务"，如果内心不能真正热爱旅游事业，不能真正做到爱人、尊重人，达不到"不以物喜，不以己悲"的程度，就会受自己心情的变化使"微笑"变成苦笑、媚笑、奸笑，使服务效果适得其反。所以，学习旅游交际礼仪，除掌握礼仪规范外，还要学习文学，涉猎艺术，不断充实自己，提高自己的人文素养和对美的欣赏能力，做到内外兼修，全面发展。这样，才能成为一个真正掌握礼仪的高尚的人、高雅的人、高明的人。

4）学会微笑，比学赶超

微笑是个人精神状态的最佳写照，是人与人之间的最短距离，是旅游交际服务中的核心，也是旅游交际服务中最重要、最基本的要求。每个人都要先学会微笑并在今后的工作中时时、处处、事事坚持。怎样才能坚持长时间微笑呢？要每天锻炼脸和嘴角的肌肉，具体方法是：①嘴张开，发"啊"的声音，嘴张开的度要能容下3根并排的手指。②运动嘴角肌肉，反复发出"a"、"o"、"e"、"u"的声音。③闭嘴鼓起腮，左右移动嘴巴，反复数次。④闭嘴两颊向内吸，嘴唇前突，反复数次。⑤嘴半张，下颚有力左右移动数次。⑥鼻子使劲上下移动数次。如能坚持一段时间，就会使脸部肌肉柔软，拥有美丽的微笑。对于微笑，不论是在学校，还是在企业实训、实习、工作，都有同学、同伴、同事，都可以互相学习、互相检测、互相纠正，比学赶超，既能形成先进、和谐的集体，又能使大家较快学会微笑，获得大面积的"丰收"。

▶ 本章概要

□　内容提要

本章简要阐释了礼仪以及礼、礼貌、礼节的概念，其本质都是爱人、尊重人、体贴人。人与人之间、国与国之间，交往必须按照约定俗成的礼仪规则进行。我国已是世界第二大经济体、第一大旅游客源国；国际国内旅游事业的发展日新月异，旅游业已成为国民经济和文化建设的支柱之一。学习和践行旅游交际礼仪，是关系事业发展、国家形象的大事。在旅游接待服务中，继承和发扬中华民族"礼仪之邦"的优良传统，发挥现代服务礼仪的作用，是十分重要的。

本章还简要阐述了我国礼仪的起源和发展，现代礼仪的特征，学习旅游交际礼仪的重要意义和方法。学习旅游交际礼仪关系到个人形象、企业形象、行业形象、国家形象。学习方法包括确立目标，锲而不舍；知行合一，注重实践；内外兼修，全面发展；学会微笑，比学赶超。这样才能成为真正掌握礼仪的高尚的人、高雅的人、高明的人。

□　主要概念和观念

▲　主要概念

礼　礼貌　礼节　礼仪

▲　主要观念

现代礼仪的特征：普遍性、阶级性、民族性和国别性、时代性和继承性、地域性。

学习旅游交际礼仪的意义：塑造良好的个人形象、塑造良好的企业形象、塑造良好的行业形象、塑造新兴大国形象。

□　重点实务

旅游交际礼仪的方法　微笑服务

▷ 基本训练

□　知识训练

▲　复习题

1.1　礼仪的概念是什么？

1.2　礼仪与礼貌、礼节、仪表有什么不同？

1.3　学习并践行旅游交际礼仪的意义有哪些？

1.4　旅游交际礼仪的特点是什么？包括哪些内容？

▲　讨论题

1.1　为什么要学习和践行旅游交际礼仪？

1.2　为什么要注重个人仪表？

1.3　举例说明旅游接待人员"失礼"行为造成的严重后果。

□　能力训练

▲　理解与评价

1.1　孟子是孔子以后儒家最重要的代表，一生践行孔子的"非礼勿视，非礼勿听，非礼勿言，非礼勿动"的教导。他曾因为看见妻子一个人在房间里"箕踞而坐"（两腿分开坐着），要休掉妻子，这便是历史上有名的"孟子休妻"的礼仪故事。当孟子向母亲禀报此事时，孟母不但不同意，而且严肃地批评了孟子，让他打消了休妻的念头。

问题：（1）查一查这件事情的具体情节是怎样的。

（2）孟母为什么批评孟子？

1.2　人有智商、情商，也有礼仪商。阅读下列试题，自测一下自己的礼仪商（A代表"是"，B代表"不是"，C代表"有时会"）。

（1）当被邀请参加一项活动时，总是会在一周内作出答复（A）（B）（C）

（2）收到信息后总是在当天用短信或电话、微信回复（A）（B）（C）

（3）无论是在工作场合还是在家里，从不骂人（A）（B）（C）

（4）在被邀请进餐或收到礼物后，都能回信或打电话感谢对方（A）（B）（C）

（5）进餐时遵守进餐礼节（A）（B）（C）

（6）把自己当做团体的一员，不会为了邀功而单干独行（A）（B）（C）

（7）重要的信件立即处理，其余的在一周内答复（A）（B）（C）

（8）在与来自另一种文化的人交往之前，会花一些时间学习其特有的礼仪（A）（B）（C）

（9）当别人的工作值得称赞时，会给予口头或书面赞赏（A）（B）（C）

（10）会给长辈、上级和重要伙伴送去节日问候（A）（B）（C）

计分方法如下：每一项选A即"是"的得3分，选B即"不是"的得1分，选C即"有时会"的得2分，然后把各项得分相加，总分达到28分以上的礼仪商为"优秀"；总分在25～27分的礼仪商为"良好"：总分在20～24分的礼仪商为"一般"：总分在19分以下的礼仪商为不及格。

资料来源　张岩松，初萍.现代商务礼仪[M].2版.北京：清华大学出版社，北京交通大学出版社，2014.有改动.

▲案例分析

一些游客的海外行为令国人蒙羞

背景与情境： 近两年来，我国游客在国内国外出的"洋相"不少。例如，在国内，因为航班延误、食物味差或者认为服务不周而拒绝登机、拒绝下飞机、大闹候机厅等等。在国外，有人在埃及文化古迹上刻"×××到此一游"、允许小孩随地大小便等等。2012年2月，在从关岛飞上海的航班上，一对夫妇因为对空姐挪动了他们的行李不满，大声斥责空姐"歧视中国人"，并手指空姐命令她把行李按原样放好，赔礼道歉，结果被"请"下飞机接受审查。2012年9月，两名中国男乘客在从苏黎世飞往北京的航班上，因座椅调整问题大打出手，劝架的乘务长也被打，导致飞机被迫返航，引发众怒。2014年12月14日，一名中国游客弄倒曼谷大皇宫壁画前的栅栏还拒不认错，与工作人员争吵。更令人震惊的事发生在2014年12月11日晚上，曼谷飞往南京的FD9101航班上，一对中国情侣中的男乘客向空姐要开水，空姐表示飞机刚起飞不便提供，该男子就发脾气，将食物垃圾扔在过道里乱踩。一名空姐送来开水后，告诉他需要付60泰铢（1泰铢约为0.19元人民币，廉价航空一般只提供矿泉水和面包），找零也只能给他泰铢，该男子付费后，坚持要人民币找零并索要发票，还要求机长道歉。空姐无奈离开时，情侣中的女乘客突然将一整杯热水和一份方便面泼向空姐，委屈的空姐当即哭泣。

同机人拍摄的视频显示，男子此后竭力维护女友，另有两位同行者也帮他们说话。男子怒气冲冲地向机组人员吼道"老子花不起钱啊"，还多次威胁"要把飞机炸掉"。机上的乘务长要求女乘客道歉时，女乘客突然站起来，情绪激动地往后面的座位上爬，并用手敲击窗户，做出要"跳飞机"的样子。

最后飞机被迫返航，降落后，参与闹事的4人被泰国警方带走。后经调解，4人共向警方缴纳罚金50 500泰铢后，于12日晚搭乘飞机回国。在13日抵达南京时这对情侣又拒绝下飞机，要求亚航工作人员出具书面证明称"网上传言与事实不符"，后经劝说才离开飞机。

资料来源　杨讴，等.外媒关注中国游客大闹亚航"一些游客的海外行为总是令他们本国人蒙羞[N].环球时报，2014-12-16.有改动.

问题： 你对这些游客的行为怎么看？你认为中国国家旅游局和南京市旅游委应该怎样处理相关旅行社及其领队？

　　分析要求：（1）形成性要求：学生分析案例提出的问题，拟出《案例分析提纲》；小组讨论，形成小组《案例分析报告》；班级交流、相互点评和修订各组《案例分析报告》；在校园网的本课程平台上展出经过修订的各组《案例分析报告》，供学生借鉴。

　　（2）成果性要求：以经班级交流和教师点评的《案例分析报告》为最终成果。

　　▲　实训操练

　　实训项目："微笑服务"在旅游服务中的运用

　　实训要求：将班级学生分成若干小组，以本章"重点实务"中的"微笑服务"作为操练项目，模拟游客与旅游企业服务人员，体验酒店前台和旅行社柜台接待业务中的"微笑服务"。

　　实训步骤：

　　（1）将班级学生分成若干实训小组，每组确定1人负责。

　　（2）各组学生结合本地酒店前台和旅行社柜台接待业务的实际情况，参照"同步案例1-1"进行"微笑服务"情境设计，并结合情境设计进行游客与旅游人员的角色分工。

　　（3）各组以本章"实务教学"中"旅游交际礼仪方法4）"为业务规范，以"情境设计"中的"背景"为基本情节，进行角色操练，体验本项目模拟实训的全过程。

　　（4）各组学生交换分工角色，再次体验本项目模拟实训过程。

　　（5）各组学生记录本次模拟实训的主要情节，总结实训操练的成功经验，找出存在的问题及解决办法，在此基础上撰写《"'微笑服务'知识应用"实训报告》。

　　（6）在班级讨论交流、相互点评与修订各组的《"'微笑服务'知识应用"实训报告》。

　　（7）在校园网的本课程平台上展示经过修订并附有教师点评的各组《"'微笑服务'知识应用"实训报告》，供学生相互借鉴。

　　□　善恶研判

远道而来 失望而归

　　背景与情境："欧洲圣诞小镇"就办在上海东体育会支路东江湾路附近的虹口游泳池。记者来到现场后，立即被"黄牛"包围。"护照要吗，100元一本，不排队！"这本褐色的"小镇护照"就是活动入场券，空白页可以盖章留念。游客刘女士和朋友带着孩子一行12人专程从南通驾车前来这个集市，从"黄牛"手中买下9张成人票，共900元。记者来到售票处，只见队伍弯弯曲曲地排了几十米，至少有300人在等待兑换团购电子票，还有不少从常熟、温州等地包车来的旅游团，在导游的带领下从边门进入。市民李小姐说，她在网上团购了70元的门票，优惠价63元，已经排了1小时的队。排队的市民都面露期待的神情，还有人打电话招呼朋友，"来一起玩呀，马上排到了"。

　　记者进入现场，发现"欧洲圣诞小镇"摊位不足50个，约30个为烧烤油炸摊位，卖烤鱿鱼的就有好几家，还有零星的摊位销售饰品、杂物等。大部分食品摊位未张贴相关证照和餐馆服务许可证。卖鸡排、乳鸽、烤肉等食品的营业员大多未戴口罩、手套；卖棉花糖的摊位上，棉花糖未加盖，已沾上灰尘。

　　一家卖烤肉的摊位前，一个外国人在切肉。记者询问一旁的女营业员，为何没有戴口罩，也没有张贴相关证照。两人表示："我们是打工的，老板不在。"而在对面一家卖"西班牙拉丁果"的摊位前，记者询问是否有证照时，营业员恶狠狠地驱赶记者。在入口处一家卖现烤小蛋糕、现制饮料的摊位前，记者注意到，该摊贩的经营资质仅为预包装食品。

在现场，不少带着孩子来玩的家长大呼"上当"。宣传中提到的"欧洲风情"在现场完全没有体现，所有的摊位都是预制板制作，十分粗糙。"气势宏伟的圣诞树"只是一棵不足10米高的普通圣诞树；作为卖点的"护照盖章"不少要靠消费才能获取；"琳琅满目的圣诞装饰"无处可寻；"弥漫着香甜的红酒味"也未曾感受，现场只有劣质油散发着刺鼻的味道；"别具特色，其中包括只在西班牙、法国等传统集市才能看到的传统面点"更是一个都没有……

资料来源　左妍."欧洲圣诞小镇"是个坑人美食展？[N].新民晚报，2014-12-15.有改动.

问题：（1）"欧洲圣诞小镇"在哪些方面名不副实？

（2）这个案例反映出职业道德与企业伦理以及市场准入、食品安全监管等方面的哪些问题？

研判要求：（1）形成性要求：学生分析案例提出的问题，拟出《善恶研判提纲》；小组讨论，形成小组《善恶研判报告》；班级交流、相互点评和修订各组的《善恶研判报告》；在校园网的本课程平台上展出经过修订并附有教师点评的各组《善恶研判报告》，供学生借鉴。

（2）成果性要求：以经过班级交流和教师点评的《善恶研判报告》为最终成果。

第2章　旅游接待人员的基本礼仪

● **学习目标**

通过本章学习，应当达到以下目标：

职业知识：学习和把握旅游接待人员的个人仪表规范和着装的TPO原则，以及言谈举止礼仪、社会交往礼仪和3A原则等理论与实务知识；掌握旅游接待人员的基本礼仪在旅游服务中的应用，并能用其指导相关的认知活动，规范相关技能活动。

职业能力：掌握旅游接待人员的基本礼仪规范，能以"旅游接待人员的基本礼仪"知识点评和纠正自己以及他人不符合旅游接待人员基本礼仪的行为，研究相关案例，培养在特定情境中分析问题的能力和评价力；通过"TPO"和"3A"知识、举止礼仪知识应用实训操练，训练相关专业技能。

职业道德：结合本章"基本训练"的"善恶研判"等教学内容，依照行业道德规范或标准，分析、评判本章相关业务情境中企业或从业人员行为的善恶，强化其职业道德素质。

引例：（1）个人仪表的改进助老布什选上总统

背景与情境：曾任美国总统的老布什，能够坐上总统的宝座，成为美国"第一公民"，与他的仪态表现分不开。在1998年的总统选举中，布什的老对手杜卡基斯猛击抨击布什是里根的影子，没有独立的政见。而当时布什在选民中的形象的确不佳，在民意测验中一度落后于杜卡基斯10多个百分点。不料两个月以后，布什以光彩照人的形象扭转了劣势，反而领先10多个百分点，创造了奇迹。原来布什的演讲不太好，嗓音又尖又细，手势及手臂动作总显得很死板，身体动作也不美。后来布什接受了专家的指导，纠正了尖细的嗓音、生硬的手势和不够灵活的摆动手臂的动作，并且在之后的竞选中，布什竭力表现出强烈的自我意识，改变了原来人们对他的评价。

资料来源　秦麒麟.让肢体"说话"[J].湖北教育，2012（5）.

问题：为什么老布什调整仪态后能获得更多的支持？

分析提示：不同的手势、身体动作等仪态会给人很不一样的感觉，外在的仪态体现了一个人内在的素质、思想和性格。因此，也能通过对仪表的修正与改变来表达自己的思想，更得体、有效地展示个人的性格、魅力与形象。

（2）个人仪表的改进帮助"准空姐就业"

背景与情境：2001年，某民航学院航空运输专业的100多名"准空姐"毕业生，只有10多人被各航空公司录用，其余都成了"嫁不出去的姑娘"。该系领导急坏了，经人指点，来到国际乘务中心找美容形体科科长陈黎萍，请她去为学生进行美容化妆和形体训练。陈黎萍教姑娘们化妆，教她们合理搭配服装、整理发型，不久这些姑娘就像藏在石头中的美玉被雕琢了出来，显现了靓丽的青春风采和朴素娴雅的气质。结果，大部分女生很快被一些航空公司选走。

资料来源　何叶.商务礼仪[M].西安：西安交通大学出版社，2014.有改动.

问题：有人说："穿衣戴帽，各有所好"，个人仪表纯粹是个人的事，无关紧要，对吗？

分析提示：这个案例充分说明了个人仪表、气质在就业时的重要性。现代服务业的相关专业人员给人的第一印象——他（她）的仪表起着十分重要的作用。

旅游业是现代服务的一个重要行业，虽然服务的对象来自不同的国家和地区，具有不同的宗教文化背景，其礼节、礼仪和生活禁忌各不相同，但也有着世界通行的基本礼仪，特别是从业人员个人的仪表礼仪（容貌、姿态、服饰）和言谈举止礼仪、社会交往礼仪都有着共同的基本要求。每一个从业人员都必须了解并践行这些基本礼仪，才能为客人提供优质服务，使近悦远来。

2.1　个人仪表礼仪规范

2.1.1　个人仪表的作用

仪表即人的外表，包括容貌、姿态、服饰三个方面。仪表美是对一个人外表的基本评价，是形体美、服饰美、发型美、仪容美的有机综合。仪表是一个人精神面貌的外观体现，与一个人的道德修养、文化水平、审美情趣和文化程度有着密切的关系，是人际交往中一个不可忽视的重要因素。

良好的仪表是员工的一项基本素质。旅游服务工作的特点是直接面向客人为其服务，客人获得的第一印象常常来源于旅游服务工作者的衣着打扮。整洁美观的制服与端庄大方的仪容，既是员工自尊自爱的体现，又是岗位工作高度的责任感与事业心的反映。良好的仪表会产生积极的宣传效果，并在一定程度上反映旅游服务的管理水平和服务质量。

注重仪表是尊重客人的需要，是礼仪的一种具体表现。旅游客人追求的是一种比日常生活标准更高的享受，即视、听、嗅等感官的美好享受。据有关专家分析，在给人的印象中各种刺激所占的百分比是：视觉印象占75%，谈吐印象占16%，味觉印象占3%，嗅觉印象占3%，触觉印象占3%。旅游服务人员的仪表能满足客人视觉美方面的需要，他们会感到置身于外观整洁、端庄、大方的服务人员之中，自己的身份地位得到了应有的承认、求尊的心理得到了满足。

当前旅游业的竞争十分激烈，员工的仪表不仅是树立企业形象的手段，而且是企业管理水平和服务质量高低的重要标志，同时也反映了一个国家和民族的道德水准、文明程度和精神面貌。所以，我们应该着眼于国家和民族的利益，为维护本单位的声誉和提高经济效益，修饰好自己的仪表。

2.1.2 着装的原则

1）着装的配色原则

服饰是指衣着和装饰，是一种文化，也是一个国家和民族礼仪的标志之一。服饰得体体现着时代的进步、观念的更新。俗话说："三分人样，七分衣装。"衣着是人们审美的一个重要方面，人们对你的第一印象常常来源于你的衣着打扮。不同颜色代表不同的意义，不同颜色的服装穿在不同人的身上会产生不同的效果，因此，服装要讲究配色。服装配色包括同类配色和衬托配色，即亲色调和法和对比色调和法。同类配色是一种常用的配色方法，要求将色调相近、深浅浓淡不同的颜色组合在一起，如果绿与浅绿搭配、浅红与深红搭配等。衬托配色的特点是在服色搭配上以其中一种颜色衬托另外一种或两种颜色，各种颜色不失各自的特点，相映生辉。理想的配色是：

绿色——黄色　　　粉红——浅蓝
深蓝——红色　　　深蓝——灰色
黑色——浅绿　　　黄褐——白色
橄榄绿——红色　　橄榄绿——骆驼灰

一般来说，黑、白、灰是配色中的安全色，它们最容易与其他颜色搭配并取得良好的效果。

不同的色彩是通过不同的色相、明度、纯度、色性呈现出来的。色相就是色彩所呈现出来的质地的面貌。明度是颜色的明暗度。纯度是颜色的饱和度。色性是颜色的冷暖：红、黄、橙给人以温软的感觉，称为暖色；蓝、绿、白给人以冷的感觉，称为冷色。

服装色彩的运用还能使人产生错觉，收到令人满意的效果。例如，浅色服装有扩张作用，瘦人穿着可产生丰满的效果；深色服装给人以收缩感，适合胖人穿用。

2）着装的"TPO"原则

"TPO"是"time"（时间）、"place"（地点）、"occasion"（场合）三个单词的缩写。"TPO"原则是指人们的穿着打扮要兼顾时间、地点、场合并与之相适应。

（1）与季节时间相适应

首先，着装要考虑季节特点。有人追求所谓的时髦，夏秋之交就穿有毛领的短外套，让人看着既臃肿又燥热；相反，有些女士在寒风料峭的天气穿着短裙，又不加外套，自己冷不说，别人看着也不舒服。其次，在一天中的不同时间着装也有讲究。在西方，男子白天不能穿小礼服（也称晚礼服或便礼服），夜晚不能穿晨礼服（也常称礼服）；女子在日落前不应该穿过于裸露的服装。

（2）与地点相适应

这是指着装要考虑不同国家、不同地区所处的地理位置、自然条件以及生活习俗等等。例如，在气候较热的地方，上身的小礼服最好为白色；在寒冷地区，室外温度低，女子穿短袖或无袖的晚会盛装要加裘皮外套或羽绒服，进入室内，应脱去外套。

（3）与场合相适应

这里的场合主要是指上班、社交、休闲三大场合。上班着装要整洁、大方、高雅，旅游酒店业人员一般都穿统一的服装；社交着装要时髦、流行，但要避免奇装异服（化装舞会除外）；休闲着装要舒适、得体，但要注意不能在居住小区内或大卖场里穿睡衣、睡袍或无袖汗衫、短裤。

同步思考 2-1

问题：餐厅服务员为什么不宜穿旗袍？

理解要点：旗袍是集温柔、典雅、高贵、端庄于一身的中国女性的传统服装，穿着得体能增添女性的魅力。但穿着旗袍要具备一定的气质风度。首先，穿旗袍者要有良好的站、坐、走势，动作端庄优雅，腰身要挺拔；其次，旗袍一般是出席大型庆祝活动、宴会时穿着，穿旗袍应配肉色连袜裤、中或高跟鞋，手拿无带式小坤包，化淡妆，必要时还应佩戴首饰；最后，旗袍一般都是量体裁剪，比较紧身，服务员穿着不便于工作。现在不少餐厅会让引位员穿旗袍，如果引位员身材修长，是一种较好的安排。

2.1.3　服饰的类别

1）制服

制服是标志一个人从事何种职业的服装，故又称岗位识别服。旅游接待人员穿着醒目的制服不仅是对宾客的尊重，而且便于宾客辨认，同时也使穿着者有一种职业的自豪感、责任感和可信度，是敬业、乐业在服饰上的具体表现。穿着制服必须做到以下几点：

（1）整齐

制服必须合身，注意四长（袖至手腕、衣至虎口、裤至脚面、裙至膝盖）、四围（领围以插入一指大小为宜，上衣的胸围、腰围及裤或裙的臀围以穿一套羊毛衣裤的松紧为宜）；内衣不能外露；不挽袖、卷裤；不漏扣、不掉扣；领带、领结与衬衫领口的吻合要紧凑且不系歪；工号或标志牌要佩戴在左胸的正上方；有的岗位还要戴好手套与帽子。

（2）清洁

穿着制服要做到衣裤无油渍、污垢、异味，领口与袖口尤其要保持干净。

（3）挺括

衣裤不起皱，穿前烫平，穿后挂好，做到上衣平整、裤线笔挺。

（4）大方

制服款式应简单、高雅，线条自然流畅。

2）便服

穿着任何便服都应做到简朴典雅、和谐统一，并注意四个协调：

（1）穿着要和年龄相协调

不同年龄的人有不同的穿着要求。一套深色的中山装，穿在中老年人身上会显得成熟和稳重，穿在青少年身上则会显得老气横秋。少女穿超短裙会显得朝气蓬勃、热情奔放，少妇穿超短裙则不免有轻佻之感。

（2）穿着要和体型相协调

不同的人，身材有高有矮，体型有胖有瘦，肤色有深有浅，穿着要因人而异、扬长避短。

（3）穿着要和职业相协调

政府机关干部是人民的公仆，穿着打扮宜大方朴素；教师有为人师表的职责，不宜穿奇装异服和打扮得花枝招展；旅游酒店人员上班要穿统一服装，男士一般穿西服，女士一般穿西装套裙。

（4）穿着要和环境相协调

在喜庆场合不能穿得太古板，女士衣服的颜色要鲜艳一些；在庄重场合不能穿得太随便；在悲伤场合衣服的颜色要深一些，不能穿得太刺眼；平日居家穿着可以随意一些。

3）西服

西服是一种国际性服装。一套合体的西服，可以使穿着者显得风度翩翩。人们常说："西服七分在做，三分在穿"。穿着西服必须配套。

（1）与衬衣配套

无论是两件套还是三件套西服，均应穿单色衬衣。衬衣的领子要挺括，下摆要塞在裤子里，衣袖要稍长于西服上装衣袖1~2厘米，以显示穿着的层次。

（2）与内衣配套

三件套西服，按国际惯例不能加毛背心或毛衣，在我国最多加一件"V"字领羊毛衣，否则会显得十分臃肿，破坏西服的线条美。

（3）与领带配套

在正式场合，穿西服必须系领带。西服脖领间的"V"字区最为显眼，领带处在这个部位的中心，领带的领结要饱满，与衬衫的领口吻合要紧凑。领带的长度以系好后大箭头垂直到皮带扣处为最标准。领夹一般夹在衬衣的第三、四粒纽扣之间为好。

（4）与面料的质地、颜色配套

在正式场合，应穿同一面料、同一颜色的西服套装，但一般场合穿西装可上下分色。

穿西装要注意口袋。西装上衣两侧的口袋只作装饰用，不可装物品，不然会显得臃肿，而且会使西装上衣变形。西装上衣左胸部的口袋只可放折叠的装饰手帕，有些物品（如票夹、名片盒等）可放在上衣内侧口袋里。裤袋亦不可装物品，以求臀部合适，裤型美观。手帕可装入裤子后兜内。

西装有单排扣、双排扣之分。双排扣西装一般要求把全部纽扣都系上，以示庄重。单排三粒扣西装习惯上系中间一粒或第一、第二粒扣；两粒扣的只系第一粒或"风度扣"，或全部不系。如在正式场合，则要求把第一粒纽扣系上，在坐下时方可解开。

（5）与鞋袜配套

穿西装一定要穿皮鞋，不能穿旅游鞋、布鞋、凉鞋和雨鞋。袜子要配深色的，不能穿白色袜子和色彩鲜艳的花袜子，切忌穿半透明的尼龙或涤纶丝袜。

女士穿中跟皮鞋会显得精神和健美，鞋跟一般不要超过4厘米，袜子的袜口不能露在衣裙之外。皮鞋要上油擦亮，袜子要每天洗换。有脚汗的人更要注意自己鞋袜的干净，以免发出异味，令人讨厌。

同步案例2-1

穿毛衣丢失了大客户

背景与情境： 大卫是个年轻有为、聪明勤快的小伙子，虽然进入理财经纪行业刚满3年，但已经积累了不少客户，受到了上司的多次表扬，大卫开始有点洋洋自得。

一天上午10点，他去拜访一位预约了五六次才成行的大客户。由于下午他休息，要和大学同学去郊游，就随意穿了一件休闲毛衣和牛仔裤。到了客户公司，总经理跟他一见面就有些不悦，他的想法是："我怎么放心把财产交给这个穿休闲毛衣和牛仔裤的毛头小伙子管理？看上去太不靠谱了。"不到10分钟，总经理就以开会为由，打发了大卫。

资料来源　万里红.最实战商务礼仪[M].北京：机械工业出版社，2013.有改动.

问题： 大卫丢掉大客户，穿着不当是表象，深层次原因是什么？

分析提示： 年轻人事业上获得成功后往往容易飘飘然，不再严格要求自己，这是要不得的，也是大卫丢掉大客户的深层次原因。与客户打交道，不能以自己为中心，要时时考虑客户的观感。要成功地进行业务交往，一定要注意自己的穿着打扮。大卫应该穿正装，才能给人以信任感，获得好的效果。

4）饰品的佩戴

（1）戒指

按照中国传统风俗，姑娘有了婆家之后可戴一枚戒指，但只能戴在左手上，婚后方可换戴在右手上，凡是待字闺中的女子均不可戴戒指。在近代中国，当一个女子接受了男方馈赠的戒指之后，就说明她已有了归属。

当今，戒指已经有了更多的含义，已成为世界各国男女的一种装饰品。但戒指不宜多戴，每只手上最好只戴一枚戒指。餐厅服务员以不戴戒指为宜。戒指之所以能为世人特别是为广大女士所喜爱，是由于它象征着友谊、爱情和幸福。同时，戒指的佩戴是一种无声的语言，暗示佩戴者的婚姻和择偶状况。例如，把戒指戴在食指上，表示无偶或求婚的意思（另一说是有守寡之意）；戴在中指上，表示已有意中人，正处在恋爱之中；戴在无名指上，表示已订婚或结婚；戴在小指上，则暗示自己是一位独身者。

在西方，人们把结婚戒指戴在左手无名指上，这是因为古罗马人相信人们左手无名指上有一条静脉血管直通心脏，把结婚戒指戴在左手的无名指上就可以获得真挚、永恒的爱情。欧美许多国家男女举行婚礼时，新郎和新娘互赠戒指几乎成为一项不可缺少的仪式。

（2）耳环

耳环是女性的主要首饰，其佩戴率仅次于戒指。佩戴耳环时应注意以下几点：

①耳环与脸形的配合。女士脸形包括长形、方形、圆形、三角形、椭圆形等。

长形脸宜佩戴圆拱形大耳环，可以将别人的视线引向闪光、漂亮的首饰，使对方视觉做横向移动，产生宽度感，有利于改变对长形脸女士的印象。

方形脸宜佩戴贴耳式耳环，造型有心形、椭圆形、花形、不规则几何形等。这些耳环的形状、色彩、光亮度形成的扩张感可以减弱下巴的宽度。

圆形脸宜佩戴有坠耳环，可以利用耳环垂挂所形成的纵长度，使圆形的外轮廓有所改观；不宜佩戴圆形耳环，因为耳环的小圆形与脸的大圆形组合在一起，会加强"圆"的信息。

三角形脸宜佩戴星点状的贴耳式耳环，这样可使头部的发型更加生动，使下颌的宽度不太显眼。

椭圆形脸俗称鸭蛋脸、瓜子脸，被认为是一种比较理想的脸形。它不仅适合于梳理各种发型，而且也适合佩戴各种耳饰。例如，佩戴大耳环或有坠耳环，显得丰采多姿；佩戴小耳环或无坠耳环，则有秀气俏丽的美感。

②耳环与发型的配合。耳环与发型是紧密配合的一对伙伴。耳环的点缀可以使发型更为多彩多姿，发型的衬托又令耳环熠熠生辉。黑色的头发与任何一种耳环的颜色相配，均能产生好的效果。

③耳环与服装的配合。耳环的款式造型、材料及色彩与服装的样式、面料、色彩有密切的关系。例如，丝绸、软缎等轻薄面料，宜佩戴贵重、精致的耳环，使整体形象显现出一种轻盈、俏丽、优雅的美感；呢料、裘皮、羊绒等厚重型面料，宜佩戴珍贵的金银珠宝耳环，以显示穿着者的高贵与典雅。

（3）项链

项链也是受到女性青睐的主要饰品之一。它的种类很多，大致可分为金属项链和珠宝项链两大系列。佩戴项链应注意以下几点：

①佩戴项链应和自己的年龄及体型相协调。脖子细长的女士佩戴方丝链，更显玲珑娇美；脖子短的女士应佩戴颗粒小而长的项链，以凸显脖子的长度；马鞭链粗实成熟，适合年龄较大的妇女选用。青年人肤色滋润，宜选质地良好、款色新颖的项链，如象牙、珍珠项链，更显得和谐、文静。

②佩戴项链应和服装相呼应。身着柔软、飘逸的丝绸衣裙时，宜佩戴精致、细巧的项链，显得妩媚动人；穿单色或素色服装时，宜佩戴色泽鲜艳的项链，这样，在首饰的点缀下服装色彩会显得活泼、丰富。

同步业务2-1

女士要适时修补妆容

化彩妆的女士在某些情况下，常会出现妆容残缺的现象。在正式场合，以残妆示人，既有损自己的形象，也显得对人不礼貌。因此，及时察觉，适时补妆不可忽视。

女士补妆时，应回避他人，宜选择角落或洗手间进行，切勿在公共场所当众补妆。补妆应该以补为主，只需在妆容残缺的地方稍作弥补即可，不必抹去旧妆重新化妆。如果晚间还要应酬，那么临去前可洗去残妆，重新化一个清新的晚妆。

资料来源　上海市精神文明建设委员会办公室.文明礼貌100题[M].上海：复旦大学出版社，2000.

2.1.4　仪表和卫生

1）发型

发型美是仪表美的要素之一。发型是有关头发的造型艺术，是体现人的审美需求和性格情趣的直观形象，是自然美和修饰美的有机结合；同时，也反映着人们的物质、文化生活水平和时代的精神面貌。

（1）女士发型

女士发型要遵循美观、大方、整洁、实用的原则。

①女士发型要与脸形相配。圆形脸的发型应尽量使脸形向椭圆形靠拢，额前的头发应高一些，两边的头发应帖服；方形脸的发型应该削去棱角，使脸形趋于圆形，可用头发遮住额头，两侧的头发可以稍长一些并烫一下，以曲线美来掩盖方形脸的欠缺；长形脸选择发型时可适当地用刘海儿掩盖前额，使脸看上去丰满些；三角形脸的发型应尽可能增加额头两侧头发的厚度，采用侧分，使头发掩盖窄的额头；倒三角形脸的发型应尽可能隐藏过宽的额头，提高脸下部的丰满度；菱形脸应该使两侧头发厚一些，用刘海儿遮住前额，可使用蘑菇式发型；椭圆形脸为标准脸型，可以选配任何发型。

②女士发型要与体型相协调。高瘦型身材不宜留短发，可留长发、直发或大波浪的卷发及内层次的平妆式，以显得飘逸大方；矮胖型身材不宜留披肩长发，可留超短式或梳盘发，以显得活泼精神；高大型身材以短直发为好，也可使用大波浪的卷发或盘发；矮胖型身材留轻便的运动式或盘发，可以在视觉上增加一定的高度。

③女士发型要与年龄相协调。青少年时期，应显示活泼开朗的性格，发型不宜太复杂，线条要简洁、流畅、明快、粗放、自然；成年时期，则要考虑性格、爱好、身材、服饰以及职业、季节等因素。夏天为了凉快、舒畅，一般以短发或扎辫、盘发为宜；冬天为了暖和，宜留长发；春秋两季的发型，则可灵活些。50岁左右的女士，发型一般要求简朴、端庄、稳重。

④对于从事旅游涉外接待工作的女士，发型基调是：活泼开朗、朝气蓬勃、干净利落、持重端庄。要求做到：不留披肩发，发不遮脸，刘海儿不过低，也不可将头发染成红色或黄色，一般以齐耳的直发或微长稍曲的发型为宜，还要避免使用色泽鲜艳的发饰。

（2）男士发型

男士发型的要点是：

①男士发型要与脸形相配。长形脸不宜留短发，宽形脸不能留长发、蓄鬓角，否则给人以头重脚轻、臃肿做作之感。头发稀少或者秃顶的人，更不宜留长发，因为头发稀少又不规则，像杂草丛生，不但不美观，反而给人以病态之感。

②男士发型要与体型相配。高瘦者应该留分段式长发，矮胖或瘦小者应剪短发，以显得有精神。

③男士发型要与服装相配。男士穿西装，发型应吹风定型，以显得风度翩翩。

按旅游涉外接待的要求，男士鬓发不应盖过耳部，头发不能触及后衣领，也不要烫发。

2）面部化妆

俗话说："三分容貌，七分打扮。"随着人们生活水平的提高、物质条件的不断改善，面部化妆越来越被人们所重视。

对旅游涉外女性工作者来说，化妆要少而精，强调和突出自身具有的自然美部分，减弱或掩盖容貌上的缺陷，一般以浅妆、淡妆为宜，不能浓妆艳抹，并避免用气味浓烈的化妆品，具体应注意以下几点：

（1）化妆色彩要根据自己的肤色调配

化妆色彩要求鲜明、丰富、和谐统一，给人以美的享受。女士一般都希望面部妆容白一点，但不可在化妆后明显改变自己的肤色，应与自己原有的肤色恰当结合，这样才会显得自然、协调。

（2）化妆区域应根据自己的脸形调配

脸宽者，位置可集中一些，描眉、画眼、涂口红、拍腮红要尽量集中在中间，以收拢缩小面部，使脸形显得好看些；脸窄者，可适当放宽。

（3）眉毛、眼睛的修饰

为突出面部化妆之美，还要描眉、画眼。眉毛要强调自然美，眉形的设计要适合眼睛的形状，才会相得益彰。化淡妆时，脸形和眼睛形状姣好可不画眼；化浓妆时，可用蓝色、灰色、黑色或棕色的眼线膏，将眼皮外眼角描得面积宽些，越向上描得越淡，逐渐消失，眼皮薄者描浓些、深些会显得更有精神。

（4）涂胭脂要因人而异，不可千篇一律

长脸形宜横涂；宽脸形宜直涂；瓜子脸形则以面颊中部偏上处为重点，然后向四周散开。至于胭脂的颜色，白天宜选用玫瑰红或粉红，晚间宜选用曙红。

（5）涂口红可增强唇部的血色感

一般宜选用接近嘴唇的颜色，如淡紫红色，既真实又鲜明，增强活力和美感。黑色或紫色唇膏对从事旅游涉外接待工作的女士来说，是不可取的。

3）口腔

保持口腔清洁，是讲究礼仪的先决条件。要坚持每日三次刷牙，刷牙可以减少口腔细菌，清除牙缝里的积物，防止牙石沉积。常规的牙齿保洁应做到"三个三"，即三顿饭后都要刷牙，每次刷牙的时间不少于三分钟，每次刷牙的时间在饭后三分钟之内。

平日要多吃蔬菜、水果和粗米饭，以清洁牙齿；不吸烟、不喝浓茶，以免牙齿变黄、变黑。上班前不喝酒，忌吃大葱、大蒜、韭菜等有刺激性的异味食物。

进餐时应闭嘴咀嚼，不可在人前露出满口牙齿，发出很大的响声。口臭患者在与人交谈时要保持一定的距离，切不可唾沫四溅。进餐后如要剔牙，应用手或餐巾掩盖。

4）鼻腔

要保持鼻腔的清洁，经常清理鼻腔，修剪鼻毛。切忌在他人面前抠鼻孔、拔鼻毛，这样既不文雅，又不卫生。

5）手指甲

手的清洁与否反映一个人的修养与卫生习惯，与一个人的整体形象密切相关。要随时清洁双手，指甲要及时修剪与洗刷。不要留长指甲，也不要涂有色指甲油。

6）公共卫生

要养成不随地吐痰、不乱扔果皮纸屑的良好习惯。不在宾客面前修指甲、剔牙、挖耳朵、打呵欠、搔痒等；咳嗽和打喷嚏时，应用手帕捂口鼻，面向一旁，尽量降低声响。

7）饮酒

在旅游涉外活动中，饮酒不可过量，以免醉后失态；要尊重对方的习俗，不能勉强劝酒。

2.2　言谈举止礼仪

2.2.1　礼貌用语

1）礼貌用语的概念和作用

（1）礼貌用语的概念

语言是社会交际的工具，是人们表达意愿、思想情感的媒介或符号。旅游接待工作离不开语言，服务语言离不开礼貌。礼貌用语是旅游接待工作者向宾客表达意愿、交流思想感情和沟通信息的重要工具，是一种对宾客表示友好和尊敬的语言。

俗话说："良言一句三冬暖，恶语伤人六月寒。"这句话形象地概括了使用礼貌用语的重要性。旅游接待服务从问候宾客开始，到告别宾客结束，语言是完成这一过程的重要手段，因此，必须十分讲究语言艺术。使用礼貌语言时，还要强调四个要素，即"以宾客为中心"、"热情诚恳的态度"、"精确通俗的内容"、"清晰柔和的表达"。这就是业内人们常说的礼貌用语的一个中心、三个基本点。

（2）礼貌用语的作用

①礼貌用语关系到祖国的声誉

我国素以语言文明、礼貌待客蜚声中外。如果我们说话不礼貌，伤害了宾客的自尊心，客人就会对中国这个"礼仪之邦"有看法，对社会主义精神文明产生怀疑，必将对我国的声誉产生不良影响。

②礼貌用语反映了服务的质量和管理水平

作为旅游接待工作者，使用语言是否文明，客人是相当敏感的。如果我们工作时稍不注意，语言粗鲁，态度生硬，那么再好的设施、设备也不能令宾客满意。

③礼貌用语是工作者自身人格的体现

俗话说："言为心声。"语言是人们心灵的体现。准确亲切的语言反映了旅游接待工作者的文化修养和精神面貌，同时在很大程度上左右宾客对旅游接待工作者的评价。

2）礼貌用语的基本形式

（1）谦让式

当客人发火时，你若保持谦让的态度，必能"灭火消气"。"火气"遇到"和气"，就失掉了发泄的对象，自然会降温熄火，产生积极的效果。

（2）委婉式

当有人无理取闹时，你不能冲动，更不能以牙还牙，采取理智的态度和委婉式谈话，才能使客人恢复平静。

（3）恳求式

通常这是处于弱势地位的人使用的语言。在硬件损坏或服务发生差错时，旅游酒店员工用这种语言表达方式表示对客人的歉意，就容易获得客人的谅解。

（4）商讨式

需要他人帮助时，应采用商讨式口气，这是平等待人、尊重他人的必要方式。

礼貌语言是心灵美的具体体现。陶铸同志说得好："心底无私天地宽"。心地纯正的人，胸怀才能宽广，性情才能开朗，在发生矛盾时，才会严于律己，宽以待人。

3）礼貌用语的基本要求

（1）态度要诚恳、亲切

人是有感情的，也最讲感情，而人的感情一般是通过语言和表情流露出来的。人们常说的"言以传情，情以动人"，就是这个道理。因此，旅游接待工作者说话时的神态、表情十分重要。例如，当你向宾客表示祝贺或慰问时，如果嘴上说得非常动听，而表情却冷冰冰的，那对方一定认为你是在故作姿态。所以，礼貌用语必须做到态度诚恳和亲切，也就是必须表里一致。

（2）用语要谦逊、文雅

旅游接待工作者对宾客应使用敬语，如称人时用"您"、"先生"、"夫人"、"女士"、"小姐"、"师傅"、"老大爷"、"老大娘"等，与别人联系时用"请问"、"劳驾"、"敬请光临"、"请大力协助"、"请多关照"等。而对自己则应多用谦语，如可自称为"鄙人"、"学生"等。在接待宾客时，应坚持使用雅语，如用"几位"代替"几个人"，用"哪一位"代替"谁"，用"贵姓"代替"你姓什么"，用"不新鲜"、"有异味"代替"发霉"、"发臭"。在日常生活中，可用"洗手间"、"盥洗室"等代替"厕所"。现在，"厕所"在国际上更为流行的称谓是"可以轻松的地方"或"可以愉快的地方"。这样使人听起来更文雅，免去粗俗感。我国正在提倡的礼貌用语有"您好"、"请"、"谢谢"、"对不起"、"再见"等。

（3）声音要优美、动听

旅游接待工作者在接待宾客时，语音要标准，无论是普通话、外语、方言，咬字都要清晰，尽可能讲得标准。嗓音要动听，增强语言的感染力与吸引力。音量要适度，以客人听清楚为准，切忌大声说话，语惊四座。语调要婉转，抑扬顿挫有情感，使听者感到亲切和自然。语速要适中，避免连珠炮式说话，轻柔甜润的话语才会使客人满意。

（4）表达要灵活、恰当

要使宾客感到满意和高兴，在使用礼貌用语时，还必须察言观色，随时注意宾客的反应。针对不同的对象、不同的性别和年龄、不同的场合，灵活地掌握不同的用语，有利于沟通和理解，从而避免矛盾的产生或使矛盾得到缓解。如宾客提出了意见，我们一时又难以给予准确的答复，便可以说："您提的意见是值得考虑的，多谢您的关心。""值得考虑"就是灵活表达的一种方式，它带有赞同的倾向，但没有肯定的含义。又如，宾客提出的一些要求一时难以满足时，不妨说："您提出的要求是可以理解的，让我来想想办法，一定尽力而为。""可以理解"也是一种灵活、恰当的表达方式，它使提出要求的宾客感到十分体面，即使无法满足宾客的要求，宾客也会表示谅解。

一般来说，我们可以通过宾客的服饰、语言、肤色、气质等去辨别其身份，通过宾客面部的表情、语气的轻重、走路的姿态、手势的运用等行为举止来领悟其心境。遇到语言激动、动作急躁、举止不安的宾客，要特别注意使用温柔的语调和委婉的措辞。对待宾客的投诉，说话时更要谦虚、谨慎、耐心、有礼，要设身处地为宾客着想，要学会善于揣摩宾客的心理，以灵活的言语来应对各种宾客，更好地服务。

人类社会的发展要求我们不断提高自身的文明程度，而语言的文明是其中极其重要的内容，从中可以窥见一个民族的精神面貌。语言文明看似简单，但要真正做到却并非易事。这需要我们身体力行，加强语言修养，从而使我们中华民族"礼仪之邦"的优良传统，真正得到进一步的发扬光大。

同步业务2-2

常用礼貌用语

古往今来，我国常用的礼貌用语有：

初次见面，说"久仰"；许久不见，说"久违"。

客人到来，说"光临"；等候客人，说"恭候"。

探望别人，说"拜访"；起身作别，说"告辞"。

中途先走，说"失陪"；请人别送，说"留步"。

请人批评，说"指教"；请人指点，说"赐教"。

请人帮助，说"劳驾"；托人办事，说"拜托"。

麻烦别人，说"打扰"；求人谅解，说"包涵"。

在日常生活中，最基本、最常用的是五句十字礼貌语，即"您好"、"请"、"对不起"、"谢谢"、"再见"。十字文明用语是人际关系和谐的润滑剂，是我们中华民族精神文明的具体体现，一定要随时运用，养成习惯。

4）日常礼貌用语

（1）称呼语

称呼语是旅游接待工作者对宾客的尊称，要分清国内和国外常用称呼，要求做到及时、准确、恰当。

①一般称呼。对男宾不论其年龄大小与婚否，可统称为"先生"；女宾则根据婚姻状况而定，已婚女子称"夫人"（太太），未婚女子称"小姐"。对婚姻状况不明的女宾，可称"小姐"或"女士"。在国内，对打扮时髦的已婚女子也可称"小姐"。以上称呼可以连同姓名、职衔、学位一起使用，如"王小明先生"、"张总经理"（或"张总"）"李局长"、"史密斯夫人"、"卡特教授"、"秘书小姐"、"护士小姐"、"基辛格博士"等。

②涉外称呼。对地位高的政府官员、外交使节、军队中的高级将领，一般可称"阁下"以示尊重，如"部长阁下"、"总统阁下"、"大使先生阁下"、"将军先生阁下"等。美国、墨西哥、德国等国家则习惯称"先生"，不称"阁下"。对君主立宪制国家，则应称国王、王后为"陛下"，称王子、公主、亲王为"殿下"。对有公、侯、伯、子、男爵位的可称其爵位，如"公爵先生"、"公爵夫人"等，也可称"阁下"。

对宾客应使用敬语。敬语包含尊敬语、谦让语和郑重语三种。通常，当说话人把听话者视做上位者时，宜使用尊敬语，如"先生，对不起，让您久等了"。当说话人要表明自己是下位者时，需使用谦让语，如"过一会儿我来拜访您"。又如，当宾客进店时说"欢迎"、"欢迎光临"、"我能为您做点什么"、"您有什么事要吩咐"等等，都是沟通与宾客的思想感情，使旅游接待工作得以顺利进行的重要语言。使用郑重语时，一般并不表明说话人与听话者是否处于上下级关系，只是出于客气、礼貌，如离席时说一声"我先走了，你们慢慢谈吧"，分别时说一声"明天见"。

③对军人一般称军衔，知道姓名的可冠以姓与名，如"上校先生"、"莫利少校"、"维尔斯中尉先生"等。在我国，一般称职务，知道姓氏的可冠以姓氏，如"江连长"；不知姓氏的，则在职务后加"同志"，如"连长同志"。对教会中的神职人员，一般可称教会的职称，或姓名加教职，或教职加先生，如"牧师先生"、"布鲁斯牧师"等。对主教以上的神职人员，也可称"阁下"或"大人"。

④对于来自与我国一样以同志相称的国家的宾客，对各类人员均可称为"同志"，如"主席同志"、"团长同志"、"司机同志"、"服务员同志"，或姓名加"同志"。在我国，也可按年龄大小或不同性别称之，如"老徐同志"、"小吴同志"、"男同志"、"女同志"等。

⑤有的国家还有习惯称呼语，如称"公民"等。在日本，对社会地位较高的女士也可称"先生"，如"中岛京子先生"、"高娃先生"等。

在涉外场合，正确使用称呼非常重要，切忌使用"喂"来招呼宾客。例如，英、德等国家对头衔非常看重，如对方有博士学位，在称呼时一定不能省略。即使对称呼较为随便的美国人，在不熟悉的情况下，还是应该称"某某先生"、"某某夫人"、"某某小姐"为好；否则，会伤害对方的感情，或者被对方认为缺乏教养。总之，在称呼上要多加学习、研究，善于正确使用，以免造成误会。

（2）问候语

问候语是指接待宾客时，根据时间、场合和对象的不同所使用的规范化用语。

①与宾客见面应主动说："您好，欢迎到××来"，"您好，欢迎光临"，"女士们，先生们，欢迎你们的光临"，"您好，××小姐（先生），我们一直恭候您的光临"，"您好，见到您很高兴"。

②每天不同时间问候客人，一般用"您早"、"您好"、"早上好"、"下午好"、"晚上好"、"晚安"等。

③根据需要在使用上述问候语的同时，最好紧跟其他一些礼貌用语，如"先生，您好，欢迎光临，请"，"早上好，先生，您有什么事要吩咐吗"，"您好，小姐，要我帮忙吗"，"晚上好，夫人（太太），旅途辛苦了，请先在这儿休息一会儿吧"，这样就会使对方倍觉自然和亲切。

④旅游接待人员在问候时，要掌握外宾的习惯用语。例如，初次见面用"How do you do"，熟人用"How are you"。千万不能用"您吃饭了吗"、"您上哪儿去啊"这类话。这类话在中国习以为常，可在外宾听来会产生误会，或者认为是干涉他的私事。

⑤向客人道别或给宾客送行时可以说："晚安"，"再见"，"谢谢光临，欢迎再来"，"祝您一路平安"。

⑥遇到节日、宾客生日等喜庆日子，应说："祝您圣诞快乐"、"祝您生日快乐"、"祝您健康长寿"、"新年好"、"恭喜发财"、"大吉大利"等。对香港、广东籍宾客习惯上说愉快而不说快乐，因"乐"与"落"同音，是商人忌讳之字。

⑦宾客患病或身体不适时，应主动表示关心，可以说："请多保重"、"祝您早日康复"。

⑧当气候发生变化时应说："请多添衣服，当心感冒（着凉）"，"请带好雨具"等。

⑨接待体育、文艺代表团时应说："祝您在比赛中获胜"、"祝您演出成功"、"您的表演真精彩"等。

（3）应答语

应答语是旅游接待工作者在回答宾客问话时的礼貌用语。

①对前来问询的宾客可以说："您好，我能为您做什么"，"请问，我能帮您什么忙"等。

②引领宾客时可以说："请跟我来"、"这边请"、"里边请"、"请上楼"等；接受宾客吩咐时可以说："好，明白了"，"好，马上就来"，"好，听清楚了，请您放心"，"好，知道了"等。

③听不清或未听懂宾客问话时应说："对不起，请您再说一遍"，"很对不起，我还没有听清，请重复一遍，好吗"等。

④不能立即接待宾客时应说："对不起，请您稍候"，"请稍等一下"，"麻烦您，等一下"等。

⑤迟到或延迟服务应对等待的宾客说："对不起，让你久等了"等。

⑥接待失误或给宾客添麻烦时应说："实在对不起，给您添麻烦了"，"对不起，刚才疏忽了，今后一定注意不再发生这类事。请再次光临指导"等。

⑦有事要问宾客时应说："对不起，我能不能问您一个问题"，"对不起，如果不麻烦的话，我想问一件事"等。

⑧当宾客表示感谢时应说："不用谢，这是我应该做的"，"别客气，我乐于为您服务"等。

⑨当客人误解致歉时应说："没关系"、"这算不了什么"等。

⑩当客人赞扬时应说："谢谢，过奖了，不敢当"，"承蒙夸奖，谢谢您了"，"谢谢您的夸奖，这是我应该做的"等。

⑪当宾客提出过分或无礼要求时应说："这恐怕不行吧"，"很抱歉，我无法满足您的这种要求"，"对不起，中国人还没有这种习惯"等。此时，必须沉得住气，婉言拒绝，表现得有教养、有风度。

⑫接电话时可以说："您好，这里是××，请讲"或"我能为您做什么"等。当铃响过三遍，接电话时应先说："对不起，让您久等了"。

【同步业务 2-3】

与人交往，要践行"3A原则"

"3A原则"是由美国学者布吉尼教授提出来的，在人际交往特别是为客人提供服务时是非常重要的：首先要接受对方，其次要重视对方，最后要赞美对方。这样才能拉近彼此的距离，尽快取得共识。

在英文中，"接受"（accept）、"重视"（attention）、"赞美"（admire）的第一个字母都是A，所以被称为敬人"3A原则"。3A原则告诉我们在交往中不能只见到物而忘掉人，要强调人的重要性，要注意人际关系的处理。

（1）接受对方

接受对方，就要宽以待人，不要难为对方，要记住客人永远是对的。其主要表现为热情、主动地接近客户，淡化彼此之间的戒备，恰到好处地向对方表示亲近、友好之意，将客人当做自己人来看待。同客人交谈时，有"三不准"：不准打断别人的讲话，不准轻易地对对方的讲话进行补充，不准随意更正对方的讲话。即使见解截然相反，也要等对方说完后尽可能地采用委婉的语气表达，切不可针锋相对。

（2）重视对方

要重视对方和欣赏对方，要看到对方的优点，不要专找对方的缺点。重视对方的技巧有以下几种：

①牢记对方的姓名。对每一个人来说，姓名都是自己百听不厌、百看不烦的最美妙词汇，牢记交往对象的姓名，本身就意味着对对方重视有加；反之，连客人的名字都记不住，就会给人被轻视的感觉。要牢记交往对象的姓名必须要注意两个问题：第一，接过名片首先要看，不要张冠李戴；第二，绝对不要读错了交往对象的姓名。

②用尊称。在人际交往中，要善于使用尊称，行政职务、技术职称都属于尊称。在交往过程中，始终要用尊称称呼交往对象。比如，对于年纪较大的男性，可称为"老先生"；对于大学教授，如果你称呼他"老板"，显然不太合适；对于五六十岁的女士，应该称"太太"、"夫人"。

如果不清楚对方的姓氏、职位、职称、婚姻状况，可用"先生"、"女士"来称呼。

③倾听交往对象的要求。耐心倾听交往对象的要求，就会使对方觉得受尊重而感到满足。当交往对象阐明己见时，应暂停其他工作，目视对方，并以眼神、笑容或点头来表示自己正在洗耳恭听。如有必要，还可以主动地与对方进行交流。

（3）赞美对方

从心理上来讲，人们都希望自己得到别人的欣赏与肯定。赞美客人时要注意以下技巧：

①适可而止。在具体运用赞美词汇时，必须把握好分寸。赞美之词用得太多太滥，不但会令人肉麻，而且也会使赞美本身贬值。

②实事求是。真正的赞美是建立在实事求是的基础之上的，是对他人优点的认同。如果夸大其词地恭维和奉承，就违背了诚实的原则，绝对不可取。

③恰如其分。赞美要想让对方接受，就一定要恰如其分。比如，赞美一位善于保养的女士时，用"驻颜有术"这个词就比较恰当。

资料来源 何叶.商务礼仪[M].西安：西安交通大学出版社，2014.略有改动.

2.2.2 文明举止

一个人的礼仪修养如何，别人可从他的举止中察觉出来。在中华民族的礼仪要求中，"站有站相，坐有坐相"，是对一个人礼仪修养的最基本要求。在人际交往中，人们的感情流露和交流经常要借助于人体的各种姿态，这就是我们常说的"体态语音"。它作为一种无声的语言，在生活中被广泛地使用，在旅游接待工作中有着重要作用和特殊意义。

当今世界，科技日新月异。10多年前的寻呼机、大哥大早已不见踪影，手机、计算机，几乎人手一台（部）；电视不但高清，还可回看；电影有立体的，还有3D甚至4D的；手机发展得更快，刚刚是3G当令，几个月就又出了4G、5G……这一切为人们的生活、交往提供了便利，提高了人们的生活质量；同时，也对人际交往、人与人的关系产生了重大影响：人机交流多了，人与人的交流少了。不少人热衷于在手机上玩游戏、微信，吃饭、上课、工作，时刻离不开手机，成了"低头族"，甚至走路、开车时也打电话、看视屏，惹出很多笑话，甚至发生车祸，这些都是不可取的。

我们在生活、交际中，要善用新科技成果，不能盲目跟风、追求时髦、迷恋手机，不能玩机误事，影响正常工作和人际交往，更不能盲目接受信息，不辨是非，玩物丧志，造成重大危害。

一个人的风度是在漫长的生活实践中和不同意识形态的历史文化氛围中逐渐形成的。它是一个人行为举止的综合，是社交中的无声语言，是个人性格、品质、情趣、素养、精神世界和生活习惯的外在表现。我们平时说的"风姿"、"风采"、"风韵"，就是风度的具体体现。

1）规范的站姿

站姿的基本要求是：站要端正、自然、亲切、稳重，也就是人们常说的"站如松"，即站得要像松树一样挺拔。正确的站姿要领是：上身正直，头正目平，面带微笑，微收下颌，挺胸收腹，腰直肩平，两臂自然下垂，两腿相靠站直，肌肉略有收缩感。旅游接待工作者的站姿大致有以下四种：

（1）侧放式

侧放式站姿是男女通用的站立姿势，其要领是：脚掌分开呈"V"字形，脚跟靠拢，两膝并拢，双手放在腿部两侧，手指稍弯曲呈半握拳状。

（2）前腹式

前腹式站姿是女性常用的站立姿势，其要领是：脚掌分开呈"V"字形，脚跟靠拢，两膝并拢，双手相交放在小腹部。

（3）后背式

后背式站姿是男性常用的站立姿势，其要领是：两腿稍分开，两脚平行，两脚间距离比肩宽略窄些，双手轻握放在后背腰处。

（4）丁字式

丁字式站姿是只限女性使用的站立姿势，其要领是：一脚在前，将脚跟靠于另一脚内侧，两脚尖向外略展开，形成斜写的一个"丁"字形，双手在腹前相交，身体重心在两脚上。

站立太累时，可变换姿势，将身体重心移在左脚或右脚上。无论哪一种姿势，切忌双手抱胸或叉腰，也不可将手插在衣裤袋内，更不要将身体东倒西歪地靠在物体上，因为这些动作都是傲慢和懒散的表现。在正式场合，不要下意识地做小动作，如摆弄打火机、香烟盒，玩弄衣带、发辫、咬手指甲等。这样不但显得拘谨，给人缺乏自信和经验的感觉，而且也是不礼貌、不合礼仪的表现。

2）优雅的坐姿

坐姿的基本要求是"坐如钟"，即坐相要像钟那样端正。对旅游接待工作者来说，还要注意坐姿的文雅自如，这是体态美的重要内容。其具体要领有：入座时，轻而缓，走到座位前面转身，右脚后退半步，左脚跟上，然后轻轻地坐下。女子入座时，要用手把裙子向前拢一下。坐下后，上身正直，头正目平，嘴巴微闭，面带微笑，腰背稍靠椅背，两手相交放在腹部或两腿上，两脚平落地面。男子两膝间的距离以一拳为宜，女子则应双膝紧靠。坐姿还要根据凳面的高低及有无扶手来注意两手、两腿、两脚的正确摆法。

（1）两手摆法

有扶手时，双手轻搭扶手或一搭一放；无扶手时，两手相交或轻握放于腹部或左手放在左腿上，右手搭在左手背上或两手呈"八"字形放于两腿上。

（2）两腿摆法

凳高适中时，两腿相靠或稍分，但不能超过肩宽；凳面低时，两腿并拢，自然倾斜于一方；凳面高时，一腿搁于另一腿上，脚尖向下。

（3）两脚摆法

脚跟、脚尖全靠或一靠一分，也可一前一后或右脚放在左脚外侧。

无论哪一种坐姿，都要自然放松，面带微笑。切忌下列几种错误坐姿：二郎腿坐姿、分腿坐姿、"O"字形坐姿。坐姿中还特别忌讳前俯后仰，或抖动腿脚，这些都是缺乏教养和傲慢的表现。

3）正确的步姿

正确的步姿要求是"行如风"，即走起路来要像风一样轻盈。其基本要领是：上身正直不动，两肩相平不摇，两臂摆动自然，两腿直而不僵，步度适中均匀，步位相平向前。走路正常的人，脚印应是正对前方。正确的步位、步速和步度如下：

（1）步位

步位是指两脚下落到地面的位置。男士行走，两脚跟交替前进在一线上，两脚尖稍外展；女士行走，两脚要踏在一条直线上，脚尖正对前方，称"一字步"，以显优美。

（2）步速

步速是指行走的速度，男士通常每分钟108～110步，女士每分钟118～120步。遇有急事，可加快步速，但不可奔跑。

（3）步度

步度也称步幅，是指跨步时两脚间的距离，一般为70～80厘米。步度大小跟服饰和鞋也有一定的关系。例如，男士穿西装时，走路的步幅可略大些，以体现挺拔、优雅的风度；女士穿旗袍和中跟鞋时，步度宜小些，以免旗袍开衩过大，露出大腿，显得不雅；女士着长裙行走要平稳，步幅可稍大些，因长裙的下摆较大，更显得修长、飘逸、潇洒；年轻女子穿着短裙（指裙长在膝盖以上）时，步度不宜过大，步速可稍快些，以保持轻盈、活泼、灵巧、敏捷的风度。

步姿首先最忌内八字和外八字；其次是弯腰驼背，摇头晃脑，大摇大摆，上颠下跛。走路时不要大甩手、扭腰摆臀、左顾右盼，也不要脚蹭地面，或将手插在裤兜里。

同步业务2-4

不同步姿所反映的心理特质

心理学家史诺嘉丝发现：走路大步，步子有弹力及摆动手臂，显示一个人自信、快乐、友善及富有雄心；走路时拖着步子，步伐小或速度时快时慢则相反；喜欢支配别人的人，走路时倾向于脚向后踢高；性格冲动的人，就像鸭子一样低头急走；拖着脚走路的人，通常不快乐或内心苦闷；女性走路时手臂摆得高，则显示出她精力充沛和快乐。

资料来源　林友华.社交礼仪[M].北京：高等教育出版社，2003.

4）恰当的手势

手势是人们交往时不可缺少的动作，是富有表现力的一种"体态语言"。手势美是一种动态美。得体适度的手势，可增强感情的表达，起到锦上添花的作用。旅游接待工作者的手势运用要自然、优雅、规范、适度。手势的规范标准是：五指伸直并拢，掌心斜向上方，腕关节伸直，手与前臂形成直线，以肘关节为轴，弯曲 140 度左右，手掌与地面基本上形成 45 度角。

与宾客交谈时，手势不宜过多，动作不宜过大，更不要手舞足蹈。

介绍某人或为宾客引路时，应掌心向上，四指并拢，大拇指张开，以肘关节为轴，前臂自然上抬伸直。指示方向时，身体稍向前倾，面带微笑，眼睛看着目标方向，并兼顾宾客是否意会到目标。切忌用手指来指点，因为它有教训人的意味，是不礼貌的。

鼓掌也是一种手势，如欢迎客人到来、他人发言结束或观看体育比赛、文艺演出时，应用右手手掌拍左手掌心，但不要过分用力或时间过长。

在谈到自己时，可用右手掌轻按自己的左胸，那样会显得端庄、大方、可信。

同样一种手势，在不同的国家、不同的地区可能有不同的含义，千万不能乱用。如伸出一只手，将食指和大拇指搭成圆圈：美国人用这种手势表示"OK"，有"赞扬和许诺"之意；在印度，表示"正确"；在泰国，表示"没问题"；在日本、缅甸、韩国，这一手势代表"金钱"；在法国，通常表示"微不足道"或"一文不值"；在巴西、希腊和意大利的撒丁岛，这是一种令人厌恶的污秽手势；在马耳他，则是无声的恶毒的咒骂。

在英美等国，如伸出右手的食指和中指作"V"字形手势，表示"胜利"、"成功"。但最初使用时，丘吉尔是掌心朝外的，若你不慎将手背朝外，那在美国人的眼中是伤风败俗的。在我国和非洲国家，"V"字形手势一般表示两件事或两个东西，如在饭店吃饭时需要两瓶啤酒，可以伸出食指和中指来表示。

在欧洲，人们相遇时习惯用手打招呼。正规的方式是伸出胳膊，手心向外，用手指上下摆动。美国人打招呼是整只手摆动。如果在欧洲，整只手摆动表示"不"或"没有"。在希腊，一个人摆动整只手就是对他人的侮辱，将会造成麻烦。

总之，与不同国家、地区、民族的人交往，要懂得他们的手势语言，以免闹出笑话，造成误会。

5）微笑的表情

《辞海》解释"笑"是"因喜悦而开怀。"微笑是一个人精神状态的最佳写照，最能缩短人与人之间的距离。微笑的要点是双唇后扯，嘴角上提，同时带动眼部周围肌肉的收缩，关键是让眼睛也要笑。微笑是一种特殊的情绪语言，它可以和有声语言及行动相配合，沟通人们的心灵，架起友谊的桥梁，给人以美的享受。

（1）微笑是礼仪的基础

微笑存在于一切生活中。旅游接待工作者的微笑，是对宾客热情友好的表示，是真诚欢迎的象征。微笑服务，体现了礼仪的本质，是员工尽心尽职的表现，表达了接待工作者对宾客尊重的责任感和主动性，也是实现"宾客至上，优质服务"宗旨的具体体现，是旅游接待服务最基本、最重要的方法。

（2）微笑是宾客感情的需要

微笑可传递友好的信号，对客人的积极情绪起着引导作用。旅游接待工作者的真诚微笑，可使宾客感到外出途中处处有"亲人"，从而消除初到异乡、客地的陌生感、疲劳感和紧张感，进而产生心理上的安全感、亲切感和愉悦感。微笑是美好的无声语言，它具有超越国界、跨越文化的传播功能，有助于广结良缘、增进了解、加深友谊。

（3）微笑要合乎规范

微笑是旅游接待工作者的基本功之一。微笑要做到四个结合：口眼结合，与神情、气质相结合，与语言相结合，与仪表、举止相结合。

（4）微笑要始终如一

笑，虽是人的生理现象，人人都会，但要长时间坚持微笑，则需要加以训练，而且人们不是生活在真空里，往往会因为情绪的波动、客观环境的变化而影响微笑的效果。因此，必须强调微笑要贯穿旅游接待工作的全过程。无论何时何地，无论发生什么，无论遇到什么样的客人，都要面带微笑。即使自己受了委屈、心情不好，即使对方发火，无理取闹，也要以微笑对待，这样才能取得最好的效果。

（5）微笑要发自内心

从旅游接待工作的实际出发，甜美而真诚的微笑是值得推崇的。所谓甜美，就是笑得温柔友善、自然亲切、恰到好处，给人一种愉快、舒适、幸福、动人的好感。所谓真诚，就是内心喜悦的自然流露。微笑，应该是略带笑容，不出声的笑。笑得甜美、笑得真诚、从心底里笑，是微笑服务的真谛。

同步案例2-2

家庭旅馆的变化

背景与情境：暑假的第二天，旅游管理专业的张老师带着3个学生到江南第一水乡名镇，为下学期学生的实习进行专业调研。刚进镇就碰到老朋友、镇工商管理所的王所长，热情寒暄之后，王所长说："你来的正好，上个月一对小夫妻开了一家家庭旅馆，租房子、装修花了不少钱。地段挺好的，前面是热闹的北大街，后面是河，游船来来往往，有码头可以停靠，旁边就是放生桥，可就是生意不好，小两口很难支撑。您是否去调研调研，帮帮他们？"张老师一口答应了，在王所长的带领下很快来到了小两口开的"悦来家庭旅馆"。小两口听了王所长的介绍，感动得不知如何是好，手足无措地连声说："好啊好啊，中午请您吃饭！"张老师笑着答应："吃饭可以，必须照价收钱！"王所长告辞后，张老师让店主的妻子小李领师生参观他们的旅馆。

一圈看下来，张老师先问学生："你们看这硬件如何？"3个同学争先恐后地回答："设施不错"、"环境很好"、"卫生也可以"。张老师招呼同学们在小餐厅坐下，点了一壶茶。小李拿来一套杯具，5个玻璃杯一个套着一个。分开后她发现有水渍，麻利地用围裙擦了擦，然后用手给每只杯子里撮了一些茶叶。刚才说"卫生还可以"的同学皱起眉头，想说什么，被张老师用眼神制止了。泡好茶后，小李说："张老师，你们先喝茶，我去准备午饭，今天我们请客。"张老师瞄了一下桌上放着的菜单，迅速点了水乡的特色菜。小李离开后，师生一边喝茶交换意见，一边看门口的店主小伙招呼客人。

这小伙穿着一件大鸡心领花衬衫、一条肥大的花短裤、一双夹趾凉拖鞋，盖顶的头发染成了黄绿两种颜色。他不停地对着门口来来往往的游客吆喝："喂！住店吗？吃饭吗？

家庭旅馆，饭菜便宜，房间干净！来，进来看看！"一些游客看了看小伙，摇摇头，最终还是没有客人进来。

吃完饭，张老师对沮丧的小夫妻诚恳地说了一席话。小夫妻俩觉得茅塞顿开，感激不尽。张老师付了饭钱，留下一本《旅游交际礼仪》，带学生又去别处调研了。

暑假快结束时，张老师又带着学生来到古镇。王所长一见面就笑着说："你真神了！现在悦来的生意好得很！小夫妻俩忙不过来了。你能不能派两个学生来，帮帮他们呀？"两个同学立刻自告奋勇地答应了。

资料来源　根据相关资料改写.

问题：想想看，张老师对店主夫妻说了些什么？他们的悦来家庭旅馆的经营状况为什么发生了巨大变化？王所长的行为是急人所难还是多管闲事？

分析提示：酒店、旅馆的经营者一般都很重视硬件设施的建设，对接待人员的自身形象、言谈举止不大重视，往往导致经营状况不佳。其实，旅游接待人员的个人仪表和言谈举止才是最重要的因素。悦来家庭旅馆的环境、硬件都比较好，小夫妻一定是接受了张老师的专业指导，改变了着装、发型、个人卫生，实行了微笑服务，才使旅馆真正近悦远来了。王所长的行为延伸了工商管理所所长的职责，急人所难，主动帮助青年创业者改变经营，既是良好职业道德的表现，也为当地旅游经济的发展做了贡献。

2.3　社会交往礼仪

2.3.1　见面时的礼仪

1）招呼

打招呼是人们见面时最简单的礼节。最简单的话语是"早上好"、"下午好"、"晚上好"，或者说一声"您好"。对熟人不打招呼，或者不回答对方向你打的招呼，都是失礼的行为。打招呼发生在瞬间，但却影响久远。

中国人之间打招呼习惯说"吃饭了没有"，这是因为在中国漫长的封建社会中，大多数劳动者都希望能够填饱肚子，因此，问对方有没有吃饭表示对对方的一种关心。随着我国人民生活水平的提高，吃饭问题已经解决，然而，"吃饭了没有"这句话却流传了下来。但使用时也应注意：三餐以后较长时间或对方从不适合用餐的场所出来时，则不能用这个问候语，改用"您好"比较合适。

与西方人打招呼，更要避免问他"你吃饭了吗"，他会误解为你想请他吃饭。又如，"你上哪儿去"在西方人看来，有打听别人私事之嫌，是一种不礼貌的语言。

2）介绍

介绍包括自我介绍和介绍他人。自我介绍时，要讲清姓名、身份、国家、单位，也可交换名片。中国人的名字一般都有寓意，为了让对方记住你的名字，可以用幽默的方式或用谐音来解释，这样会显得生动、有趣，如"马千里，即千里之马"等。

为他人介绍，要先了解双方是否有结识的愿望，做法要慎重，不要贸然行事。介绍他人时，应注意介绍顺序。一般把男士介绍给女士，把年轻的介绍给年长的，把地位低的介绍给地位高的，如"张经理，这是我的同事李××"。若是介绍客人，则要把客人介绍给主人，把后来的客人介绍给先到的客人。

按照西方习惯，已婚女子在社会上的地位高于未婚女子。故在介绍时，应把未婚女子介绍给已婚女子。另外，短暂的相遇可不必介绍，不必将告辞中的客人介绍给刚到的客人。

介绍时，除年长者外，男子一般应起立。在宴会桌、会谈桌上则不必起立，微笑点头示意即可。当女士被介绍给男士时，她可以坐着不动，只需点头或微笑示意。

3）握手礼

握手是人们见面和离别时的礼节。它还有感谢、慰问、祝贺或相互鼓励的意思。握手作为一种礼节，应注意以下几点：

（1）握手力度

握手一般以不握疼对方的手为限度。在一般情况下，握手不必用力，握一下即可。男士与女士握手不能握得太紧，西方人往往只握一下女士的手指部分，但老朋友可以例外。

（2）先后顺序

握手的先后顺序为：男女之间，男方要等女方先伸手后才能握手，如女方不伸手，无握手之意，男方就只能点头或鞠躬致意；宾主之间，主人应向客人先伸手，以示欢迎；长幼之间，年幼的要等年长的先伸手；上下级之间，下级要等上级先伸手，以示尊重。握手时精力要集中，双目注视对方，微笑致意。男性不可戴着手套与他人握手，女性可戴薄手套同他人握手，这不算失礼。

（3）握手时间

初次见面，握手一般应控制在3秒钟以内，切忌握住异性的手久久不松开。即使握同性的手时间也不宜过长，以免对方欲罢不能。老朋友或关系亲近的人则可以边握手边问候，甚至双手长时间地握在一起。

（4）握手方式

握手时应伸出右手，四指并拢，拇指伸开，掌心向内，手的高度大致与对方腰部上方持平。同时，上身略微前倾，注视对方，面带微笑，不可一边握手一边左顾右盼。

（5）握手语

握手时，常伴有一定的语言，称为握手语。常见的握手语有以下几种：

①问候型。这是最常见的一种握手语，如"您好"、"最近怎么样"、"工作忙吗"等。

②祝贺型。当对方受到表彰或遇到喜事时，可以说"恭喜您"、"祝贺您"等。

③关心型。这种形式适用于长辈对晚辈、上级对下级或主人对客人等，如"辛苦了"、"一路很累吧"等。

④欢迎型，如"欢迎您"、"欢迎光临"等。

⑤致歉型。需要道歉或表示客气时可用此类握手语，如"照顾不周，请多包涵"，"未能远迎，请原谅"等。

⑥祝福型。送客时多用此类握手语，如"祝您一路平安"、"祝您好运"等。

4）鞠躬礼

鞠躬又称打躬，是中国、日本和朝鲜等国的传统礼节。它通常是晚辈对长辈、下级对上级以及同级间的见面礼节。行鞠躬礼时，需脱帽，呈立正姿势，面带笑容，目视前方，并根据施礼对象和场合决定鞠躬的度数。一般标准为：迎宾15度，送客30度，表示感谢60度，而90度大鞠躬常用于悔过、谢罪等特殊情况。在我国，当演员谢幕、讲演、领奖、举行婚礼和悼念活动以及接待外宾时也常用鞠躬礼。

5）拱手礼

拱手礼也称为"揖"，"拱手为揖"是我国的传统礼节。它始于先秦，直至今日。施礼时，右手攥拳，左手掌包握在右拳上，两臂屈肘抬至胸前，目视对方。拱手礼主要适用于个人面对集体时施行，意为自己握住自己的手，代替了握住别人的一只手在摇动。

今天拱手礼在武术界、长者之间和一些民族风格浓郁的场合使用较多，在一些气氛融洽的场合如春节团拜、宴请、晚会等也常用此礼。

6）合十礼

合十礼亦称合掌礼，原是佛教徒的一种礼节，后盛行于印度和东南亚佛教国家。施礼时，五指并拢，两手掌在胸前对合，指尖向上与鼻尖基本持平，手掌略向外倾斜，头略低，神情安详、严肃。合十礼可分为三种：

（1）跪合十礼

行礼时，右腿跪地，双手合掌于两眉中间，头部微俯，以示恭敬虔诚。此礼一般为佛教徒拜佛祖或高僧时所行。

（2）蹲合十礼

行礼时，身体要蹲下，将合十的掌尖举至两眉间，以示尊敬。此礼为佛教盛行国家的人拜见父母或师长时所行。

（3）站合十礼

行礼时，要站立端正，将合十的掌尖置于胸部或口部，以示敬意。此礼为佛教国家平民之间、平级官员之间所行，或公务人员拜见长官时用。

7）拥抱礼

拥抱礼是欧美各国熟人、朋友之间表示感情亲密的一种礼节，多用于官方或民间迎送宾客或祝贺、致谢等场合。

施礼时，两人相对而立，右臂偏上，左臂偏下，右手环抚于对方的左后肩，左手环抚于对方的右后腰，彼此将胸部各向左倾而紧紧拥抱，头部相贴，然后再向右倾拥抱，接着再做一次左倾拥抱而止。

8）亲吻礼

亲吻礼多见于西方、东欧、阿拉伯国家，是人们表达爱情、友情，表示尊敬或爱护的一种见面礼节。亲吻礼有以下几种：

（1）吻面颊

其多用于长辈同晚辈之间。施礼时，长辈亲吻晚辈脸颊的一侧或两侧，晚辈可用双手搂抱长辈的颈部，或双手下垂亲吻长辈脸颊。

关系亲近的妇女和至亲好友间亦可亲吻面颊。

（2）吻手

男士对尊贵的女士表示尊敬时，可亲吻女士的手背或手指。行此礼时，男士行至女士面前，立正垂首致意。女士若将右臂微微抬起，则暗示男士可行吻手礼。这时，男士以右手或双手轻轻抬起女士的右手，并俯身弯腰使自己的嘴唇象征性地去触及女士的手背或手指，然后抬头微笑相视，再把手放下。如果女士不将右臂抬起，则不行此礼。行吻手礼时，若女士身份、地位较高，男士要屈一膝作半跪式，再抬手吻之。

（3）吻唇

一般而言，夫妻、恋人或情人之间才能吻唇，以表示亲昵和爱抚。

（4）吻脚

在印度，妻子送丈夫出远门时，最高的礼节是摸脚跟和吻脚。在尼泊尔，遇重大节日往往行传统的吻脚礼。非洲某些部族的居民，常以吻酋长的脚或酋长走过的脚印为荣。

（5）贴面

在异性、同性之间，也可采用贴面颊的礼节。施礼时，两人同时将面颊相贴，顺序为先右后左。

9）举手礼

举手礼是世界各国军人见面时的专用礼节，起源于中世纪的欧洲。当时的骑士们常常在公主和贵族们的面前比武，在经过公主的坐席时要唱赞歌，歌词往往将公主比成光芒四射的美丽的太阳，因而武士们看公主时总要把手举到额前作遮挡太阳的姿势，这就是举手礼的由来。行举手礼时，要举右手，手指伸直并齐，指尖接触帽檐一侧，手掌微向外，右上臂与肩齐高，双目注视对方，待受礼者答礼后方可将手放下。

10）点头礼

点头礼系同级或平辈间的礼节。如在路上行走时相遇，点头示意，可不必停留。若在路上遇见上级或长者，应立正行鞠躬礼；上级对下级或长者对晚辈的答礼，在行进中点头或伸右手示意即可。

> **同步业务2-5**
>
> **"叩指礼"的来历**
>
> 叩指原有磕头之意。相传乾隆皇帝下江南时，带着太监乔装打扮，有一次到酒楼喝酒，当乾隆以仆人身份给太监斟酒时，太监受宠若惊，急忙用手指叩打桌面，以示磕头致谢。以后流入民间，以叩指表示感谢。
>
> 资料来源　陆永庆，吴宝华.旅游服务礼貌礼节[M].昆明：云南人民出版社，1993.

2.3.2 日常交往中的礼仪

1）守时

遵守时间，不能失约，这是国际交往中最起码的礼貌。参加各种活动时，应按约定时间到达，失约是一种不礼貌的行为。过早抵达，可能会由于主人尚未完全做好准备及占用主人宝贵的时间而给对方造成尴尬或某些不便；迟迟不到，则会使主人或其他客人因等候过久而抱怨。所以，万一因故不能准时赴约，应有礼貌地尽早通知主人。

在日常交往中，电话是最方便、最常用的联系方式。信函约会主要用于比较正式的交往，包括请求会见、同意会见或拒绝会见等。这类信函行文语气必须婉转、恳切和有礼貌，不需要太详细、具体。特别是拒绝安排约会，应恳切说明自己不能赴约的原因，否则便显得缺乏礼貌，甚至可能伤害对方的感情。

在正式的国际交往中，接到正式的邀请函必须视情况给予答复。若邀请函上注有"RSVP"（法文"请回答"的缩写）字样，则不论参加与否，都要及时回答。若邀请函上注有"Regret Only"（英文"不能参加请答复"），能出席就不必立即答复，在临近活动日期时口头确认即可；不能出席，则需立即答复。

2）尊重女士

在西方国家流行着这样一句俗语："女士优先"，在社交场合或公共场合，男士要对女士表示尊重。在上车、进电梯时，要让女士先行；下车、出电梯时，要为女士开道并帮助她们。进出大门时，要主动帮助女士开门、关门。同桌用餐，应主动照顾女士，帮助她们入、离座位等。在街上与女士同行时，男士应在人行道靠马路的一边走。需要调换位置时，男士应从女士的背后走过去。要注意：任何时候都不要当着女士的面吸烟。夫妇一起做客告别时，应由女士先起立告辞。

3）拜访

拜访别人时，应事先联系，待对方同意后按时赴约。不速之客、冒昧登门会使对方不快，应予以避免。拜访时，应尽量避开午睡或吃饭时间，也不应在深夜或清晨打电话打扰人家。

到达主人家时，要先按门铃或轻轻敲门。若主人询问，应在传声器上通报自己的姓名，待主人同意后方可进入。进门后，要将外套、帽子或随身带来的雨具等放在门边或挂在衣架上。

如果有人引你到客厅请你稍候时，要站着等候，待主人出来说声"请坐"后再坐下。如主人家另有家人和其他客人时，应在进门后，先向长者和其他客人打招呼，等主人安排座位后就座。主人敬茶时，应起身致谢。

拜访期间，不管主人在与不在，都不能翻动主人的东西。拜访的时间不宜过长，西方人一般逗留45分钟到1小时，以不影响主人及其家人的休息为宜。当主人面露倦色或谈话高潮已过时，就应主动告辞。

已经约定拜访但因意外不能赴约时，要事先通知对方，以免对方久等，事后还应表示歉意并说明情况，以免引起误会。

4）奉茶、戒烟

有客来访请客人喝茶、抽烟，曾经是我国的传统礼节。客人来了，通常先奉茶一杯、敬一支烟，以示尊敬和欢迎，然后再寒暄、畅谈。现在人们知道了抽烟有害健康，国家也颁布了严格的禁烟令。所以，最好不要向客人敬烟，自己也不要吸烟，有长久吸烟史尚未戒掉的人在规定的地方才能吸烟。

奉茶要讲文明，品茶应注意礼貌。客来奉茶应做到"四要、四忌"：一要检查茶叶品质，切忌冲泡有异味或夹带杂物的劣质茶；二要将茶具洗涤、杀毒，切忌用沾满茶垢的杯子敬茶，茶叶不要直接用手抓取；三要用沸腾的开水冲泡，切忌用隔夜水泡茶；四要双手恭敬端茶杯，还应和颜悦色地说声"请用茶"，切忌一只手送茶或用手握杯口端茶。伊斯兰教徒因生活习俗不同，不用左手或双手传递物品，故可用右手敬茶。在我国民间，还有"满斟酒、浅斟茶"的习俗，敬茶不可倒得太满，以免茶水溢出烫伤客人的手。

不论是主人还是客人，不应大口吞咽茶水，或喝得"咕咚咕咚"直响，应一小口一小口地慢慢品茶。如遇到漂浮在水面上的茶叶，可用茶杯盖拂去，或轻轻吹开，切不可用手从杯里捞出来扔到地上，也不要吃茶叶。

我国旧时有以再三请茶来提醒客人告辞的做法，因此，在招待年长者或海外华人时要注意，不要一而再、再而三地劝其饮茶，以免引起误会。

5）谈话

客人来到你面前时，应立即放下手上的工作，有礼貌地向客人问好，以示尊重。与客人交谈时，思想要集中，表情应自然，语气要柔和亲切，语言要得体。交谈时可适当辅以手势，但动作不宜过大，更不能手舞足蹈。与客人交谈时，不宜与对方离得太远或太近，以客人能听清说话的声音为准，一般与客人保持1米左右的距离较合适。与客人交谈时要注意自己的身份，切不可拉拉扯扯、拍拍打打，更不能唾沫飞溅。客人讲话时，要耐心倾听，目视对方，不要左顾右盼，也不要有看手表、伸懒腰、打呵欠等漫不经心的动作。交谈中遇到急事需离开时，应向客人说明情况，表示歉意。

谈话一般不要涉及疾病、死亡等不愉快话题，不要谈荒诞离奇、耸人听闻、黄色污秽的事情。一般不询问女士的年龄、婚姻状况，也不要打听对方的履历、工资收入、衣饰价格、家庭财产及其他私事。不同国家有着不同的文化背景，人们对隐私的看法有所不同。欧洲人尤其是英国人隐私范围很广，在交谈中要特别注意；美国人隐私面比较窄，谈话中只要不涉及收入、工资、家庭资产等问题，其他都可交谈；东方人隐私观念淡薄，尤其是韩国人，几乎无话不谈，收入、工资等情况都在交谈之列。

男士一般不应参与女士圈子内的议论，也不要无休止地与女士攀谈。与女士谈话要谦让、谨慎、有礼貌，不与之开玩笑，争论问题要有节制。

同步案例2-3

总能赢得客户好感的小刚

背景与情境：小刚是ｘ公司的销售冠军，我的朋友海伦对他赞不绝口。她说："我第一次认识小刚是在一个同行参加的沙龙上，我刚入行不久，认识的人很少，独自站着有点尴尬。这时，走过来一位男士，微笑着对我说：'您好！我是ｘ公司的李小刚，请多关照！'说着双手递上了名片。他那天穿着一件浅蓝色衬衫、笔挺的米色西裤，皮鞋擦得锃亮，干净利落，彬彬有礼，给我的第一印象非常深。"后来她与小刚接触过的不少公司的经理、业务人员见面，他们都一致称赞小刚出色的仪表、儒雅的举止、真诚的微笑和很高的专业水平。所以小刚总能赢得客户的好感，创造出出色的销售业绩。

资料来源　万里红最实战商务礼仪[M].北京：机械工业出版社，2013.

问题：分析李小刚的行为举止，他从哪些方面去赢得客户的好感？

分析提示：第一印象作为"先入观"深刻地存留在人的记忆中，李小刚的穿戴和儒雅举止、不卑不亢、恰如其分的交往态度和专业水平都赢得了客户的好感，所以他能成为公司的销售冠军。

6）使用电话、手机、QQ/微信等现代通信工具

电话、手机、QQ/微信都是现代通信工具，具有简便、快速的功效。它们不仅是通信工具，也是一种交际方式。因此，采用这些交际方式，要注意现代通信礼仪，做到及时回复。

（1）打电话

①选择适当的通话时间。白天应在8点以后，假日最好在9点以后，夜间则应在22点以前，以免影响对方休息。与国外客户通话，还务必注意时差和生活习惯。电话接通后，要询问一下时间是否合适、有无妨碍。

②查清对方的电话号码，并正确拨号。如果弄错了，应向接电话者表示歉意，不可将电话挂断了事。拨号以后，如只听铃响，没有人接，应耐心等待片刻，待铃响六七次后再挂断；否则，如对方正巧不在电话机旁，待匆匆赶来时，电话已挂断，这也是失礼的。

③电话接通后，可以先问一下对方的单位或电话号码，然后再报受话人姓名。

当对方询问你的名字时，一般应礼貌地告知，不可反问"你是谁"。如受话人不在，可请对方转告，或过后再打电话。如对方电话有录音要求留言时，应简要留言。

（2）接电话

①电话铃响后，应尽快接听，若铃响三遍后才接，要说声"对不起"或"让您久等了"。

②接听电话应先自报家门，然后问对方找谁。切忌自己什么都不说，只是一味地询问对方"你叫什么名字"、"你是哪个单位的"、"你找他有什么事"等等，这是极不礼貌的。

③接听以后，如自己不是受话人，应负起代为传呼的责任。但不能在听筒尚未放下时，就大声叫"×××，你的电话"。这样做，显得缺乏教养。如要找的人正忙着，不能马上接电话，你应该重新拿起电话告诉对方"请您等一下"。如要找的人不在，不能把电话一挂了事，而要耐心地询问对方的姓名和电话号码，是否需要转告，并在征得同意后详细记录下来。

④电话通信，一般由发话人先结束谈话。如对方话还未讲完，自己先挂断电话，则是失礼的行为。

7）跳舞

舞会是一种社交活动。它不仅可以联络感情、增进友谊，有时还是一个十分微妙的谈判场所。有些在谈判桌上未能解决的问题，却能在舞会轻松愉快的气氛中得以解决，这就要求旅游接待人员熟悉舞会的组织，讲究舞会礼仪。

（1）舞会基本知识

交谊舞又称"宫廷舞"或"舞厅舞"。我国20世纪50年代称为"交际舞"。交谊舞是一门艺术。交谊舞会既是重要的社交活动，也是培养文明礼貌、陶冶情操、进行自我审美教育的场所。交谊舞的基本形式有布鲁斯（又称慢四步）、慢华尔兹（又称慢三步）、快华尔兹（又称快三步）、狐步舞（即福克斯，又称中四步）、快步舞、伦巴舞、探戈舞、吉特巴等。

（2）舞会组织的礼仪

舞会通常安排在晚上举行，它既可以作为一次单独活动，也可以作为宴请之后的余兴节目。交谊舞会除以跳舞为主要内容外，还可穿插短小精悍的文艺节目和游戏等。

舞会的组织工作相当重要。被邀请的男女客人人数要大体相等；对于已婚者，一般要邀请夫妇双方。舞会场地应宽敞，环境布置应雅致、美观。正规的舞会应安排乐队演奏，乐曲的强烈节奏和舒缓节奏应适当搭配。

举办舞会时，可备咖啡、茶、三明治、点心等饮料和食品，以便客人休息时选用。

按照惯例，第一场舞由主人夫妇、主宾夫妇共舞（如夫人不跳，也可由已成年的女儿代替）。第二场舞由男主人与女主宾、女主人与男主宾共舞。舞会上，男主人应陪无舞伴的女宾跳舞，或为她们介绍舞伴，并要照顾其他客人。男主宾应轮流邀请其他女宾，而其他男宾则应争取先邀请女主人跳舞。男士应避免全场只同一位女士跳舞。

（3）参加舞会的礼仪

①服饰要整洁大方。男士如穿西装，要换上洁白的衬衣，系好领带或领结，擦亮皮鞋。女士可穿得漂亮些，并适当打扮，但不要浓妆艳抹、珠光宝气。

②跳舞要文明。进入舞厅要先女后男，如座位不够，男士应主动让位给女士。男士邀请女士跳舞要注意礼貌。邀请时，应立正，向对方点头邀请，待对方同意后，再陪伴其进舞池。如对方不同意，则不能勉强。女士无故拒绝男士邀请也是不礼貌的，如实在不愿意同某人共舞或太累时，可婉言谢绝。辞谢邀请后，一曲未终，不可接受别的男士的邀请。男士要与尽可能多的女士跳舞，同时要记住：第一次和最后一次，必须和自己的舞伴跳。男士如果仅仅和自己的舞伴跳舞，而忽略了其他女士，也是不礼貌的。

③跳舞时，男女之间应保持一定的距离，男士应张开右手，放在女士的腰正中。一曲终了，男士应向女士致谢，并陪送其回到原来的座位，向其周围亲属点头致意后方可离去。

④舞会是一个高雅、文明的社交场合，因此，除注意舞姿和仪表外，还必须注意以下几点：舞会前不吃葱、蒜、韭菜等有异味的食品，不喝烈性酒；跳舞时，双方可低声交谈，但不宜高声谈笑，更不能大声喧哗；男女共舞时，男士不可当着一位小姐的面，夸赞另一位小姐如何漂亮动人等；在舞厅如遇见熟人或朋友，应将舞伴介绍给对方，可作简单的寒暄，不要过分热情，更不宜深谈。

同步业务2-6

舞会歌曲的选择

不了解舞会礼仪同样会出笑话：有位英国绅士在中国的一家大酒店住宿，那天正好是他的生日，他便邀请了几位朋友在酒店大厅举办了一个小小的舞会。舞会刚刚开始，酒店就播放了一首歌曲"友谊天长地久"。这位英国绅士顿时愣住，很是气愤："这家酒店在耍我，舞会还没开始就结束了。"这是为什么呢？原来舞会歌曲的选择要有节奏，有快有慢，有张有弛。有两首曲子是不能随便放的——一路平安和友谊天长地久，因为这两首曲子是结束曲，难怪这位英国绅士要大发脾气了。

资料来源 http: //brandinfo.xtpo.cn/info/infodetail-139431.html.

8）馈赠

馈赠即赠送礼品，是人际交往中表达友情、敬重和感激的一种礼仪。馈赠礼品也是国际上通行的礼仪，是向对方表示心意的物质体现。俗话说："千里送鹅毛，礼轻情意重。"在选择礼品时，不宜选择价格昂贵的高档礼品，最好选择一些具有一定纪念意义和民族、地方特色或具有某些艺术价值、为受礼人所喜爱的小艺术品、小纪念品，如食品、花束、书籍、画册、一般日用品等。

馈赠礼品要注意禁忌，因不同国家和地区的文化背景不同，习俗也有很大差异。如美国人以绿毛龟为宠物，而在我国看来，若接受了"戴绿帽的乌龟"，就是天大的侮辱。在日本，可以把钟送给朋友，表示友谊有始有终，但在我国，尤其是老年人最忌讳别人送钟，因为"钟"与"终"同音，送钟有"送终"之意。恋人之间忌讳对方送梨，因"梨"与"分离"的"离"字同音。朋友间最忌讳对方送伞，因为"伞"与"散"谐音。

同步案例2-4

千里送鹅毛

背景与情境：唐朝有个封疆大臣，为向皇帝表忠，派遣了一个叫缅伯高的人去给皇帝送礼，礼物是一只天鹅。

缅伯高途经沔阳湖时，看到天鹅身上脏兮兮的，决定给它洗个澡，一时不慎竟让天鹅飞了。

送给天子的贡品弄丢了，岂非杀头之罪，缅伯高拿着天鹅飞走时掉下的几根羽毛，吓的号啕大哭。

他越哭越伤心，悲痛欲绝中竟诌出一首打油诗："将要贡皇朝，山高路又遥，沔湖失天鹅，倒地哭号啕，上复唐天子，可饶缅伯高，礼轻情意重，千里送鹅毛。"

后来，他真的把鹅毛呈献给了皇上，皇上被他的真情感动了，不仅没有杀他，还拿酒肉款待了他。

这个故事或许是"千里送鹅毛，礼轻情意重"的最早出处了，至于后来苏轼写的"且同千里寄鹅毛，何用孜孜饮麋鹿"的名句，应是借用这个典故向秦观表示礼物虽轻但情谊深厚的挚友之情。

名贵的天鹅固然可以作为大臣向皇帝表忠的贡品，但在特定的条件下，一根鹅毛却更能凸显送礼者的一片苦心。

资料来源　刘元.送礼[M].北京：海潮出版社，2004.有改动.

问题：赠送礼品的真谛是什么？礼品是否越贵重越好？

分析提示：赠送礼品的真谛在于表达真情实意，礼品不是越贵重越好。能表达情意的，哪怕是一个小物件，如一束花、一盒茶叶、一瓶酒、一本书，都能达到送礼的目的。本案例中缅伯高由于理解了赠送礼品的真谛，千里送鹅毛，不但使自己不辱使命，转危为安，而且创造了流传至今的"千里送鹅毛，礼轻情意重"的佳话。

同步业务2-7

（1）怎样正确使用名片

名片是一个人身份的象征，当前已成为人们社交活动的重要工具。因此，名片的递送、接受、存放也要讲究社交礼仪。

（1）名片的递送。在社交场合，名片是自我介绍的简便方式。交换名片的顺序一般是：先客后主，先低后高。当与多人交换名片时，应依照职位高低的顺序，或是由近及远，依次进行，切勿跳跃式地进行，以免对方认为厚此薄彼。递送名片时，应将名片正面面向对方，双手奉上。眼睛应注视对方，面带微笑，并大方地说："这是我的名片，请多多关照。"名片的递送应在介绍之后，在尚未弄清对方身份时不应急于递送名片，更不要把名片视同传单随便散发。

（2）名片的接受。接受名片时应起身，面带微笑地注视对方。接过名片时应说"谢谢"，随后有一个微笑阅读名片的过程，阅读时可将对方的姓名、职衔念出声来，并抬头看看对方的脸，使对方产生一种受重视的满足感。然后，回敬一张本人的名片，如身上未带名片，应向对方表示歉意。在对方离去之前或话题尚未结束时，不必急于将对方的名片收起来。

（3）名片的存放。接过别人的名片后切不可随意摆弄或扔在桌子上，也不要随便放在口袋里或丢在包里，应放在西服左胸的内衣袋或名片夹里，以示尊重。

资料来源　上海市精神文明建设委员会办公室.文明礼貌100题[M].上海：复旦大学出版社，2000.

（2）交际的空间距离

在人们相互沟通、交流时，沟通主体间的距离对沟通具有重要影响。这里的"距离"有两层含义：一是指心理距离；二是指空间距离。心理距离和空间距离有着相应的关系，"亲则近，疏则远"。心理距离越近，交际时的空间距离也就越近；反之，心理距离越远，交际时的空间距离也就越远。美国的霍尔教授经过多年的研究发现，人们在交际中有四种空间距离：亲密距离、私人距离、社交距离、公众距离（见表2-1）。

表2-1　　　　　　　　　　　　　　　交际的空间距离

空间距离	距离	适合场合或人员
亲密距离	0~0.6m	父母、爱人、知心朋友
私人距离	0.6~1.5m	酒会交际（介于亲密距离与社交距离之间）
社交距离	1.5~4.0m	企业内上下级，同事
公众距离	4.0~8.0m及8.0m以上	开会、演戏或明显级别界线

资料来源　苏军，罗殿军.管理沟通[M].上海：复旦大学出版社，1999.

▶ 本章概要

□　内容提要

本章着重阐述了旅游接待人员最基本、最重要的礼仪：个人仪表礼仪、言谈举止和社会交往礼仪，并简要阐述了着装的TPO原则和社会交往的3A原则。只有具备了这些基本礼仪素养，才能树立良好的个人形象和企业形象。

仪表即人的外表，包括容貌、姿态、服饰三个方面。仪表美是对一个人外表的基本评价，是形体美、服饰美、发型美、仪容美的有机结合。良好的仪表是员工的一项基本素质，注重仪表是尊重客人的需要，是讲究礼仪的一种具体表现。

言谈是人际交往中最直接的一种沟通方式。旅游接待服务就是从问候宾客开始到告别宾客结束。语言是完成这一过程的重要手段，礼貌用语的主要方式有谦让式、委婉式、恳求式和商讨式四种。使用礼貌用语，不仅体现了旅游接待人员自身的人格，直接反映了服务的质量和管理水平，而且还关系到企业、行业和国家的声誉。

举止即仪态，是指用微笑的表情、规范的站姿、优雅的坐姿、正确的步姿、恰当的手势表达对交往对象的尊敬。这些仪态既有规范要求，又有训练方法，它可以使旅游接待人员将优美的体态和良好的气质展现在宾客面前。

旅游接待人员在社会交往中的礼仪主要有见面礼仪和日常交往礼仪两种。见面礼仪包括招呼、介绍、握手、鞠躬、拱手、合十、拥抱、亲吻、举手、点头礼等。日常交往礼仪包括守时、尊重妇女、拜访、奉茶、谈话、使用电话等通信工具。与宾客交谈时，思想要集中，表情应自然，语气要和气亲切，语言要得体。

舞会礼仪是指舞会的组织者举办舞会时，要做好时间选择、环境布置、选好舞伴、安排舞曲、准备好饮料和点心等项工作。舞会参加者应注意自己的着装，注意舞厅的礼仪，以保持自己的高尚情操和优雅风度。

□　主要概念和观念

▲　主要概念

个人仪表　服饰　"TPO" 原则　礼貌用语　3A 原则　微笑

▲　主要观念

2.1　旅游接待人员的仪表不仅是树立企业形象的手段，而且是企业管理水平和服务质量高低的重要标志，同时也反映了一个国家和民族的道德水准、文明程度和精神面貌。

2.2　旅游接待人员着装要遵循 "TPO" 原则，穿着打扮要与季节、时间相适应，与地点相适应，与场合相适应。

2.3　旅游接待人员与人相处，特别是接待客人时，一定要注意使用礼貌用语，说话时态度要诚恳亲切，用语要谦逊、文雅，声音要优美、动听，表达要灵活、恰当。

2.4　旅游接待人员在人际交往中，特别是为客人提供服务时，一定要遵从 3A 原则，首先要接受对方，其次是重视对方，最后要赞美对方。这样才能拉近彼此间的距离，赢得对方的信任，为创建优质服务打下良好基础。

2.5　微笑是一个人精神状态的最佳写照，最能缩短人与人之间的距离。旅游接待人员无论何时何地，无论发生什么事，无论遇到什么样的客人，都要面带微笑。

□　重点实务

正确着装的方法（"TPO" 原则）　礼貌用语（3A 原则）　服务站姿、坐姿、步姿

基本训练

□　知识训练

▲　复习题

2.1　什么是着装的 "TPO" 原则？

2.2　大卫为什么丢失了大客户？（见同步案例 2-1）

2.3　礼貌用语的基本要求有哪些？

2.4　微笑要做到哪四个结合？

▲　讨论题

2.1　个人的身高、胖瘦、长相是天生的，服务员是否应以本色示人，不用修饰妆容？

2.2　个别客人提出不合理要求而且态度蛮横时，接待人员能不能据理反驳，严肃批评？

2.3　要求旅游接待人员时时、事事、处处对客人微笑服务，是不是降低人格、低人一等的表现？

□　能力训练

▲　理解与评价

2.1　一天，黄先生与两位好友小聚，来到某知名酒店。接待他们的是一位五官清秀的服务员，接待服务工作做得很好，可是她面无血色，显得无精打采。黄先生一看到她就

觉得心情欠佳，仔细留意才发现，这位服务员没有化工作淡妆，在餐厅昏黄的灯光下显得病态十足。上菜时，黄先生又突然看到传菜员涂的指甲油缺了一块儿，他的第一个反应就是"不知是不是掉到我的菜里去了"。但为了不惊扰其他客人用餐，黄先生没有将他的怀疑说出来。用餐结束后，黄先生招呼柜台内的服务员结账，服务员却一直对着反光玻璃墙面修饰自己的妆容，丝毫没注意到客人的需要。自此以后，黄先生再也没有去过这家酒店。

问题：（1）这家酒店的几个服务员在个人仪表方面存在哪些问题？

（2）这家酒店的餐厅管理水平如何，会带来什么样的后果？

2.2 一个人的社交能力比长相、学历更重要。社交能力如何衡量呢？下面有10个问题，看后回答是与不是。如果回答"不是"的在5个或5个以上，说明你的社交能力较差，应该抓紧时间提高。这10个问题是：

（1）你对待售货员或饭店女服务员是不是像对待朋友那样有礼貌？

（2）你是不是很容易生气？

（3）如果有人赞美你，你是不是会向他说"谢谢"？

（4）有人尴尬时，你是不是觉得很有趣？

（5）你是不是经常对人微笑，哪怕是在陌生人面前？

（6）你是不是会关心别人的幸福和舒适？

（7）在你的谈话或书信中，你是不是时常提到自己？

（8）你是不是认为礼貌对一个男子汉无足轻重？

（9）跟别人谈话时，你是不是一直注视对方？

（10）你是不是每天都检查自己的容貌、着装和个人卫生？

资料来源 姚伟，张东红.现代商务礼仪[M].北京：人民邮电出版社，2011.略有改动.

▲ 案例分析

2.1 衣着助成功

背景与情境：美国商人希尔清楚地认识到，在商业社会，一般人是根据一个人的衣着来判断对方的实力的，因此，他首先去拜访裁缝。靠着往日的信用，希尔定做了三套昂贵的西服，共花费275美元，而当时他的口袋里仅有不到1美元的零钱。然后他又买了一整套最好的衬衫、领带及内衣裤，而这时他的债务已经达到了675美元。每天早上他都会身穿一套新衣服，在同一时间里与一位出版商"邂逅"，希尔每天都和他打招呼，并偶尔聊上一两分钟。

这种例行性会面大约持续了一个星期后，出版商开始主动与希尔搭话："您看起来混得相当不错。"接着出版商便想知道希尔从事哪一行业。因为希尔身上的衣着表现出来一种极有成就的气质，再加上每天一套不同的新衣服，已引起了出版商极大的好奇心，这正是希尔盼望发生的事情。于是希尔很轻松地告诉出版商："我正在筹备一份新杂志，打算在近期内出版，杂志的名称为《希尔的黄金定律》。"出版商说："我是从事杂志印刷和发行的。也许我可以帮你的忙。"这正是希尔等候的那一刻，当他购买这些新衣服时，他心中已想到这一刻。这位出版商邀请希尔到他的俱乐部和他共进午餐，在咖啡和香烟送上桌前，出版商已说服了希尔和他签合约，由他负责印刷和发行希尔的杂志。发行《希尔的黄金定律》这本杂志所需要的资金至少在3万美元，都是希尔通过漂亮衣服所创造的"幌子"筹集来的。因此我们要学会运用服饰这一武器来"武装"自己,以获得成功。

问题: 希尔利用出版商凭衣着判断实力的心理,通过衣着获得了成功,他的经验在任何情况下都可以复制吗?他的做法是否涉嫌欺骗?

分析要求:(1)形成性要求:学生分析案例提出的问题,拟出《案例分析提纲》;小组讨论,形成小组《案例分析报告》;班级交流、相互点评和修订各组《案例分析报告》;在校园网的本课程平台上展出经过修订的各组《案例分析报告》,供学生借鉴。

(2)成果性要求:以经班级交流和教师点评的《案例分析报告》为最终成果。

2.2 用微笑沟通心灵

背景与情境: 今年28岁的孟昆玉是北京宣武区和平门岗的一位普通交警,凡是从这个十字路口经过的人,几乎第一感觉都是他的微笑。孟昆玉的微笑不仅是他的一张"名片",而且成为他工作中与司机有效沟通的"秘密武器"。孟昆玉参加工作8年来,每天都把笑容挂在脸上,用微笑化解矛盾,赢得理解,建立了非常和谐的警民关系,工作8年没有一起投诉,他不仅获得了"微笑北京交警之星"、"首都'五一'劳动奖章"等荣誉称号,而且还被广大网友盛赞为"京城最帅交警"。

警察,在人们心目当中,一般都是很严肃的。而孟昆玉,一个年轻的"80"后交警,何以有这样好的心态,能保持8年如一日的微笑?孟昆玉说:"参加工作以来,我的口头语就是'您好'。无论是在路面上还是在单位见到同志,我觉得一个微笑、一个'您好',就能够拉近人和人之间的距离,如果你给司机一个微笑、一个敬礼、一个'您好',就有了沟通的基础。"

是啊,微笑是人类最美的表情,是人们心灵沟通的钥匙。当一个人对你微笑的时候,你能感觉到他心中的暖意,感受到他对你的善意和友好;反之,一个人若总是紧绷着脸,冷若冰霜,就会让人退避三舍,不愿接近。让我们都像孟昆玉一样,用微笑去沟通心灵,让文明成为一种行动,让我们居住的这座城市因你我而更加绚烂!

资料来源 张岩松,初萍.现代商务礼仪[M].北京:清华大学出版社,北京交通大学出版社,2014.

问题:(1)孟昆玉是交通警察,是交通的指挥者和执法者,他没有一脸严肃而是一脸微笑,而且8年如1日,为什么?

(2)孟昆玉的事迹对你有何启示?

分析要求: 同上一案例的分析要求。

▲实训操练

2.1 实训项目:旅游服务人员的着装

实训要求:将学生分成若干小组,以本章"重点实务"中的"正确着装的方法"(TPO原则)为操练项目,模拟旅游企业服务人员,掌握旅游服务人员正确着装(含领带的几种系法)的方法。

实训步骤:

(1)将班级学生分成若干实训小组,每组确定1人负责。

(2)各组学生参照本地酒店和旅行社的实际情况以及本章"同步案例",进行"情境设计"并结合"情境设计"进行角色扮演。

(3)各组以本章"实务教学"中"2.1.2着装的原则(TPO)"为业务规范,以"情境设计"中的"背景"为基本情节,模拟角色操练,体验本项目模拟实训的全过程。

（4）各组学生交换角色分工，再次体验本项目模拟实训的全过程。

（5）各组学生记录本次模拟实训的主要情节，总结实训操练的成功经验，找出存在的问题及解决方法，在此基础上撰写《正确着装知识（TPO原则应用）实训报告》（以下简称《实训报告》）。

（6）在班级讨论交流、相互点评与修订各组的《实训报告》。

（7）在校园网的本课程平台上展出经过修订并附有教师点评的各组《实训报告》，供学生相互借鉴。

2.2 实训项目：旅游服务人员的礼貌用语服务

实训要求：将学生分成若干小组，以本章"重点业务"中的"礼貌用语"（3A原则）服务为操练项目，模拟旅游服务人员和游客，体验旅游服务人员礼貌用语服务。

实训步骤：

（1）将班级学生分成若干实训小组，每组确定1人负责。

（2）各组学生结合本地酒店前台、餐厅、客房服务人员接待游客的实际情况，参照本章"2.2.1 礼貌用语"的相关知识进行"情境设计"，并结合"情境设计"进行旅游服务人员的角色分工。

（3）各组以本章"2.2.1 礼貌用语（3A原则）知识"为业务规范，以"情境设计"中的"背景"为基本情节，模拟角色操练，体验本项目模拟实训的全过程。

（4）各组学生交换角色，再次体验本项目模拟实训的全过程。

（5）各组学生记录本次模拟实训的主要情节，总结实训操练的成功经验，找出存在问题的及解决办法，在此基础上撰写《"礼貌用语（3A原则）服务知识应用"实训报告》（以下简称《实训报告》）。

（6）在班级交流、讨论、相互点评与修订各组的《实训报告》。

（7）在校园网的本课程平台上展出经过修订并附有教师点评的各组《实训报告》，供学生相互借鉴。

2.3 实训项目：站姿、坐姿、步姿操练

实训要求：将学生分成若干小组，以本章"重点实务"中的"站姿、坐姿、步姿"为操练项目，模拟旅游服务人员，进行正确的站姿、坐姿、步姿操练。

实训步骤：

（1）将班级学生分成若干小组，每组确定1人负责。

（2）各组学生参照本章"2.2.2文明举止中1）规范的站姿，2）优雅的坐姿，3）正确的步姿"知识，先指定1人操练，大家观摩评判。

（3）各组要做到每个人都操练，不能遗漏，并互相检查、纠正，直到全组同学正确掌握。

（4）各组学生记录本次模拟实训的情况，总结操练的成功经验，找出存在问题的及解决办法，在此基础上撰写《旅游服务人员站姿、坐姿、步姿实训报告》（以下简称《实训报告》）。

（5）在班级交流、讨论、相互点评与修订各组的《实训报告》。

（6）在校园网的本课程平台上展出经过修订并附有教师点评的各组《实训报告》，供

学生相互借鉴。

2.4　实训项目：根据自测表（见表2-2、表2-3）测评，整改自己的仪表

表2-2　　　　　　　　　　　　　　　**男生自测表**

项目	个人仪表基本要求	备注
1	发型款式大方，长短适宜，不怪异；头发干净、整洁、无气味、无头屑、无过多发胶、发乳	
2	鬓角、胡须干净，鼻毛、耳毛不外露，耳部清洁	
3	脸部清洁、滋润	
4	衬衣领口整洁，纽扣已扣好	
5	领带平整服帖，与外衣配套	在校不作要求
6	衣裤口袋平整服帖，衬衣衣领、袖口整洁	
7	衣服上没有脱落的头发和头皮屑	
8	裤子干净、平整、无皱痕，裤裆拉链已拉好，裤脚平整	
9	皮鞋鞋面干净锃亮，鞋跟无破损，鞋带已系好	
10	运动鞋等鞋面干净无灰尘，鞋跟无破损，鞋带已系好	
11	双手保持清洁，不留长指甲	

表2-3　　　　　　　　　　　　　　　**女生自测表**

项目	个人仪表基本要求	备注
1	头发干净整洁、有光泽，发型大方得体，不披头散发，前发不遮眼、遮脸	
2	化淡妆，眼亮、粉薄、眉轻、唇浅红	在校不作要求
3	服饰端庄，不太薄、不太透、不太露	有校服的在校应穿校服
4	领口干净，衬衣领口不过于复杂、花哨	
5	饰品款式精致小巧，价廉物美，走动时不发出响声	在校不作要求
6	指甲经常修剪，不长、不怪、不艳	
7	裙子长短、松紧适宜，拉链拉好，裙缝位正	
8	鞋面洁净，款式大方、简朴，鞋跟不太高、太尖	
9	衣服上无脱落的头发、头皮屑	
10	丝袜无勾丝、无破洞	穿校服时不作要求

□ 善恶研判

"小广告"害人不浅　大学生误入歧途

背景与情境： 从1999年开业至今，"中华第一街"南京路步行街上，小广告一直是治理顽症。

从每天早上7时30分到次日凌晨1时，三班轮换，每班七八人，在2千米的"中华第一街"上不停巡视，阻止非法小广告——这是黄浦区城市行政管理执法局执法大队南京路步行街中队必须干的活儿。

要问小广告惹了哪些麻烦，别的先不说，单单就说社会秩序，常常在南京路步行街上散发小广告的有七八伙人，每伙大约百十人。为了争地盘抢生意，两年前发生过上百人参与的群殴。这样的无序，是"中华第一街"不能容忍的。此外，小广告上多半是虚假信息，误导游客，使游客上当受骗，严重影响了南京路这"中华第一街"的形象和游客的权益。

汉口路271号，是南京路步行街管理办公室，有个房间专门用于临时堆放没收的小广告，每天都堆得满满当当。一捆小广告有10千克，约1万张，平均一天罚没的就有20捆，达200千克。

要抑制小广告蔓延，有一段时间采用的办法是："呼死你"。按照小广告上留的电话和联系人名字，城管要求联系人前来接受行政处罚，如果在法定期限内不来，电信部门就会不停呼叫小广告上的联系人。

起初，这个"呼死你"还是有点作用的。但是，问题很快来了。小广告上留的原来多为上海本地的电话号码，后来都纷纷变成了外地号码，而且，还出现了"400"开头的服务电话号码。依照法规，"400"开头的服务号码是不能被停机的，而且只要几十元就可以买下"400"的号段，每月支出只要几十元。

更让人哭笑不得的是，散发小广告的人使用"呼叫转移"功能，把"呼死你"用在了行政执法部门身上，电信部门并不知晓那个号码是谁的，反正小广告只要在通讯部门登记了呼叫转移，呼叫就很便"转移"了。

15年里，在南京路步行街上散发小广告的人群组成也变了。

早先常常可以看到七八个十来岁的孩子聚在一起，手持卡片，拦住行人去路，把印着小广告的卡片塞到对方手上。当时，那些散发小广告的孩子被叫做"卡娃"。"卡娃"们通常的去处是"未成年人保护中心"——他们都是孩子，还不到就业年龄，雇主非法用工，"卡娃"们无论是受蒙骗，还是自愿，都不能游离于《未成年保护法》之外，他们就被行政职能部门送往"未成年人保护中心"接受教育。

如今，散发小广告的群体发生了变化。"卡娃"不见了，有年经力壮的，也有老弱病残的，还出现了一个新的群体——大学生。

假期里，一些大学生通过网站寻找打工机会，一些人就误入了小广告组织。到了某个地点，工头要求来打工的大学生交出身份证，然后，去散发定量小广告。完成任务，一天的收入是100元左右。当散发小广告的大学生们被带到城管办公室的时候，他们才知道自己已经触犯了行政法规。

南京路步行街两头分别是外滩派出所和南京东路派出所，每个派出所每天都有20多个散发小广告的大学生接受教育。南京路步行街管理办公室非常希望教育主管部门和各个高校向大学生发出"假期学生勤工俭学警示，"防范非法打工。

　　资料来源　姚丽萍.小广告散发屡禁不绝，南京路步行街遭遇难题[N].新民晚报，2014-12-29.

　　问题：（1）"小广告"有什么危害，为什么屡禁不止？

　　（2）为什么大学生会误入小广告组织，如何防患于未然？

　　（3）为南京路步行街管理办公室出出主意，用什么办法根治小广告。

　　研判要求：（1）形成性要求：学生分析案例提出的 3 个问题，拟出《研判提纲》；小组讨论，形成小组《研判报告》；班级交流、相互点评和修订各组的《研判报告》；在校园网的本课程平台上展示经过修订并附有教师点评的各组《研判报告》，供学生借鉴。

　　（2）成果性要求：以经过班级交流和教师点评的《研判报告》为最终成果。

第 3 章　旅游行业主要岗位接待礼仪

● **学习目标**

通过本章学习，应当达到以下目标：

职业知识：学习和把握旅游行业饭店前厅、总台、客房、餐厅、酒吧、康乐、商场和旅行社、旅游车队等主要岗位接待礼仪的理论与实务知识；掌握礼仪知识在这些岗位服务中的应用，并能用其指导相关认知活动，规范相关技能活动。

职业能力：掌握旅游行业主要岗位的接待礼仪和方法，能以相关接待礼仪知识点评各岗位服务中不符合接待礼仪的行为，研究相关案例，培养在特定情境中分析问题的能力与评价能力；通过各岗位礼仪知识应用的实训操练，训练相应的专业技能。

职业道德：结合本章"基本训练"中的"善恶研判"等教学内容，依照行业道德规范或标准，分析、评判本章相关业务情境中企业或从业人员行为的善恶，强化其职业道德素质。

引例：(1) 丽滋·卡尔登酒店的温馨服务

背景与情境： 三年前，韩国一家大集团的副总裁到澳大利亚出差。当他住进丽滋·卡尔登酒店（Ritz Carlton Hotel，1992 年美国国家品质奖服务类奖得主）后，他打电话给该酒店客房服务部门，要求将浴室内放置的润肤乳液换成另一种婴儿牌的产品，服务人员很快满足了他的要求。

事情并没有结束。三周后，这位副总裁住进美国新墨西哥州的丽滋·卡尔登酒店，他发现浴室的架子上摆着他所熟悉的乳液，一种回家的感觉油然而生。这是怎么回事？原来丽滋·卡尔登酒店会把客人的每一个特殊要求记录在电脑里，一旦这位客人在自己的任何一家连锁店住宿，他们都会按这位客人的要求满足他。迄今，这家酒店已经记载了 24 万多名顾客的特殊要求。

资料来源　朱承强.现代饭店管理[M].北京：高等教育出版社，2011.有改动.

问题： 丽滋·卡尔登连锁酒店的做法会带来什么结果？

分析提示： 丽滋·卡尔登连锁酒店把每一个客人当成自己的家庭成员，并尽可能满足他们的每一个特殊要求，这让客人有"宾至如归"的感觉。那么，无论他到哪里，首选住宿的地方一定是丽滋·卡尔登。酒店的做法，虽然看起来给自己增加了工作量和服务成本，但却拥有了大量回头客。这既是一种温馨优质的服务，也是一种高明的营销手段。

(2) 小莉与小萍

背景与情境： 小莉今年从一所高职院校的形象设计专业毕业了，回到父母所在的海滨城市，一时找不到合适的工作。她的舅舅是该市一家酒店的经理，就让她到自己酒店的前台临时见习。

小莉第一天上班，穿着时髦露脐衫和短裙，戴着墨镜和耳机，一边走一边跟着耳机里的音乐哼着。进了酒店，通报了姓名，一屁股坐在大堂沙发上，跷起二郎腿，对前台领班小萍说："喂，姐们，安排我干啥呀？"小萍微笑着跟她打过招呼，拿出一套干净的西装套裙说："欢迎来见习，先换上本店的工作服吧！"小莉说："我又不是你们的正式员工，再说了，你们这工作服一点也不好看，老土！"小萍微笑着摇摇头，安排她坐在自己的后边。过了一会儿，小萍有事走开，对服务员小王说："经理让她来见习，有客人来你招呼一下。"小萍刚走，就进来一对中年夫妇，小莉不等小王开口立马跳起来招呼道："你们住宿吗？来这边登记！"小王赶忙补充说："欢迎光临！能为你们提供什么服务？"小莉指着沙发大声说："先坐那，等一下！"这对夫妇一愣，男的说："上班怎么这副打扮？"女的拉着男的就要走。小萍刚好回来，见此情景，赶上一步，对这对夫妇深深一鞠躬："实在对不起，我们失礼了！我是领班，请问二位需要什么服务？"这对夫妇看着小萍愧疚的面容、整洁庄重的打扮，立刻停下了脚步。小萍顺势伸出右手，柔声说道："二位一定走累了，请先在沙发上休息！"这时小王用托盘捧出了两杯茶，小萍蹲着给这对夫妇一一奉上。那位女士说，"我们来这里旅游，想住两天。"小萍适时地说："我们酒店可代为安排，旅行社负责接送。"接着她又简要介绍了该地一日游、二日游、三日游的项目、价格，并双手呈上自己的名片，说："有什么要求请尽管吩咐！要不，二位先看看客房，然后再定旅游线路？"女士有点感动了，望着男士说："要不就住这吧！"男士笑着点了点头。

这时小莉不好意思地站在前台，连声说："对不起，先生！对不起，太太！"小王则很麻利地为这对夫妇办好了入住手续。

资料来源 根据学生实习的见闻编写.

问题：（1）小莉的着装、语言、行为，哪些不符合旅游酒店工作人员的个人仪表要求？

（2）小莉的舅舅身为酒店经理，未经培训就让小莉到酒店见习，这样安排有无问题？

（3）小萍的服务赢得了客人的好感，她挽回的仅仅是两个客人的入住吗？

（4）从更高的标准要求看，小萍作为前台领班，在对待上下级关系上有没有值得改进的地方？

分析提示：这个案例充分说明了酒店前台服务人员个人仪表、礼貌用语和服务礼仪、技巧的重要性，不经过严格培训是不行的。小莉的舅舅未对小莉进行培训就安排她到自己的酒店见习是不严肃、不负责的行为。小萍机敏和周到的服务，既挽留了客人，又挽回了不良影响，保持了企业的形象。当然，如果她事先能坚持原则，让小莉接受培训后再来见习就更好了。

接待礼仪是旅游服务的"软件"，是衡量服务质量的最重要标志，是指在旅游服务工作中形成的，并得到共同认可的礼节和仪式。接待礼仪贯穿于旅客从旅游活动开始到结束的全过程。旅游行业所有岗位都应该礼貌服务，尊重、关心客人，做到宾客至上，讲究接待服务的方法和艺术，符合本国国情、民族文化和当代道德；尊重别国风俗习惯和宗教仪式，尊重女士。只有做好岗位接待工作，才能使客人有宾至如归的感觉，从而更好地树立个人和企业的形象，赢得更多的回头客。

3.1 饭店前厅接待礼仪

饭店业是旅游业的三大支柱之一，是旅游者在旅游目的地开展一切活动的基地，是旅游者的"家外之家"。它是创造旅游收入尤其是外汇收入的重要部门。

前厅服务是饭店服务的第一站。客人到达饭店首先接受的是前厅内外的服务，他们对饭店的印象、对饭店服务质量的评价及最终满意程度，都是从这里开始的。对于4星级及4星级以上的饭店，前厅岗位的服务人员有大门迎接员、大门保安员、行李员、梯口迎接员、大堂清洁员、洗手间服务员、酒店代表（机场代表）等。

3.1.1 大门迎接员

大门迎接员的主要职责是负责宾客进出大门的迎送工作，在服务中应做到：

服饰挺括、仪表整洁、仪容端庄大方，要精神饱满地站在正门前，恭候宾客的光临。

见到宾客乘车抵达时，要立即主动迎上，引导车辆停妥，接着一手拉开车门，一手挡住车门框的上沿，以免客人碰到头。如宾客是佛教界人士，则不能挡，因为他们认为用手一挡，"佛光"就被遮住了，是不尊重人的行为。

问候客人要面带微笑，热情地说："您好，欢迎光临"，并行15度鞠躬礼。对常住客人切勿忘记称呼他（她）的姓氏，如"史密斯先生"、"布朗小姐"等。

当客人较集中到达时，应不厌其烦地向客人微笑、点头致意，尽量使每一位客人都能得到亲切的问候。

如果遇到下雨天，要撑伞迎接，以防宾客被雨淋湿。若宾客带伞了，则将宾客的雨伞放在专设的伞架上，并代为保管。

如遇见老人、儿童、残疾客人，要主动伸手搀扶，关心照顾。

客人离店时，要引导车子开到客人容易上车的位置，并拉开车门请客人上车。在看清客人已坐好、衣裙不影响关门时，再轻关车门，向客人微笑道别："谢谢光临，欢迎下次再来，再见"，并招手致意，目送其离去。

主动、热情、认真地做好日常执勤工作，要尽量当着客人的面主动引导出租车或打电话为其联系出租车，并礼貌地按规定热情接待来访者，主动帮助他们寻人、回答客人的问询，绝不能置之不理，冷漠旁视。

同步案例 3-1

女士不悦

背景与情境： 在一个秋高气爽的日子里，迎宾员小贺穿着一身剪裁得体的新制服，第一次独立地走上了迎宾员的岗位。一辆白色高级轿车向饭店驶来，停靠在饭店豪华大转门的雨棚下。小贺看到后排坐着两位男士、前排副驾驶座上坐着一位身材较高的外国女宾。小贺一步上前，以优雅的姿态和职业性动作，先为后排客人打开了车门，做好护顶，关好车门后，小贺迅速走向前门，准备以同样的礼仪接待那位女宾下车，但那位女宾满脸不悦。

资料来源　佚名．"女士优先"应如何体现 [EB/OL]．（2009-08-05）.http：//www.yxlady.com/convenance/2009-08-05/260241.shtml.

问题： 这位女外宾为什么不悦？迎宾员小贺错在哪里？

分析提示： 无论是在社交场合还是公共场所，都应该践行"女士优先"的原则。小贺认为坐在前排副驾驶位置上的外国女宾级别低于后排的两位男宾，所以先为后排客人打开了车门，忘记了女士优先的原则，所以引起了那位女宾的不悦。

3.1.2　大门保安员

大门保安员的主要职责是负责搞好大门和周围区域的安全保卫以及车辆指挥等工作，在服务中应做到：

服饰整洁，仪容端庄，举止稳重，仪态威武。

对待客人，礼貌迎送，答复问询，不厌其烦。

指挥车辆，文明礼貌，有条不紊，井然有序。

执行制度，一丝不苟，态度和蔼，方法灵活，反应敏捷，确保安全。

3.1.3　行李员

行李员的主要职责是负责客人的行李接送工作，在服务中应做到：

着装整洁，仪容端庄，站姿端正，礼貌值岗，精神饱满，思想集中。

客人抵达时，应热情相迎，微笑问候。主动帮助客人提携行李，但也要尊重客人的意愿，不可强行接过来。在推车装运时，要轻拿轻放，对贵重易碎的行李物品更不能乱拿或重压，以免引起客人的不快。

陪同客人乘电梯时，行李员按动电梯控制钮，然后一手挡住电梯门请客人先入电梯，随后携行李跟进。电梯到达指定楼层后，关照客人先出电梯，再将行李运出。如大件行李挡住客人出路，行李员可先运出行李，然后挡住电梯门，请客人出电梯。

引领客人进房时，先放下行李，帮客人开门并先打开过道灯，然后退至房门一侧，请客人进房。

进入房间的行李员，要将行李轻放在行李架上，箱子的正面朝上，箱把手朝外，便于客人取用。行李全部放好后要与客人核对清楚，确无差错后，可简单介绍房内设施。如客人无其他要求，应迅速礼貌告别，以免给客人留下等待索要小费的印象。

离房前应微笑地说："先生（或小姐、夫人等），请好好休息，再见"。面对客人，后退一步，再转身退出房间，将门轻轻拉上。

客人即将离开饭店时，行李员在接到搬运行李的通知后，进入客房之前无论房门是关着还是开着，均要按门铃或敲门通报，听到"请进"声后，方可进入房间，并说："您好，我是来运送行李的，请吩咐"。双方共同点清行李件数后，即可提携行李，并负责运送到车上。如客人跟着行李一起走，客人离开房间时，行李员要将门轻轻关上，跟随客人到大门口。

安放好行李后，行李员要与大门迎接员一起向客人热情告别。

3.1.4　梯口迎接员

现代饭店均使用自动电梯，一般不需要专人看管，但很多酒店为了对客人显示礼遇的高规格，也会专派梯口迎接员接待宾客。梯口迎接员在服务中应做到：

身着华丽、挺括的识别服，站立在电梯厅的中央，面带笑容，目视前方，精神饱满，思想集中，恭候客人的光临。

见宾客前来时，要主动热情问候，并按动电梯控制钮，等候电梯的到来。

当电梯到来、自动门开启后，用手挡住梯门，敬请客人步入电梯。

客人乘电梯到达底楼时，待电梯自动门打开，客人步出电梯时，应面带微笑礼貌道别。

3.1.5　大堂清洁员

大堂是饭店的"脸面"，又是客流密集的公共区域，清扫整理工作大部分均在客人面前进行。大堂清洁员在操作时应做到：穿着的制服应保持整洁，讲究个人卫生。

在大堂清扫地面浮灰时，要随时留意周围走动的客人，要主动让道，不要妨碍客人的自由走动。

在客人休息处清理烟缸、废纸杂物，次数要勤，动作要轻、快，对客人要微笑点头，主动问候。

在高处擦拭玻璃幕墙、雨天擦拭大理石地面时要注意客人安全，要安置示意牌。

清扫要认真细致，石面地板要光亮如镜，玻璃幕墙、玻璃门、栏杆、柱面、台面要明净无尘，使客人有舒适感。

3.1.6　洗手间清洁员

大堂的公共洗手间是客人经常出入之地，是饭店的"名片"。为此，洗手间服务员在接待客人时应做到：

客人进入洗手间时，应热情问候，面带微笑，躬身致意。

用自然的目光留意客人的需求，服务意识要强，及时为客人提供服务。

待客人方便完毕，应迅速示意何处洗手，并立即打开冷热水龙头，调节好水温，同时拧开消毒皂液的开关，供客人使用。

客人洗手后，用夹子递上干净的小方巾或纸巾，让客人擦手。客人要用干手机时，应示意请便。

根据客人不同的需求，可适当递上木梳、指甲钳等供其使用，还可用小毛刷为客人刷去衣裤上的灰尘或头屑，礼貌周到地提供小服务。

客人离去时，主动拉门，礼貌送别。

3.1.7　饭店代表（机场代表）

饭店代表是专门在机场提供店外接送服务的人员，争取客源、提高服务质量是其一项重要工作，其礼貌礼节尤为重要。饭店代表在服务中应做到：

服饰鲜明、整洁、挺括，手持独具特色、有店徽（饭店名称）的欢迎牌，恭候客人的光临。

客人抵达时，要主动迎候并做自我介绍，可以说："欢迎您光临！我是××饭店代表。您有托运行李吗？请将行李牌给我，我们帮您领取。"如果客人要自领行李，应尊重客人的意愿。

礼貌地引领客人到车上就座，清点、放好行李后，轻关车门，陪送客人到饭店。

送客的礼貌礼节基本上与接客相同，主要是了解客人离店情况，事先向车队订车。送客路上，应礼貌地征求客人对饭店的意见，欢迎他们再次光临并祝旅途愉快。

3.2　饭店总台接待礼仪

饭店的总服务台是饭店的"窗口"，也可以称为饭店的"神经中枢"，是客人进店和离店的必经之地。饭店能否给客人以来时"宾至如归"之感或离别时"宾去思归"之念，在很大程度上取决于总服务台的服务质量。总服务台岗位的服务人员有接待员、问讯员、订房员、结账员、外币兑换员、商务中心文员和话务员等。

3.2.1　接待员

宾客来饭店住宿时，给客人以深刻第一印象的，主要是总台接待员。接待员应做到：

着装整齐，仪容端庄，礼貌站立，精神饱满地恭候宾客的光临。

客人来到总台时，应面带微笑，热情问候："您好！欢迎光临！""请问，您预订过吗？""我能为您做些什么？"

遇到多名客人抵达工作繁忙时，要按顺序依次办理入住手续，做到办理一个，接待另一个，招呼后一个，务必使客人不受冷落。

请客人填写住宿登记单后，应尽可能按客人要求（楼层、朝向等）安排好房间，提供满意的服务。

验看、核对客人的证件与登记单要注意礼貌，确认无误后，要迅速交还证件，并表示感谢。当知道客人姓氏后，要尽早称呼为好，这是尊重客人的一种表现。

把住房钥匙或磁卡交给客人时，可以礼貌地说："××小姐（先生），我们已为您准备好一间朝南的房间，舒适安静，房号××，这是房间的钥匙（磁卡），祝您愉快！"

如客房已客满，要耐心解释，并请客人稍等。如客人不要求帮助，可以说："下次光临，请先预订，我们一定为您保留房间。"

重要客人进房后，为体现对客人的尊重，要及时用电话询问客人："××小姐（先生）您对这个房间满意吗？您还有什么事情，请您吩咐，我们随时为您服务！"

客人对饭店有意见来接待处陈述时，要面带微笑，以真诚的态度表示欢迎，应凝神倾听，绝不能与客人争辩或反驳，要以真诚的态度妥善处理。

及时做好客人资料的存档工作，以便在下次接待时，能有针对性地提供服务。

同步思考3-1

王先生住进一家五星级酒店后，晚上11点钟突然接到公司总经理的电话，要他第二天上午赶到北京去参加下午1点召开的一个重要会议，并说公司已为他订了上午9点的机票。王先生打电话给总台值班员小李，要求6点半叫醒他。第二天6点半小李与小张交接班，忘记叫醒王先生了。王先生醒来时看表，已经8点钟了，因此错过了航班。

资料来源 根据学生实习的见闻编写.

问题： 这家酒店应该如何处理这件事？

理解要点： 这件事虽然发生在总台值夜班的小李身上，但酒店的管理也存在问题，应由大堂经理出面向王先生诚恳道歉，尽快为王先生改签下一个航班，赔偿王先生的损失，并派人送王先生去机场办理相关手续。对小李应按规定进行批评处罚，并在全店开展一次服务质量检查，接受教训，引以为戒。

3.2.2 问讯员

问讯处是为客人提供咨询等服务的专门机构，以体现饭店"宾客至上，便利客人"的宗旨。问讯员在服务中应做到：

穿着整齐，仪态大方，站立服务，精神集中，随时接受宾客的问讯。

客人来到问讯处，问讯员应主动打招呼，热情问候。同时有多位客人到来时，应一视同仁，依次接待，务必使客人感觉你是乐于助人的。

接待客人时，应目视对方脸部眼鼻三角区，倾听要专心，以示尊重与诚意。对有急事而词不达意的客人，应劝其稳定情绪后再说；对长话慢讲、细述详问的宾客要耐心、细心；对语言难懂的客人，要仔细听清楚后再回答，绝不能敷衍了事或拒绝回答。

答复客人的问讯，要做到百问不厌、有问必答、用词得当、简洁明了，不能用"大概"、"也许"、"可能"之类没有把握或含糊不清的词来敷衍搪塞。自己能回答的要随时回答，不能回答时也不可轻率地说"我不知道"，一推了事。经过努力，确实无法回答时，应表示歉意，待了解清楚后再告诉对方。

如多人同时问讯，应先问先答，急问快答，使所有客人都能得到适当的接待和满意的答复。

问讯员还应当好客人的参谋，做他们的"隐性向导"，及时向他们提供游览往返路线、交通工具、购物和娱乐场所、风味小吃等有关信息。

问讯处要把信件、电报、邮件迅速交给住店客人，递送时要微笑招呼、敬语当先。对于离店客人的信件，要及时按客人留下的新地址寄出或退回原处，时时处处体现对客人认真负责的精神。

问讯员兼票务工作的，要细致周到，以满足不同客人的要求（机、车、船票和座次等），不要自作主张。如有困难，要耐心解释，求得客人的谅解。

接受来电查询时，应热情帮助解决，件件都要有结果、有回音。如不能马上回答，对来电客人应讲明等候时间，以免对方久等而引起误会。若确实查无此人，要用婉转的语气作出明确的答复。对住店客人的来电，要认真负责地接待，并帮助处理有关事务。如对方要求预约出租车外出，应随时做好书面记录，并把房号、姓名、时间告知车队。交班时尚未落实的事要与接班人交代清楚。

遇到过分挑剔、有意为难的客人，仍应坚持以诚相待，微笑服务，要耐心、热情、周到，对客人晓之以理、动之以情。

3.2.3　订房员

订房员在服务中应做到：

客人来店预订房间，要主动热情接待，及时予以答复。如有房间，当即填写订房单，并对客人表示感谢。如因客满而无法接受预订时，应表示歉意，可以说"请您稍等，我仔细给您查一下"，然后再说"对不起，已经满了，谢谢您，请您以后光临"，并热心为客人介绍其他饭店。

如客人用电话订房，要按接电话的礼节，敬语当先，礼貌接待。订房的内容必须认真记录，并向客人复述一遍，以免有遗漏和差错。如因客满无法接受预订，应表示歉意，不能直截了当地说"没有"，以免引起客人的不快和误解，影响饭店的声誉。

订房后应信守契约，待客人到来时，切实做到按预订要求安排客房。事先必须做好客人来店前的核对工作。

如因各种原因出现订房纠纷，要特别注意礼貌，对客人耐心解释，切忌争吵。

遇到问题要冷静分析，查找原因，区别对待，灵活处理。凡属饭店的责任，要主动承担，并深表歉意；如属宾客的责任，要牢记"客人是上帝，得理也得让人"的宗旨，妥善处理，以提高饭店的声誉，争取更多的客源。

3.2.4　结账员

结账员在服务中应做到：

服饰整洁、仪容端庄、精神饱满地恭候客人的到来。

客人来总台付款结账时，要笑脸相迎，热情问候，服务迅速、准确，切忌漫不经心，造成客人久等的难堪局面。

客人住店日期要当场核时，收款项目当面说清，不能有丝毫含糊，以免客人有被多收费的猜疑。

如有客人提出一些饭店无法接受的要求，应耐心地予以解释，以求客人的谅解。

遇结账客人比较集中时，要礼貌示意客人依次等候，以免引起结算的差错。

结账完毕，应向客人礼貌告别："谢谢，欢迎您再次光临，再见！"

3.2.5　外币兑换员

外币兑换员在服务中应做到：

宾客到来时，礼貌问候，主动招呼。当客人兑换外币时，应当面填写兑换单，经认真复核后，兑换员必须对外币数目两次当面点清，并唱收唱付，给客人以认真负责、准确周到之感。

客人对兑换的外币如有疑点，应由识别机鉴别，并立即与同事或主管商讨，妥善解决，切勿武断处置或与客人争吵。

坚持原则，执行国家外汇政策，讲究职业道德。不利用工作之便谋取私利。不得与客人私下交易，暗中套汇，做出有损国格、人格的事来。

客人离去时，要热情告别。

3.2.6　商务中心文员

商务中心文员在服务中应做到：

服饰整齐，仪态大方，坚守岗位。

宾客到来时，微笑问候，主动招呼。

按照客人要求，提供高效、准确、优质的传真、打字、快递、翻译等服务。

本着"宾客至上，信誉第一"的宗旨，对客人高度负责，绝对尊重客人的意愿，不外泄文件的内容。

3.2.7　话务员

话务员是饭店"看不见的服务员"。他们虽然不和客人直接见面，但通过声音传播，也能从另一个侧面反映饭店服务的水平和质量。因此，话务员在服务中应做到：

坚守岗位，集中精神。话务服务应坚持使用礼貌用语，如"您好"、"请讲"。接外线电话，应立即问候并报出饭店的英文、中文名称，如"早上好！××饭店"。

为客人接线，动作要快而准，务必不出差错。

话务员的发音要准确、清晰，语速快慢要适中，保证客人听得懂、听得清，音质要甜润、轻柔，语调要委婉、亲切，语气要友好、诚恳。接线中语言要简练，用词要得当，切忌粗暴无礼，更要避免使用"我不知道"、"我现在很忙"、"听不到"、"什么"等不耐烦的语句，应常用"请稍候"，"我立即为您查询"，"对不起，他不在，请稍候再拨"等。

话务服务必须热心、耐心、细心。如果接听电话的客人不在，应问清对方是否要留言。如需代客留言，一定要认真听清，并做好记录，复述认可，以避免差错。

讲究职业道德，不偷听他人电话；若操作时偶尔听到一些内容，应严守秘密。

通话结束后，应热情道谢告别。待对方挂断电话后，方可关掉电键。

同步业务3-1

饭店总台服务礼貌用语应用举例

How do you do?　　您好。

Welcome to our hotel.　　欢迎您到我们饭店来。

Reception, can I help you?　　这里是接待处，可以为您效劳吗？

What kind of room would you like, sir?　　先生，您喜欢什么样的房间？

Could I have your name, please?　　先生，请问您尊姓大名？

One moment please, sir.　　先生，请稍等一下。

Excuse me sir, could you spell your name?　　对不起，先生，请问您的名字怎么拼写？

Are you satisfied with the room?　　您对这间房满意吗？

I'll be glad to help you to do anything you want.　　我很愿意帮

助您办理您需要办的事。

We could not find you anywhere in the hotel at 3:30 PM.　下午3:30我们找遍整个饭店,但没有找到您。

Please give us your forwarding address so that we can send you mail.　为了转寄您的邮件,请留下您的通信地址。

Mr.××is out, may I ask your name?　××先生已外出,请问您贵姓?

This is××hotel, can I help you?　这里是××饭店,可以为您效劳吗?

Which room do you want?　您要几号房间?

Sorry, please speak slowly.　对不起,请讲慢一点。

Please repeat.　请再说一遍。

Please wait a minute.　请稍等一下。

Sorry, the line is busy now.　对不起,现在占线。

Sorry, no answer.　对不起,没有人接。

Sorry to keep you waiting.　对不起,让您久等了。

Sorry, the line was cut short just now.　对不起,刚才电话断了。

Thank you very kindly, Mr.××.　衷心感谢您,××先生。

We're very glad to have had you with us, Mr.××.　××先生,我们很高兴能和您在一起。

Are you satisfied with our service, Mr.××?　××先生,您对我们的服务感到满意吗?

Good luck to you, Mr.××.　××先生,祝您好运。

Hope that we will have you with us again on your next trip.　下次您旅行时,希望您再到这里来。

资料来源　张四成.现代饭店礼貌礼仪[M].广州:广东旅游出版社,2004.

同步思考3-2

客人满意度是指客人对所购买的饭店商品和服务的满意程度,以及他们以后继续购买即再次光临的可能性。客人满意度的测定,一般以客人购买饭店商品和服务的事前期待与客人实际从饭店获得的商品和服务的比值来表示:

事前期待与实际获得之比大于1时,他就会认为获得了超值享受,感到满意,以后会再次光临;事前期待与实际获得之比小于1时,他就会认为获得的是低值享受,感到不满意,以后就不再光临;事前期待与实际获得之比等于1时,他会认为获得了等值享受,比较满意,在没有竞争对手的情况下,他会再次光临。

问题: 如何提高客人满意度?

理解要点: 提高客人满意度在硬件同等条件下,主要途径是提高服务质量,即开展个性化服务,因为酒店商品特别是硬件,要改变比较困难。个性化服务主要体现在以下四个方面:(1)开展更灵活的服务,因人而异,不墨守成规。(2)做好意外服务。在客人意外遭遇急、难、愁的情况下,及时向客人提供服务,帮助其解决问题,最能获取满意与感激。(3)与时俱进,及时提供电脑上网和有益身心的娱乐/活动。(4)提供心理服务。

3.3 饭店客房接待礼仪

饭店的客房是宾客的临时之家，是客人逗留时间最长的地方，也是客人主要的休息场所。客房服务员在服务中务必讲究礼仪，为客人提供一个温馨、舒适、幽静、安全的居住氛围。

3.3.1 楼层接待员

楼层接待员在服务中应做到：

接到来客通知后，要礼貌地站在梯口旁，恭候宾客的到来。

宾客一到，要立即亲切问候："××小姐（先生），您好，欢迎光临"，并行15度鞠躬礼。

如酒店不设行李员，对客人手中的行李或物品要主动帮助提携。

对老、弱、病、残客人要主动搀扶，给予热情的关心和帮助。

引领客人时要在客人左前方约1.5米，按客人步速轻步前行，直到预订的客房门口。

开房门时，轻轻地转动钥匙，打开后立即侧身一旁，敬请客人进房。

客人进房后，针对客人不同的身份与需求，灵活地递上茶水或冰水和香巾，并说"请用茶"或"请用香巾"。

待客人坐下休息后，根据客人实际情况，有礼貌地介绍房间设备及其使用方法。同时简要介绍酒店的各种设施，帮助客人熟悉环境，便于客人使用。

在问清客人没有其他需求后，应立即离开，向客人礼貌告别。退出房间时，应先后退一步，再转身走出，同时把门轻轻拉上，让客人安心休息。

有的客人到达楼层后，如因长途旅行疲劳或已是深夜，急于得到安静的休息。那么，接待员要随机应变，简化某些服务环节，以使客人及时得到休息。

客人离开酒店时，应事先主动询问，是否提前用餐、要不要联系出租车等。客人离开房间时，有礼貌地送客人到电梯旁，并祝客人"旅途愉快，一路顺风"。

3.3.2 客房服务员

客房服务员在服务中应做到：

进门前，先要看清门外把手上是否挂有"请勿打扰"的牌子，或者锁中是否露出红色标志（露出，表示已上双锁），避免冒失唐突之举。

进房时，必须讲礼貌，先按门铃两下，未见动静，再用中指骨节有节奏地轻敲房门三下，同时自报"house keeping"。如客人来开门，则有礼貌地说："对不起，打扰了，我是客房服务员，现在可以打扫房间吗？"在征得客人同意后方可进入，并把门半掩着，千万不要关门。如客人听到敲门声后说"请进"，应轻轻将门推开，并问"现在可以打扫房间吗"，得到客人允许后再行清扫。如果仍不见动静，可再继续敲门三下，再不见回答，可用钥匙开门。若发现客人正在睡觉，则应马上退出，轻轻将门关上。如房内无人，则开始打扫，但必须把门全开着。

在打扫客房时，不得擅自翻阅客人的文件、移动客人物品，更不得向客人索取任何物品。在服务过程中，不得在客房内看电视、听音乐、翻阅报刊或使用电话，更不能接听客人的电话。

不得向客人打听私事。如宾客在交谈，不要插话，更不能趋前旁听。

清扫时，如宾客挡道，要礼貌地打招呼，请求协助。

整理房间时，应尽量避免干扰客人的休息与工作，最好是在客人外出时进行。

打扫完毕，不要在房间逗留。如客人在房内，离开时要说声"对不起，打扰了，谢谢"，然后有礼貌地后退一步，再转身走出房间，将门轻轻关上。

工作时，不要与他人闲聊或大声说话。夜晚讲话要轻声细语，不能影响客人休息。在过道内行走，不要并行。遇急事不要奔跑，以免造成紧张气氛。

平时遇到客人外出或回房间，都要点头微笑问候，切勿视而不见，不予理睬，一走了之。

遇到宾客过生日，要主动上门祝贺。

如客人要熨衣服，要及时取送，不能延误搞错。

满足客人提出的一切正当要求。宾客接待来访者时要按客人要求，备足茶杯、供应茶水，勤添毛巾、肥皂等。

如发现客人身体不适，要主动关心，询问是否需要送医院诊治。

不要先伸手与客人握手，不要逗弄或抱客人的小孩，与客人不要过分亲热；与客人接触，应以礼相待，不得有粗俗之举。

同步业务 3-2

饭店客房服务礼貌用语应用举例

How do you do?　　您好。

Welcome to our hotel.　　欢迎您到我们饭店。

Good morning, Mr.××.　　××先生，早上好。

Good afternoon, Miss.××.　　××小姐，下午好。

Good evening, Madam.　　太太，晚上好。

Good night, Mr.××.　　××先生，晚安。

May I help you with your luggage?　　您的行李请让我来拿吧。

This way, please.　　请这边走。

This is your room. Please go in.　　这是您的房间，请进。

I'm your room boy.I'll be glad to help you.Anything you want?　　我是这个房间的服务员，很高兴为您服务，您有什么事需要我办吗？

Did you have a nice trip?　　旅途愉快吗？

How long will you stay here?　　您在这里住多久？

Please ring up the Service Counter when you need our service. Our number is...　　有事情请打电话到服务台，号码是……

I'm glad to serve you.　　我非常高兴为您服务。

Have a good rest. Goodbye.　　请好好休息，再见。

Wish you a happy festival.　　祝您节日愉快。

Merry Christmas.　　圣诞快乐。

Happy New Year.　　新年快乐。

I'm an attendant on this floor.　　我是楼层服务员。

What can I do for you?　　我能为您做什么事吗？

Ok.I'll do it immediately.　　好，我马上就去办。

I'll check for you right away.　　我马上给您查一下。

We'll send it to your room right now.　　我们马上给您送到房间。

Wait a moment, please. I'll ask the Engineering Department to send someone to repair it.　　请稍等，我马上通知工程部派人来修理。

Sorry to have kept you waiting so long.　　对不起，让您久等了。

Sorry, I'll call you when I am sure.　　对不起，等我弄清楚了再答复您。

Sorry, we can't do it for you ourselves.But we'll contact the department concerned.　　实在对不起，这个我们办不到，不过我们可以与有关部门联系一下。

We apologize to you for having troubled you so much.　　抱歉，我们给您添了许多麻烦。

Sorry, I still don't understand what you said.　　对不起，我没有听懂您所讲的。

Will you please speak more slowly?　　请您讲慢一点好吗？

I'm sorry to disturb you. May I clean your room now?　　对不起，打扰您了，我可以现在打扫房间吗？

Mr.×× , we're sorry to hear that you are not well.　　××先生，听说您不舒服，我们感到很不安。

Are you feeling better now?　　您现在好一些了吗？

Shall we send for a doctor?　　需不需要请医生看看？

Shall I accompany you?　　我陪您去好吗？

Please have a good rest.　　请好好休息。

Hope you'll be all right soon.　　希望您早日恢复健康。

If you want to have your shoes polished, please put them outside the door.　　如果您希望我们帮助您擦皮鞋，请将鞋放在门外。

Do you have anything to be cleaned?　　您有东西要洗吗？

Sorry, your shirt was damaged in the wash. In such a case, the indemnity shall not exceed ten times the laundry charge.　　对不起，洗衣房把您的衬衣洗坏了。像这种情况，我们通常的最高赔偿是洗衣费的10倍。

Good evening, sir. Are you leaving tomorrow?　　晚上好，先生，请问您是不是明天走？

Would you please tell me what time you will leave tomorrow morning?　　请告诉我您明早大概什么时候走？

You can pay in the lobby on the ground floor, please.　　请您到

一楼大厅付账。

Welcome to come here again.Goodbye. 　　　欢迎您下次再来，再见。

资料来源　张四成.现代饭店礼貌礼仪[M].广州：广东旅游出版社，2004.

同步案例3-2

令人满意的服务

背景与情境： 一位客人在美国休斯敦市的一家饭店结账后乘飞机去了俄亥俄州，他下了飞机才发现，公文包忘在了饭店。收拾房间的客房服务员发现公文包后立即报告了总台。总台正焦急地等待着这位客人的电话。接到客人电话，得知公文包里有客人在晚上的演讲会上必须要用的幻灯片资料时，总台服务员问清了地址，马上派人直奔机场，兼程 1 000 多公里赶到俄亥俄州，将公文包及时送到客人手中。这位客人对这样体贴周到的服务十分感动。他后来多次到休斯敦市，每次都住在这家饭店。

资料来源　张四成.现代饭店礼貌礼仪[M].广州：广东旅游出版社，2004.有改动.

问题： 这家酒店是否在做亏本买卖？这样做值得吗？

分析提示： 表面上看，这家酒店 做了亏本买卖，实际上，它收获了最宝贵的东西——信誉口碑。不但这位客人成了常客，通过他一传十，十传百，酒店赚到的是十倍、百倍的休斯敦—俄亥俄州往返的飞机票费用。

3.4　饭店餐厅接待礼仪

餐厅是宾客用膳的主要场所，是旅游业的重要服务部门。其服务特点是：服务员直接对客人提供面对面的服务，面广量大、时间长、需求多。餐厅岗位的服务人员有迎宾员、引位员、值台员和走菜员。

3.4.1　迎宾员

迎宾员在服务中应做到：

着装华丽、整洁、挺括，仪容端庄、大方，站姿优美、规范。开餐前5分钟，迎宾员应恭候在餐厅大门两侧，做好拉门迎客的准备。

神情专注、反应敏捷，注视过往宾客。当客人走近餐厅约1.5米处时，应面带笑容，热情问候："小姐（先生），您好，欢迎光临！"客人离开餐厅时，应礼貌道别："谢谢您的光临，请慢走，再见！"

如遇雨天，应主动收放客人的雨具，客人离开时把雨具及时递上，再帮助客人打开雨伞、穿好雨衣。

迎宾要积极主动，答问要热情亲切，使客人一进门就感觉到他们是最受欢迎的尊贵客人，从而留下美好的第一印象，使客人进餐厅用餐变成一种美的享受。

3.4.2　引位员

引位员在服务中应做到：

客人进门后，立即迎候，面带微笑地说："小姐（先生），您好"或"晚上好"，"请问，预订过吗"，"请问，一共几位"。如果是男女宾客一起进来，按先女后男的礼仪规范问候。

引位时，应说"请跟我来"、"这边请"、"里边请"，并用手示意，把客人引领到适当的位置入座或进入包房。不同的客人可引领到不同的位置，如：

遇重要宾客光临，可引领到餐厅最好的靠窗靠里的位置或雅座，以示恭敬与尊重。

遇夫妇或情侣到来，可引领到餐厅一角安静的餐桌就座，便于小声交谈。

见到服饰华丽、打扮时髦和容貌漂亮的女士，要引领到众多客人均可看到的中心位置就座，这样既可满足这部分客人的心理需求，又能使餐厅增添华贵的气氛。

遇到全家或众多的亲朋好友来聚餐时，要引领到餐厅靠里的一侧或包房，既便于其安心进餐，又不干扰其他客人的用餐，以示礼貌。

年老、体弱的客人，要尽可能安排在离入口较近的位置，以便于其出入，并帮助他们就座，以示服务的周到细致。

对于有明显生理残缺的客人，要注意安排在适当的位置就座，遮掩其生理缺陷，以显示体贴和关怀。

如客人要求指定位置，要尽量满足其要求；其他客人已占用时，应礼貌地说明："小姐（先生），对不起！请跟我来，这边请！"

靠近厨房出入口处的位置，是最不受客人欢迎的位置，用餐高峰时，应对安排在这里的客人多说几句礼貌话："小姐（先生），十分抱歉。今天客人太多，委屈您了，下次光临，一定为您安排个好座位"，以示关心与热情。

客人就餐完毕结账离开时，应礼貌送客，主动道别："再见，欢迎下次再来"，并微笑目送。

3.4.3 值台员

值台员在服务中应做到：

1）热情迎宾

当客人走近餐桌时，要微笑问候，按先主宾后主人、先女宾后男宾的顺序拉椅让座。拉椅的动作要用力适度，顺应客人入座的节奏进行，用双手和右脚尖轻捷地将椅子稍向后撤，客人即将入座时将椅子向前轻推，使客人坐好坐稳。

主动协助客人脱衣摘帽，并按顺序挂好或用布套套上。注意勿将衣服倒提，以防衣袋内的物品掉落。贵重衣服要用衣架挂好，以防衣服折皱走样。

客人就座后，应及时递香巾、茶水。递送时按顺时针方向从右到左进行。递送香巾要用毛巾夹，并招呼客人："小姐（先生），请！"端茶时，切忌手指接触杯口。使用玻璃水杯要尽量套上杯套，以免烫着客人。使用有盖、有把的茶杯时，要用手握住杯把轻拿轻放，杯盖的启、盖要缓而轻，避免发出碰撞声，也不要把杯盖朝下放在桌面上，这样容易沾染灰尘，引起客人不快。

2）恭请点菜

客人坐下后，应不失时机地将菜单递上，切不可随意地把菜单扔在餐桌上，这是极不礼貌的行为。

请客人点菜，必须耐心等待，不要催促，让客人有充分的时间选择决定。

接受客人点菜时，应微笑地站在客人一侧，上身稍向前倾，手持点菜本，认真听取客人选定的菜肴，并做好记录，复述一遍，杜绝差错。

当客人一时不能决定点什么菜时，要当好参谋，热情推荐本餐厅的名菜、特色菜、创新菜及时令菜。但要讲究说话方式和语气，察言观色，注意客人的反应，要充分尊重客人的意愿。

如客人点的菜肴已售完，不可简单地回答"卖完了"，而应礼貌地致歉解释，求得客人的谅解，并婉转地向客人推荐其他类似的菜肴。

如客人点的菜在菜单上没有列出来，应尽量设法满足，不可一口回绝"没有"，可以说："请您稍等，我马上和厨师商量一下，尽量满足您的要求"。如确有困难，应向客人致歉说明，敬请下次光临或预约。

当客人点餐完毕，还应主动征询客人需要什么酒水、饮料，全部记好后，再礼貌地复述一遍，得到客人确认后，迅速将菜单送至厨房，尽量减少客人等候的时间。

3）周到服务

取出口布（即餐巾），礼貌地将一角压在客人的骨碟下或腿部。如有外宾用餐，需加放刀、叉、匙等西餐用具。

如有儿童用餐，应放一把儿童用的高椅子。

斟酒、上菜要严格按操作规程进行，切忌越过客人头顶上菜。新上的每一道菜，应简介菜名及特色，并将菜肴的最佳部位对向主宾和主人。如宴会上菜，应按主桌在前、陪桌在后的顺序进行。

宴会的斟酒，要按先主宾后主人、先女宾后男宾的次序进行。宾主祝酒时，应退立一旁，不可随意走动，并保持场面安静。

开拉酒水、饮料瓶盖时，应在客人的侧后方朝外拉开，倒香槟酒或其他冰镇酒时，要用餐巾包好酒瓶再倒，以免酒水喷洒或滴落在客人身上。

要掌握上菜的时机和间隔，不要出现桌面上盘叠盘的零乱现象。台面上无空位时应拿走剩菜最少的餐盘，或换盛小盘端上，但要征求客人意见，以免引起客人的不满。部分菜肴如鸡、鸭、鱼等需先分好，再给每一位客人用小碟送上。汤羹或带汤的点心，如酒酿圆子等也应用小碗分好给客人。

如客人不慎将餐具、口布等物品掉落在地上，要迅速上前取走更换。

菜上齐后，应告诉客人"菜已上齐，请慢用"，以示尊重。

如有电话找客人，应走到客人身旁，轻声告知接听，绝不能在远处高声呼喊。

当为一张餐桌上的客人服务时，还要观察其他餐桌客人的需求，用眼睛、手势语言等示意，及时上前照应，以免顾此失彼。

如客人对某一道菜特别喜爱，想再买一份带走时，应主动为其提供食品袋，并妥善包装，方便客人携带。

当客人问及菜肴的原料、品种时，应热情介绍。如一时回答不上来，应说："实在抱歉，我不清楚，让我去问清楚后再告诉您。"接待服务一定要有问必答，百问不厌。

对已有醉意的客人，当其还在继续喝酒又不听劝阻或有粗鲁行为时，要尽量忍让，并请示餐厅主管协助处理。

值台时，一定要神情专注，用目光巡视四周，随时应答客人的招呼，做到忙而不乱、有条不紊。

客人用餐没有结束，即使营业时间已过，亦不能催促客人，或有忙于收盘、打扫、关灯等不礼貌的逐客之举。整个餐厅的清扫，应在所有客人离开后进行。

4）结账送客

客人餐毕，应把账单放在垫有小方巾的托盘上或放在账单夹内从左侧递上，或放在客人的餐桌边，不要直接交到客人手里。当客人付款后，要表示感谢。

客人结完账起身离座时，应及时拉椅让路方便客人离开，同时提醒有否遗忘随身物品，并礼貌道别："欢迎您下次再来"，目送客人离去。

同步业务3-3

鱼腹要对着主客的由来

一般而论，把鱼腹对着主客主要是因为鱼腹刺少，腴嫩味美。不过，这其实也有典故。春秋时，吴公子光（即吴王阖闾）欲杀吴王僚自立，伍子胥把刺客专诸推荐给公子光，但专诸平时无机会接近吴王僚。得悉僚爱吃炙鱼，专诸就去拜太和公为师。炙鱼手艺学成后，专诸趁公子光请吴王僚到家里吃饭之机，做好一条整鱼，藏匕首于鱼腹，在上菜时，取出匕首，刺死了吴王僚，专诸也被吴王僚的侍卫杀死。自此，凡宴宾客，都需把鱼腹对着主客，以示善意。

资料来源　姜瑞华，张玉会.会展礼仪[M].大连：东北财经大学出版社，2009.

3.4.4　走菜员

走菜员在服务中应做到：

配合值台员工作，及时取得联系并随时与厨房互通情况，搞好协作，适时上菜。

要做到冷菜先上，热菜及时上，火候菜随做随上，以保证色、香、味、形不走样。

摆放餐具及上菜等一律用托盘，不应用手直接端拿，以免手指触及碗碟、菜肴，影响食品卫生。

走菜繁忙时，天再热也不得挽袖、卷裤，以示对客人的尊重。

走菜途中，切忌私自品尝，这是最不文明的行为。

走菜时，要注意步姿的端正和自然，遇到客人要主动礼让。

同步业务3-4

餐厅服务礼貌用语应用举例

How do you do?　　您好。

Glad to meet you.　　见到您很高兴。

You are welcome to dine in our restaurant.　　欢迎您到我们餐厅来。

How many people, please?　　请问一共几位？

Please come this way.　　请往这边走。

Please follow me.　　请跟我来。

Sit down, please.　　请坐。

Please wait a minute, I'll arrange it for you.　　请等一等，我马上给您安排。

Please wait a moment, your table will be ready right away. Please look at the menu first.　　请等一等，您的桌子马上就准备好。请先看看菜单。

Would you like to sit here? 您喜欢坐这里吗？

Excuse me, would you like to share the table with that lady? 对不起，您跟那位女士合用一台好吗？

Excuse me, is there any vacant seat? 对不起，这里有空位吗？

Excuse me, may I take your order now? 对不起，现在可以点菜吗？

What wine would you like to have? We have… 您喜欢喝什么酒？我们有……

Would you like...? 您喜欢……吗？

Would you like to try today's special? 请尝尝今天的特色菜好吗？

Would you like some dessert? 饭后您喜欢吃点甜品吗？

What else would you like? 请问还需要什么？

Sorry, it takes some time for this dish. 真对不起，这个菜需要一定时间。

Could you wait a little bit longer? 您能多等一会儿吗？

I'm very sorry, that dish is not available now. 真对不起，这个品种刚卖完。

All right, I'll contact the cook and see to it that you are satisfied. 我跟厨师联系一下，会使您满意的。

Sorry, this wine is only sold by glass. 对不起，这种酒只论杯卖。

How about a bigger one? 您看杯大一点好吗

Can I arrange a snack for you if time is pressing for you? 如果您赶时间的话，我给您安排一些快餐饭菜好吗？

Would you mind serving now? 现在上菜好吗？

I'm sorry to make you wait for such a long time. 真抱歉，耽误了您很长时间。

Excuse me, is it yours? 对不起，这是您的菜吗？

I'm really sorry. I'll do it again for you at once. 实在对不起，我马上为您重做。

Pardon me, I've made a mistake about your dish. I'm awfully sorry, please wait a few more minutes. 请原谅，我把您的菜搞错了。真抱歉，请再多等几分钟。

Sorry, I'll let you know when I make sure of it. 对不起，我问清楚马上就告诉您。

Would you like some more rice? 给您再添点饭好吗？

Anything else would you like? 您想再要点别的吗？

Would you like to have some fruit? 您喜欢吃点水果吗？

Is it enough? 您的菜够吗？

Did you enjoy your meal? 您吃得满意吗？

May I take away this dish? 我可以撤掉这个盘子吗？

Sorry to disturb you.　对不起，打扰您了。

Thank you for your help.　谢谢您的帮忙。

May I clear this table?　我可以清理桌子吗？

May I make out the bill for you now?　现在可以为您结账吗？

Please sign it.　请您签字。

Could you show me your room key, please?　请您出示房间钥匙。

Sign your name and room number on the bill, please.　请您在账单上写上您的名字和房间号码。

Sorry, you can't sign the bill here. Cash only, if you please.　对不起，我们这里不可以签单，请付现款好吗？

××Yuan in all, please. Thank you.　一共××元。谢谢。

This is your change.　这是找给您的钱。

I hope you enjoyed your dinner.　希望您吃得满意。

Thank you. Welcome to come back Again.　谢谢，欢迎再来。

资料来源　张四成.现代饭店礼貌礼仪[M].广州：广东旅游出版社，2004.

同步案例3-3

微笑也要有分寸

背景与情境： 某日华灯初上，一家酒店的餐厅里客人满堂，服务员穿梭于餐桌和厨房之间，一派繁忙的景象。这时，一位服务员向餐厅经理汇报，有客人投诉海鲜菜中的蛤蜊不新鲜，吃起来有异味。

这位餐厅经理颇为相信自己处理问题的本领和经验，于是不慌不忙地向投诉客人走去。一看，这不是老主顾张经理吗！他不禁心中暗喜，于是迎上前去一阵寒暄："张经理，今天是什么风把您给吹来了，听服务员说蛤蜊不大对您胃口……"张经理打断他说："并非不对胃口，而是我请来的香港客人尝了蛤蜊后马上讲这道菜大家千万不能吃，有异味，是变了质的海鲜，吃了非出毛病不可！我是东道主，自然要向你们提意见。"餐厅经理面带微笑，向张经理解释，蛤蜊不是活鲜货，虽然味道有些不纯正，但吃了是不要紧的，希望张经理和其余的客人多包涵。

不料此时，在座的那位香港客人突然站起来，用手指着餐厅经理的鼻子指责道："你还笑得出来，我们拉肚子怎么办？你应该负责，不光是为我们支付医疗费！"这突如其来的兴师问罪，使餐厅经理一下子怔住了，他脸上的微笑变成了哭笑不得的表情。到了这步田地，如何下台阶呢？总不能让客人误会刚才面带微笑的用意吧，又何况微笑服务是酒店员工首先应该做到的。于是，他仍旧微笑着做一些解释，不料，这次的微笑更令那位香港客人恼火，要罢宴。幸亏张经理及时拉住餐厅经理的衣角说："都是老朋友了，你马上换一盘嘛！"

餐厅经理也意识到了事态的严重，接着说："马上换！马上换！"说着到厨房去了。

资料来源　薛群慧，邓永进，庄新成.现代旅游接待礼仪[M].北京：北京大学出版社，2006.有改动.

问题： 餐厅经理的微笑服务被客人接受了吗？为什么？你认为如何处理更为

妥当?

分析提示: 餐厅经理此时的微笑服务给客人的感觉是:对出现的问题不重视,对客人不尊重,进而使香港客人大为恼火。

得知有客人投诉时,餐厅经理应高度重视,首先应迅速了解情况,代表酒店向就餐的客人进行诚挚的道歉,并征询客人的处理意见,作出相应的赔偿。其次应引以为戒,加强餐厅食品卫生安全管理,强化服务人员的服务意识,避免类似情况的发生。

3.5　饭店酒吧接待礼仪

酒吧是宾客休闲、娱乐、交际的场所。酒吧环境幽静、格调雅致,并伴有轻松的音乐,给宾客提供了一个优美的休憩环境。为了烘托酒吧的高雅氛围,酒吧服务员必须提供高标准的服务。

3.5.1　酒吧服务员

酒吧服务员在服务中应做到:

营业前5分钟就要以良好的仪表仪容,恭候客人的光临。

客人到来后,笑脸相迎,热情问候,并礼貌地引领客人到满意的座位就座。

恭敬地用双手递上酒单,站立一旁,听候客人的吩咐。开票时,上身略前倾,神情专注地按照客人的要求做好记录,并复述一遍,以防出错。

上酒水、饮料、食品时,一律使用托盘从客人的右侧上,以方便客人饮(食)用。

放酒杯时,不宜拿得过高,要从低处慢慢地送到客人面前。对背向坐的客人,上酒水时要提醒客人注意,以免碰翻酒水。

客人需用瓶酒时,在开瓶前应以左手托瓶底,右手扶瓶口,酒标面向客人,经客人查验确认后,方可当面打开瓶盖斟酒,使客人放心饮用。

斟酒时,要按先宾后主、先女后男、先老后少的次序进行,以示尊重与礼貌。

招呼客人接听电话时,要快步走到客人右侧轻声告知,并留心照看客人放在座位上的物品。

客人有事招呼时,应迅速上前服务,不得漫不经心。

客人示意结账时,尽快用托盘递上账单,请客人核查。客人付款时,要视情况小声唱收。如付款的客人醉了,则要当着他的同伴或邻座"唱票",以免发生纠纷和误会。

客人在酒吧逗留时间较长,无意离去时,只要不超过营业时间,切不可催促客人立即结账,也不可因客人点酒太少或喝酒时间太长而流露出不耐烦的情绪。

喝酒过多的醉客和已有醉意的客人,往往有失常和情绪激动的言行,对他们应耐心提醒,以礼相待。如发生意外情况,要保持冷静,及时向部门经理或有关部门反映,以便妥善处理。

客人离开时,要热情道别,提醒其查看有无遗忘之物,并致谢意,欢迎客人再次光临。

3.5.2　调酒师

调酒师在服务中应做到:

客人到吧台前,要主动微笑问候:"小姐(先生),晚上好!"

尊重客人的选择，按要求、标准严格操作。

讲究卫生，文明操作，摇晃调酒壶的动作要适度。

态度认真，不敷衍随便。

坚持站立服务，不背向客人，拿取背后的酒瓶时，应侧身进行，以示对客人的尊重。

对常来的客人要记住其姓名、爱好，热情地为他们提供喜爱的饮品。对熟客、女宾，不要显得过分亲热，以免引起其他客人的不满和反感，本着来者都是客的精神，做到一视同仁，真诚服务。

对孤单客人，为了不使他感到陌生、寂寞，可适当地陪他聊天，但要顺着客人的意思讲，以示尊重，不可喧宾夺主。

客人之间谈话时不可侧耳旁听，更不能打断插话。客人低声交谈时，应主动回避。

调酒时，不能将胳膊支撑在柜台上，不能双手交叉相抱或斜倚酒柜，更不能在吧台饮酒、吃东西，与同事聊天或看书、看报也是失礼之举。

宾客离去时，要热情道别，欢迎其再次光临。

同步思考3-3

一组"网络拼酒"的视频近日成了大家饭桌上的新谈资。从"一斤哥"、"二斤哥"，再到"五斤姐"、"八斤哥"，这些拼酒之人喝酒如喝水般一饮而尽，再加上微信等自媒体的传播，挑战者不断增加，拼酒成了继"冰桶挑战"之后的又一场网络狂欢。

这些拼酒之人，不顾个人健康奋力而战。这些人要么是为了证明自己能喝，是"真英雄"；要么是出于地域主义，为家乡"争光"，证明家乡人能喝。

"网络拼酒"之所以迅速传播，除了互联网和社交平台普及，为"隔空拼酒"提供了可能之外，更在于根深蒂固的酒文化。中国传统文化中，能武能饮是英雄豪杰的象征，酒量也成为衡量一个男人是否具备男子汉气概的标准之一。另外，无酒不成席，更让人们把酒当成了饭桌上的交际工具，喝酒多少成了友情忠诚度和感情深浅的考验标准。

资料来源　高博."网络拼酒"当被叫停[N].新华每日电讯，2015-01-05.

问题： 如何看待"网络拼酒"？

理解要点： 与之前的"冰桶挑战"不同，"冰桶挑战"是为慈善公益，"网络拼酒"是为"捍卫个人尊严"，是饮酒人的"面子"之争。这种自残式的"网络拼酒"不仅损害健康，也证明不了自尊和勇气。同时，那些在酒桌旁煽风、鼓噪的劝酒之人也应该被批评。这种"拼酒游戏"应该立即叫停。

3.6　饭店康乐接待礼仪

康乐部是为宾客提供健身、娱乐、美发美容等服务的部门。其特点是服务项目多，设施设备好，岗位分工细，人员相对分散，独立操作性强。为此，康乐部要全面提供高标准的服务。

3.6.1　游泳池服务员

游泳池服务员在服务中应做到：

端庄站在服务台旁，恭候客人的到来。

礼貌地递送衣柜钥匙和毛巾，引领客人到更衣室，并提醒客人妥善保管好自己的贵重物品。

加强巡视力度，时刻注意游泳者的动态，特别是老人和小孩，以免发生事故，这是对客人最大、最重要的尊重。

热情地为客人提供塑料软包装的饮料（不得使用玻璃瓶装饮料），以确保客人的安全。

客人离开时，主动收回衣柜钥匙，并礼貌地提醒客人衣物有否遗忘。

礼貌送客，并向客人表示谢意，欢迎其再次光临。

3.6.2　保龄球服务员

保龄球服务员在服务中应做到：

客人到来时，要表示欢迎，并把干净完好的保龄球鞋用双手递给客人。

帮助客人选择适当重量的保龄球，分配好球道，并送上记分单，主动征询是否需要协助记分。对初次来的客人，一定要根据他们的性别、年龄、体重等，帮助选择重量适当的保龄球，并详细介绍活动的步骤与方法，提醒客人注意避免发生扭伤等意外事故。

适时有礼貌地询问客人需要什么饮料，提供热情周到的服务。

活动结束后，要礼貌地收回保龄球鞋，恭请客人结账，道谢，礼貌告别，欢迎其再次光临。

3.6.3　健身房服务员

健身房服务员在服务中应做到：

笑脸迎客，礼貌问候。

主动热情地介绍器材、设备的性能和操作方法。如客人要求指导，应立即示范，耐心讲解。

有的项目（如网球、壁球、桌球、乒乓球等）客人需要陪练时，服务员可按有关规定，请客人在办理付费手续后陪练；客人如需协助记分，也要乐意相助，不可无故推托。

当客人在活动时，应特别注意客人的安全，随时准备保护，以防意外发生。

客人健身完毕，要礼貌送客，热情告别。

3.6.4　桑拿浴服务员

桑拿浴服务员在服务中应做到：

客人来到桑拿浴服务台时，要热情欢迎。

对新来的客人要主动介绍桑拿浴的方法与注意事项。

主动征询客人的要求，把温度控制选择盘转到客人所需要的温度上。

密切关注客人的动静，每隔几分钟从玻璃窗口进行观察，注意客人浴疗是否适宜，防止发生意外。

做好清洁工作，不时喷洒香水，提供干净浴具，以示尊重。

客人离开时，要提醒客人查看有否遗忘物品，并热情道别，欢迎其下次光临。

3.6.5　卡拉 OK 舞厅服务员

卡拉 OK 舞厅服务员在服务中应做到：

客人来到舞厅时，要热情接待，礼貌问候，并引领客人到厅房内适当的位置上。

迅速将酒水、食品从右侧送到客人的桌上，以示礼貌。

细心观察客人动态，以便提供所需服务，如添加饮料或热情回答客人的询问。

结束后，全体服务员到门口送别："女士们，先生们，谢谢你们的光临，再见！"或在扩音器里用温柔的语调表示感谢："欢迎各位再次光临，再见！"

3.6.6　美容员

美容员在服务中应做到：

在服务台设一名服务员负责迎宾工作。客人到来时应热情问候，帮助接挂衣帽，并将客人引领到理发的座位上；如已客满，应将客人引领到休息室，用托盘递上香巾让客人擦手，再送上当天的报纸或杂志，并向客人致歉："对不起，请稍等！"

严格按客人要求，神情专注地进行美发美容服务，操作时要尊重客人的意愿，切勿强加于人，以免引起客人的不安与反感。

美发美容完毕，要用镜子从后面、侧面帮客人验照发型，并礼貌地征求意见，或作必要的修饰，直至客人满意为止。

用托盘收款找钱，做到迅速、准确，并向客人致谢。

送客时，取递衣帽，礼貌告别，目送客人离去。

3.7　饭店商场接待礼仪

饭店商场是为宾客提供购物服务的场所。它具有其他旅游购物商场所不具备的方便条件，客人既可以充分利用空闲时间，就近在下榻的饭店商场内精心挑选称心如意的商品，又能在购物的过程中，再一次领略到高品质的接待服务。它与社会上的商场是有所不同的。

3.7.1　商场外部环境的塑造

1）招牌和门面

饭店商场一般设于饭店的公共区域内，其地理位置往往引人注目，因此首先应做好招牌和门面工作。

招牌就是商场的名字，一个好的招牌就是饭店的一面旗帜。它不仅是饭店信誉的象征，而且可以作为无形资产进行投资。一个好的招牌可以起到如下作用：反映经营特色，引发客人兴趣，引导与方便消费者。

门面是购物环境的重要组成部分，是商场经营风格和经营特色的体现。它包括商场招牌是否醒目，灯光是否明亮，色彩是否鲜明，门灯是否清洁等。如果商场所处饭店的公共区域装潢、设计都非常讲究，商场的门面设计也不应例外。

2）橱窗布置

橱窗是对外宣传的重要窗口。橱窗商品不仅能加深客人印象，而且能起到引导消费的作用。橱窗布置是一门综合性的装潢艺术，它既要与饭店公共区域的装潢风格协调，又要具有鲜明的特点，应在真实、美观、经济的原则下，以商品为主体，配合文字、图案和各式各样的陈列道具，布置出一个烘托整体风格的主体画面，做到构思新颖、主题鲜明。要根据季节、经营和产品推销所需来布置橱窗，以便客人有一种新鲜的感觉。

3.7.2　商场内部环境的塑造

1）灯光、声音、色彩和温度

商场内部的灯光、声音、色彩和温度等因素，可直接作用于消费者的感官，刺激消费者的购买欲望，影响消费者对饭店的印象；同时，也能改善商场员工的工作环境，使他们精神饱满地为客人提供服务。

（1）灯光

商场照明的基本要求是明亮、柔和、均匀。照明一般分为基本照明、特别照明、装饰照明三大类。基本照明，主要是在天花板上配置荧光灯，其光度视商场经营品种而定；特别照明，是商场的附加照明，是为提高柜台光度配置的，作用是充分显示商品外观光彩；装饰照明，是为点缀商场环境，渲染营业气氛而设置的。

（2）声音

商场地处饭店公共区域，人流量较大，且进出商场人员较杂，容易使消费者和商场员工心情烦闷、注意力分散，从而降低经营效果。因此，商场应安置必要的设备，降低各种噪声，保持饭店宁静、舒适的整体气氛。

（3）色彩

商场的色彩不仅要与饭店公共区域的色彩相配，而且要与出售的商品相协调。一般来说，商场色彩以淡雅明快为主，但也要因地制宜，要充分利用不同的色彩对人视觉产生的不同效果，改变客人的视觉印象。

（4）温度

商场的温度和饭店整体温度要相一致，使夏季购物凉爽宜人，冬季购物温暖如春。

2）柜台的布置

柜台是营业员的服务天地。精心布置柜台，创造一个良好的购物环境，可以使客人以愉快的心情从容选购，这就需要事先做好接待客人的各种准备。

（1）保持柜台的清洁

每天营业之前，要做好清洁卫生工作，把柜台和货架擦洗一遍，给人以窗明几净的印象。

（2）精心陈列商品

柜台陈列、商品陈列既要符合审美原则，具有整体感，又要考虑商品货架的合理设置，让营业员在工作时能得心应手，同时便于客人观看和选择。

货架的布置一般有两种形式：一是直线型布局，货架呈"一"字形摆开，给人以整齐划一的感觉；二是曲线型布局，货架有横有竖，有正有斜，错落有致，曲折迂回，营造一种活跃气氛，使商品显得丰富多彩。

货架定位后，要认真做好商品摆台。各种商品摆台要注意客人的购买心理，要易于其观望环视，便于其寻找选购。例如，日用品应摆放在明显、最易选购的位置上，一般安排在底层和出入口处。

商品摆台应考虑客人的观看习惯。一般来说，客人进入商场后，目光会不由自主地首先看向左侧，然后转向右侧，因此要将引人注目的商品摆放在左侧，以吸引客人的目光，促使他们购买。商品摆台还要适应消费者逛商场的行走习惯。外国人习惯于顺时针行走，中国人则习惯于逆时针行走。为此，可把一些购买频率较高的商品摆放在顺时针或逆时针的入口位置上，以适应不同客人的购买行为和心理需求，提高商品的展示效果。

商品摆台还要根据季节和节日的不同及时调整摆放的位置与格局，从而激起客人的购买欲望。

（3）商品要标明价格、产地、规格、型号

商品要明码标价，货牌上应写明产地、规格或型号。有些新产品还应采用其他宣传手段，让客人了解其性能和特色，为客人提供方便。

3.7.3　柜台销售的接待礼仪

1）主动迎客

主动迎客是指营业员站在柜台里，要眼观四面，耳听八方，脸带微笑，站立服务。一旦客人走近柜台，应微笑点头问候，目光亲切，鼓励客人放心挑选，在客人作出表示前一般不要轻易发问，留给客人的感觉必须是"我随时愿意为您提供服务"。一个称职的营业员还应该从客人的眼神中预测到客人的购买意图，从而更有针对性地做好接待工作。只有这样，才能真正称得上是"主动"。

2）热情服务

（1）礼貌答问

客人在购物时，由于对商品不熟悉，必然要向营业员询问各种问题，这是商业活动中的正常现象。营业员应做到：

要有热情，在回答客人的提问时，一般应面对客人，声音要轻柔，答复要具体。

要有礼貌，客人提出的各类问题，有些在营业员看来也许是多余的，但仍应礼貌回答，而不要顶撞客人。

百问不厌，客人的提问有时很复杂。同样的问题，客人会一问再问，有时几位客人会同时发问。而营业员的回答，客人有时也会听不懂或听不清。这时要多作解释，要有足够的耐心，沉得住气，这是商业工作者应有的礼貌。

实事求是，无论是介绍商品还是充当客人参谋，都应以诚为本，绝不夸大其词或弄虚作假，要严格遵守商业道德。

（2）一视同仁

这是商业活动的基本道德和基本原则，营业员要做到：

不以年龄取人，不以服饰取人，不以性别取人，不以职业取人，不以地域取人，不以国别取人。

（3）文明接待

在营业高峰时，应接不暇是难免的。营业员除引导客人排队购买、维持正常的营业秩序外，还应注意以下几点：

注意接待顺序，辨别先来后到，服务细致周到。

掌握好时间差，按照"接一顾二招呼三"的接待方式行事，使在场观看、待购的客人都能感受到营业员的亲切和对他们的尊重。

做好"安抚工作"，即维护购物秩序，安抚购物客人的情绪。

（4）当好参谋

客人的购物行为因人而异，会显示出不同的性格特点。营业员要充分了解客人的一般心理，另外还要当好客人的参谋，主动介绍商品的性能、特点，比较同类商品的特色，解答客人的疑问，帮助客人作出判断。

（5）得理让人

在接待工作中，营业员有时会碰到过分挑剔、提出无理要求甚至胡搅蛮缠的客人。遇到这类客人，营业员应做到：

态度冷静。越是在素质较差的客人面前，越要沉得住气，既要坚持优质服务，又不要因生气而降低服务质量。营业员的模范服务行为其实是对客人无理要求的最好批评。

理直气和。即使客人态度激动，营业员仍要说话和气，礼让三分，绝不可"以牙还牙"。营业员要学会以理服人，而且要善于说理，使客人感到温暖如春。

3) 礼貌送客

客人离开柜台时，要致谢道别，目送客人离去。

对提拿大件物品的客人，应关切帮助。

对老、弱、病、残、幼客人，要倍加照顾，在其提拿物品离开柜台时，要特别提醒关照，以示体贴。

总之，一位讲究礼仪的商场服务员，应该做到：主动微笑迎客，给人以亲切感；使用敬语待客，给人以温暖感；实事求是地介绍商品，给人以诚实感；热心为客人当好参谋，给人以信任感；热情礼貌地送别客人，给人以留恋感。只有这样，才能真正做到文明接待，优质服务。

> **同步业务3-5**

饭店商场服务礼貌用语应用举例

Welcome sir.　　　欢迎您，先生。

What can I show you?　　您要买点什么？

Please wait a moment.　　请您稍等一下。

Sorry to have kept you waiting.　　对不起，让您久等了。

Is there anything else you'd like to buy?　　您还需要别的东西吗？

Please come again.　　欢迎您再来。

资料来源　张四成.现代饭店礼貌礼仪[M].广州：广东旅游出版社，2004.

3.8　旅行社接待礼仪

旅行社是指以盈利为目的从事旅游业务的企业。它不仅是旅游者与旅游对象的中介，而且在不同旅游企业之间起着联络和协调作用。旅行社服务岗位主要有导游员、门市部业务员、旅游景点讲解员等。

3.8.1　导游员

导游员在接待工作中应做到：

（1）仪态举止应自然大方，稳重高雅，充满活力，给人以亲切感和可信任感。

（2）仪容应保持端庄整洁，女性导游员不宜浓妆艳抹。

（3）在工作中应穿制服或比较正式的服装，佩戴导游证。女性导游员不宜穿过短或过长的衣裙。

（4）在与游客交谈时，态度应热情、庄重，表情应大方、自然，目光应坦率、诚实，话语应文雅、得体。

（5）要尊重不同国家、地区和少数民族游客的风俗习惯，尊重他们的宗教、民族信仰。

（6）应提前到达接团地点或集合地点，并将导游旗或其他标志向游客展示。

（7）见到游客应主动、热情地打招呼。游客上下车时，应站在车门前迎候，对上下车不方便的游客，应主动相助。

（8）在清点游客人数时，切忌用手指点游客。应热情、友好地向游客致欢迎词。游览活动结束后，应对游客的合作表示感谢，礼貌道别。

（9）在车上和景点作讲解时，应面对游客，语言清楚、准确，声音柔和、适中，语调轻松自然、富有情感，忌用命令式口吻。讲解词一定要准确，不能开政治玩笑，不能胡吹乱扯，更不能为了哗众取宠说一些黄段子。

（10）当游客对导游员的工作提出意见或要求时，应做到认真倾听，耐心解释，以理服人，尽量满足游客的合理要求。

（11）陪同客人观看文娱节目时，要做好节目介绍；文娱活动结束后，应将客人送至宾馆休息。

（12）送团时，要提醒游客带好证件及贵重物品，并有礼貌地致欢送词，感谢旅客的合作，表达友好惜别之情，欢迎其再次光临。

3.8.2 门市部业务员

门市部业务员应做到：

（1）在岗位上必须按规定着装、佩戴胸牌；要保持个人清洁卫生，保持仪表仪容端庄。

（2）接待客人要讲文明礼貌，做到不敷衍、不推诿、不顶撞、不争吵。与客人说话时，目光应朝向对方脸部，提供微笑服务。

（3）对客人提出的旅游和机票等问题，必须立即作出正确回答，并伴以介绍和报价，直至帮助客人挑选旅游产品。如果在接待客人的过程中需接听电话，应该先向客人打招呼；电话结束后，再向客人表示歉意。

（4）对客人提出的需求，无论营业部有无能力解决，销售人员都需从帮助客人的角度予以答复，并伴有行动上的表示。

（5）客人随意浏览旅游宣传品时，销售人员应注意观察，揣摩其需要和特点，寻找接近的时机和方式，以便进入交谈过程。

（6）电话铃响，应立即接听。对于客人的电话咨询，要耐心解答，不厌其烦。

（7）客人较多时，要招呼其他客人先坐下，或将有关资料先呈上让他们查阅，然后按先后顺序予以接待，务必使客人不受冷落。

（8）在确定客人的行程计划时，要尽可能按客户的要求提供服务。对特殊要求可再重复一下，以示确认。对需填写出国（境）旅游申请表的客人要详细告知注意事项，免得增加客人不必要的往返。

（9）客人挑选旅游产品后，销售人员需按种类和价格迅速结算，让客人付款。现钞要当面点清。收款后应将机票、零钱、身份证件等交给客人清点，并当面向客人交代清楚。当客人支付现金时，应该及时辨明钱币的真伪，防止假钞流入。

（10）当客人道别时，应起立并致谢和祝愿。

（11）当接到客人投诉时，应耐心倾听，并详细记录客人的要求，告诉客人会尽快与有关部门联系解决；事后及时把投诉处理结果告诉客人，要以真诚的态度赢得客人的信任。

3.8.3　旅游景点讲解员

旅游景点讲解员要做到：

（1）着装整齐规范，佩戴胸牌，保持仪容仪表端庄，女性略施淡妆，接待始终精神饱满。

（2）客人到来时应面带微笑，热情问候："小姐（先生）您好，欢迎光临……"

（3）按客人逗留时间长短安排参观路线，对客人的合理要求，应尽可能予以满足，同时妥善处理旅游过程中发生的各种情况。

（4）讲解符合参观者的要求，内容准确、生动、简练，口头表达清晰，普通话标准。一定要注意：讲解不能东拉西扯，胡乱联系；对景点的介绍不夸张、不贬抑，更不能为了引起游客的兴趣而瞎编乱造，甚至开政治玩笑、说黄段子。如果自己的讲解词中出现与历史年代或人名不符的情况，经游客纠正后，要虚心接受，诚恳道谢。

（5）不冷落客人，耐心回答客人提出的问题。

（6）参观结束后，请参观者提出宝贵意见，并欢迎他们有机会再来。

3.9　旅游车队接待礼仪

3.9.1　站点调度员

站点调度员应该做到：

（1）仪表整洁，着公司识别服，佩戴调度胸卡。

（2）车辆按序秉公调派，不徇私情。

（3）对老、弱、病、残、孕等特殊乘客优先供车。

（4）文明礼貌，扶老携幼，开关车门。

（5）遇到乘客携带大件、多件行李时，要主动协助其提拿、安放。

（6）做好调派记录及乘客失物的登记。

（7）保持站点环境整洁，维持站点候车秩序，制止营运驾驶员违反客运规定的行为。

（8）不在车内与驾驶员闲聊，不脱岗，上岗时不吸烟。

（9）按规定做好出市境用车登记手续。

（10）不得索要小费。

（11）做好交接班、台账记录和职责范围内的其他工作。

3.9.2　驾驶员

驾驶员应做到：

（1）车辆整洁人精神。车况良好，设施、技术性能完好。车容优美、整洁，符合营运规范要求。

驾驶员（包括旅游线导游员）要仪表端庄整洁、精神饱满。营运时应统一穿着公司识别服，不佩戴首饰。男士头发不过耳，不留胡须；女士头发不披肩，不染彩发。岗位上尤其在客人面前避免打呵欠、打喷嚏、撩头发、挖耳鼻等不文明动作。站立服务不依不靠，行走保持轻快节奏。

（2）微笑迎客。与客人相遇时，面带微笑；目光接触时点头示意，说话亲切，音量适中，问答规范，简洁明确。

大客车及接团车驾驶员在客人上车时，要坚持在车门旁站立迎接，身体挺直，双手自然下垂或交握在前。

（3）对老弱病残孕客人要热情、细心、周到；客人上下车时，应主动搀扶。

（4）遇初次服务的客人，应主动介绍情况，自报姓名、工号和单位，并说"欢迎乘坐××汽车，我们将竭诚为您服务"。与客人对话要保持一定距离（1米左右），姿势自然，称呼得当，语调热情，态度大方，使用"您好"、"请"、"谢谢"等敬语。

（5）旅客上下车时（或迎送客时），应主动为客人提携行李包。

（6）每辆车按车型配备公司统一制作的服务伞。逢雨天客人上下车时，要为客人遮雨或提供借伞服务。

（7）客人下车离去时要做好提醒服务，关照客人勿忘随带物品，并说"请走好，再见"。

▶ 本章概要

□ 内容提要

本章简要阐述了旅游行业主要岗位接待礼仪的概念。旅游接待礼仪是旅游服务的"软件"，是衡量服务质量的最重要标志，是指在旅游行业服务工作中形成的，并得到共同认可和理解的仪式。

本章还详细描述了饭店前厅、总台、客房、餐厅、酒吧、康乐、商场与旅行社、旅游车队等岗位的礼仪规范和中英文礼貌用语，并通过各项专栏使其形象具体，好学好记。

□ 主要概念和观念

▲ 主要概念

接待礼仪

▲ 主要观念

旅游行业所有岗位的接待都应该礼貌服务，尊重、关心客人，做到宾客至上，讲究接待的方法和艺术，符合本国国情、民族文化和当代道德，尊重别国风俗习惯和宗教仪式，尊重妇女。只有这样，才能使客人有宾至如归的感觉，从而更好地树立个人和企业的形象，赢得更多回头客。

□ 重点实务

饭店大门迎接礼仪　总台接待礼仪

▶ 基本训练

□ 知识训练

▲ 复习题

3.1　为什么说总台是旅游饭店的"神经中枢"？

3.2　餐厅服务有哪些特点？

3.3　旅游饭店的大厅迎接员应如何迎接客人？

3.4　旅游饭店的行李员应如何送别客人？

3.5　旅游饭店的商场服务员应如何做到文明接待、优质服务？

▲　讨论题

3.1　饭店一般规定客人必须在中午12点前退房，超时要加收半天房费，多数客人对此有意见，你怎么看？

3.2　客人投诉菜里有一根头发，此事应如何处理？

3.3　客房服务员打扫房间时发现少了一条毛巾，后在垃圾袋中发现，但已被客人当做擦鞋布使用，沾染了黑鞋油，客房服务员应该怎么办？

3.4　客车离开休息区，已经开上了高速公路，导游发现少了一位旅客，如果你是导游，应该采取什么措施？

□　能力训练

▲　理解与评价

3.1　2014年11月14日傍晚，李先生在××酒店的金桥店办了入住手续，房费202元/天。拿着房卡进电梯时，刷了几次无响应。到前台换了一张卡，仍然无效。几番周折后，服务员换了一间房，才解决了问题。进了房间，李先生打开电视机，发现画面模糊，打电话给前台，回答是"每个房间都这样，这儿信号不好"。接着，李先生又发现手机无法连接 WiFi，于是到前台要求退房并退回预付款。前台服务员说，李先生进房已经超过10分钟，不能退房费。李先生很气愤，进行了投诉。

资料来源　根据相关资料编写.

问题：入住超过10分钟酒店就不能退房费合理吗？这件事如何解决比较好？

3.2　2015年1月15日，张老伯和老伴去菜场买菜，在路边看到有个卖大闸蟹的摊位，4只蟹扎成一串，只只壳青肉肥。摊主说："今天促销便宜卖，80元一斤！"张老伯挑了一串，摊主爽气地说："收你88元图个吉利！"回到家，张老伯解开扎蟹的绳子洗蟹，顺便把绳子称了下，竟然有100多克。"便宜卖"的大闸蟹，连捆扎的绳子也卖了蟹的价钱。张老伯连忙去找这个摊主，摊主已无影无踪。

资料来源　根据相关资料编写.

问题：这位摊主的行为属于什么性质？这种事很常见，你认为该如何杜绝？

▲案例分析

这位客人为何不高兴？

背景与情境：某天中午，一位下榻酒店的外宾到餐厅去用餐。当他走出电梯时，站在梯口的一位女服务员很有礼貌地向他点头，并用英语说："您好，先生！"

客人微笑地回答："中午好，小姐。"

当客人走进餐厅后，引宾员讲了同样的一句话："您好，先生！"

那位客人微笑地点了一下头，没有开口。

客人吃完午饭，顺便到饭店内的庭园去散步。当走出大门时，一位男服务员又是同样一句话："您好，先生！"

这时这位客人只是敷衍地略微点了下头，有点不耐烦了。

客人重新走进大门时，迎面遇到的仍然是那位服务员，又是："您好，先生！"客人无奈地摇摇头，一声不吭地进了电梯。

问题：这个酒店的服务员每次遇到这位宾客都打招呼问好，外宾为什么不高兴？

分析要求：（1）形成性要求：学生分析案例提出的问题，拟出《案例分析提纲》；小组讨论，形成小组《案例分析报告》；班级交流，相互点评和修订各组《案例分析报告》，在校园网的本课程平台上展出经过修订的《案例分析报告》，供学生相互借鉴。

（2）成果性要求：以经班级交流和教师点评的《案例分析报告》为最终成果。

▲ 实训操练

3.1 实训项目：饭店大门迎接员迎宾，问候、引宾和送客的礼仪

实训要求：将班级学生分成若干小组，以本章"重点实务"中前厅大门迎接员的迎宾、问候、引宾和送客作为操练项目，模拟饭店旅客和服务人员，体验大门迎接员的礼仪和接待方法。

实训步骤：

（1）将班级学生分为若干小组，每组确定1人负责。

（2）各组学生参照"3.1.1"大门迎接员迎宾、问候、引宾和送客的礼仪规范进行情境设计，并结合情境设计进行旅客和迎接员的角色分工。

（3）各组以本章实务教学中"3.1.1"大门迎接员礼仪规范为接待方法，以"情境设计"中的"背景"为基本情节，模拟角色操练，体验本项目实训的全过程。

（4）各组学生交换分工，再次体验本项目模拟实训过程。

（5）各组学生记录本次模拟实训的主要情节，总结实训操练的成功经验，找出存在的问题及解决办法，在此基础上撰写《酒店迎接员实训报告》（以下简称《实训报告》）。

（6）在班级讨论交流，相互点评与修订各组的《实训报告》。

（7）在校园网的本课程平台上展出经过修订并附有教师点评的《实训报告》，供学生相互借鉴。

3.2 实训项目：总台接待礼仪

实训要求：将班级学生分成若干小组，以本章"3.2饭店总台接待礼仪"中服务员接待宾客入住、问讯、订房、结账等为操练项目，模拟饭店总台服务人员和旅客，体验总台接待人员的礼仪和接待方法。

实训步骤：

（1）同3.1实训步骤（1）。

（2）各组学生参照"3.2.1—3.2.7"接待员、问讯员、订房员、结账员、外币兑换员、商务中心文员、话务员的接待礼仪规范进行情境设计，并结合情境设计进行旅客和各服务员角色分工。

（3）各组以本章实务教学中的"3.2.1—3.2.7"接待员、问讯员、订房员、结账员、外币兑换员、商务中心文员、话务员的礼仪规范为接待方法，以"情境设计"中的"背景"为基本情节，模拟角色操练，体验本项目实训的全过程。

（4）同3.1实训步骤（4）。

（5）同3.1实训步骤（5）。

（6）同3.1实训步骤（6）。

（7）同3.1实训步骤（7）。

□善恶研判

有毒的火锅

背景与情境：上海淮海路著名的女士用品商店附近有一条小马路，长不过百米，是一条与吴江路齐名的休闲小吃街。不光老字号乔家栅糕团店、鲜得来排骨年糕店、宁波汤团店在此扎营，深受青年人喜爱的麻辣烫、四川火锅也有好几家。2013年12月其中一家生意兴隆的豆捞坊爆出长期使用地沟油和罂粟壳，还把客人吃剩下的食材重复使用，该店因此受到查处。但网上也有人为其打抱不平，说该店的汤料鲜美，菜肴价格便宜，吃了还想吃，甚至有网友发出奇谈怪论："汤都一再沸腾了，有细菌早杀死了！""不干不净，吃了没病，我常去吃，没事！"

资料来源　根据《解放日报》、《新民晚报》及网上相关资料编写.

问题：火锅店为了追求利润，就使用地沟油、罂粟壳，重复使用剩菜，这样的经营能容忍吗？你对网上的言论怎么看？

研判要求：（1）形成性要求：学生分析案例提出的问题，拟出《善恶研判提纲》；小组讨论，形成小组《善恶研判报告》；班级交流、相互点评和修订各组的《善恶研判报告》；在校园网的本课程平台上展出经过修订并附有教师点评的各组《善恶研判报告》，供学生借鉴。

（2）成果性要求：以经过班级交流和教师点评的《善恶研判报告》为最终成果。

第4章　会展服务礼仪

● 学习目标

通过本章学习，应当达到以下目标：

职业知识：学习和把握会展的概念、特点，会展服务礼仪的含义，会展场所布置和装饰礼仪的原则、方法，会展服务的礼仪和方法等理论和实务知识；掌握礼仪知识在会展服务中的应用，并能用其指导相关认知活动，规范相关技能活动。

职业能力：掌握会展场所布置、装饰和服务礼仪，能以相关礼仪知识点评岗位服务中不符合接待礼仪要求的行为，评判相关案例，培养在特定情境中分析问题的能力与评价力；通过会展各服务岗位的礼仪操作，训练相应专业技能。

职业道德：结合本章"职业道德与企业伦理"专栏和"基本训练"的"善恶研判"等教学内容，依照行业道德规范或标准，分析、评判本章业务情境中企业或企业从业人员行为的善恶，强化其职业道德素质。

引例：冷清的展台

背景与情境： 某公司参加了一场本市组织的中小企业国际展览会，并通过多方努力占据了展区内非常有利的位置。公司派出了一名市场部经理，并由其带五名新员工布置展台。公司产品的外观包装十分精美，可是不易堆砌，因此被工作人员比较随意地摆放在展台上。只要有观众走近展位，身着便装的工作人员都会积极主动地走上前去详细地介绍。当观众离去时，工作人员会客气地说"再见"，转身之后跟同事低声说"又是一位看了而不下订单的顾客，服务效果等于零"！市场部经理看到这种情形只是一笑了之。为期三天的展会结束后，公司仅获得几份可怜的订单，远远不及同类产品其他展位的企业。

资料来源　http：//wenku.baidu.com.

问题： 该公司工作人员哪些礼仪不到位？

分析提示： 这个公司的市场部经理和工作人员不注意公司的整体形象与个人形象，展示的物品虽然精美，但摆放过于随意；工作人员的着装也不符合礼仪的基本要求，应统一着装，身着本单位的制服或西装、套裙。在服务过程中，应尊重顾客，微笑服务，即使未下订单，也不能窃窃私语，引起顾客反感。

随着改革开放的深入，我国经济实力迅速增强，越来越多的国际化、专业化、品牌化会议和展览在我国举行，不但上海、北京、深圳、广州等特大城市的国际会议和大型展览不断，大中城市也常常承接大型会议和展览。加上国家级、省市级各种各样的专业会议和展览，会展业已成为我国现代服务业中欣欣向荣的朝阳产业。20多年来，会展业在我国获得了巨大发展。从1999年世界500强"财富"论坛在上海成功举行，2001年上海承办APEC会议，2008年北京承办奥运会到2010年上海承办世博会，2014年北京又承办APEC会议，一次次重大国际会议的成功举办，吸引了众多国际政要，商务、学界知名人士参加，既助推了中国经济的腾飞，也彰显了我国新兴大国的形象。

目前，会展业已由传统的商品展示向立体式、多方位创立品牌转变，开始倡导体验式会展布置，让国际、国内企业更好地相互交流，让参观者能得到视觉、听觉、触觉的全方位体验。

4.1　会展服务概述

会展服务虽然与其他服务产品在性质上是相同的，但它提供的是更高品位、更高档次的服务。会展服务的特殊性决定了这种产品具有综合性、无形性、情感性、不可转移性、不可储存性、生产与消费的同步性以及差异性等特点。

4.1.1　会展服务的概念

"会展"是一个复合词语，一般来说，包括会议和展览两大部分。本书的展览原则上不包含以实物销售为主的展销。

会展服务的概念有狭义和广义之分：狭义的会展服务，专指为各类会议、展览的举办提供一系列相关的服务并从中获取一定的收益；广义的会展服务，是指为各类会议、展览和各种活动提供全方位的服务并从中获取一定的收益。本书的内容主要是指前者。

同步案例 4-1

会展业的繁荣带动了相关产业的发展

背景与情境： 从2001年1月至2007年7月，上海先后举办了595个展览会，并以每年20%以上的速度递增。会展的繁荣带动了一系列相关产业的发展，欣欣向荣的会展业加快了上海国际化大都市的建设进程。会展经济为上海酒店、旅游业带来了更多商机。2001年上海国际会议中心的会议、客房、餐饮营业收入比2000年增加了39%。2001年上海会展交易额达550亿元，会展直接收入为18亿元，占全国的45%，直接从事会展工作的人员超过4 000人。以浦东为例，2001年上半年，在浦东召开的各类会议有407次，其中包括IBM年会、APEC部长会议等国际会议30余次。同期，浦东旅游收入超过15亿元，同比增加3成；接待游客734万人次，同比增长62%。2010年上海举办了世博会，在5个多月的展期中，全世界200多个国家和机构参展，7 000多万人次参观，从而为上海的经济和相关产业的大发展提供了助力，也为上海赢得了国际会议中心的赞誉。现在，上海每年举办的国际会展数已接近德国。2015年3月，总建筑面积147万平方米、共16个展馆的国家会展中心（上海）建成使用，第23届上海国际广告技术设备展览会开幕，上海新国际博览会也相继开幕。浦东浦西会展"两翼齐飞"，三大展览人气爆棚，盛况空前。上海已成为名副其实的国际会展中心之一。

资料来源 根据相关资料整理.

问题： 上海会展业为什么会如此繁荣？

分析提示： 上海会展业的蓬勃发展，反映出鲜明的时代特征：一是上海经济活跃，吸引着中外工商机构以"会展"探路，纷纷开拓商机；二是上海展览业已形成五大场馆格局，做大、做强上海展览会规模，改变了许多年来因场馆小而散限制上海展览业发展的局面；三是与高新技术产业、都市产业和支柱产业相关的展览会应运而生，采取了展会结合、展中有会、会中有展、以展带会、以会促展的做法。四是一些与市民时尚生活贴近的展览会，如房地产展、建材展、国际家具展、食品博览会与卡通画展等，也显示出了巨大的活力。

4.1.2 会展服务的特点和内容

1）会展服务的特点

（1）综合性

首先，构成会展服务产品的因素具有多样性，由硬件（设施、设备）与软件（服务）等诸因素构成。

软件的服务部分，包含了服务项目、服务态度、清洁卫生、安全保密、仪表仪容、言行举止、服务人员的知识及技术素质、沟通能力与应变能力等内容。

其次，客人所购买的是一次完整的情感经历，这就要求生产和提供产品的每一个企业、每一个部门、每一个岗位以及生产过程中的每一个时刻，都要提供优质服务。

（2）无形性

产品有两种存在形式：一种是以实物形态存在的物质产品，如作者的书、画家的画、饭店提供的菜肴等，都是有形产品；另一种是以员工的"活劳动"形式提供的服务产品，如演员、医生、教师以及会展服务人员等提供的服务。

（3）情感性

会展服务是一种精神产品，客人购买的是"情感经历"，而情感具有强烈的主观感受，且每个人感受不一样，正所谓"公说公有理，婆说婆有理"。因此，会展服务产品缺乏客观的细化与量化标准。

（4）不可转移性

会展服务产品所依赖的设备、设施、环境气氛，不仅在时间上不能储存，在空间上也是不能转移的。会展服务产品的流通不能以物流形式出现，而只能以信息的传递、客人的流动等形式表现出来。

（5）不可储存性

会展服务产品"生产"的结果不以具体的实物来表现，其所形成的效用需要在"使用"时才能显示出来。会展服务产品不可能像有形产品一样被储存起来以便未来出售。会展服务的时间性很强，客人只能在规定的时间内使用它，如不使用，它的效用所体现出来的价值将随时间的消失而消失，且永远无法补偿。如李先生预订了 2014 年 5 月 10 日上午的中心会场却未能使用，事先也未打电话取消预订，那么他虽未使用，但预付的中心会场定金却不予退还。所以说会展服务产品的效用和价值不仅固定在空间上，而且也固定在时间上。

（6）生产与消费的同步性

对于会展服务产品，生产者与消费者直接发生联系，生产过程同时也是消费过程，两者在时空上不可分割，即生产与消费具有同步性。会展服务人员向客人提供服务时，也正是客人消费此项服务的时段。这种生产与消费的同步性，使得客人在决定购买和消费产品之前无法检查与验证产品的质量，导致在做购买决策时会出现风险与疑虑。

（7）差异性

会展服务是精神产品，不同的服务员为不同的客人提供同一种服务，很难采用统一标准。同一个服务员提供的同类服务也会在不同时间、不同场合因员工的个人情绪以及处理人际关系的技巧不同而产生服务质量差异。对于同一服务，也会因为客人的阅历、经验、性别、情绪的个性差异与其所处社会的文化差异等，导致主观感受与主观评价不同。

（8）保密性

这是会展服务比其他服务要求更高的地方，因为会展服务人员在工作中会接触大量机要事务。如会议的机密文件、电文资料、技术参数等，要特别注意，不该看的不看，不该问的不问，知道的不能向他人泄密。在服务工作中，要注意言谈举止、内外有别、严守秘密。

2）会展服务的内容

会展服务是围绕会展活动的整个过程进行的，主要包含会展服务与会展接待两个方面。一般来说，接待工作在两头，服务工作在中间，它们是一个整体，环环相扣，不能脱节，对哪一环都不能掉以轻心。

当前，我国的一些企业集团或综合性行政部门根据实际需要、参照国外的先进经验，已成立了专门的会展服务机构，专司会务、接待等一揽子服务。有的省市针对会展服务的特点，专门设立了一条龙服务机构，也出现了"会务服务公司"、"会议代理"等新形式，各方协同作战，收到了很好的效果。会展服务的主要内容有：

（1）会前准备

如会议通知、会场布置、会议编组、证件制发、交通、食宿安排、安全保障等。

（2）会间工作

如人员签到、迎宾入座、文件印发、会议记录、参观引导、会场制度、现场指挥、生活服务等。

（3）会后收尾

如票务安排、文件清退、财务结算、会场清理等。

总之，现代的会展服务已不再是迎来送往、泡茶倒水等事务性工作，而是涵盖了与会展服务工作相关的全部内容，即从会展的接洽到接待、引导、提供咨询、安排休息、引宾入座、会间服务、餐饮招待、环境介绍、设备使用、参观游览、票务安排以及其他特殊需要的服务，因此，会展服务是全方位、立体化的服务。

4.1.3　会展服务礼仪的含义

会展服务礼仪，是指会展工作人员在参加或组织会展的活动过程中，用以维护国家、民族、企业和个人的良好形象，对交往对象、参观者表示尊重和友好的行为规定及准则。

会展服务礼仪与一般礼仪相比，除相同的个人仪表、礼貌语言、言谈举止等人际交往的规范外，重要的是一定场合中的仪式程序和特殊规则，如会场的布置、席次的排列、发言的先后、就餐的座次、礼品的筛选等，都有严格的规定和习惯，不能失礼、失仪。

同步业务 4-1

"三声"、"三到"

"三声"和"三到"是会展服务中对接待对象热情友好的具体表现。

"三声"指"来有迎声"，无论在什么工作区域，对来访的陌生人要热情地招呼；"问有答声"，无论来访者所提出的问题是否与你有关，你都要做出相应的回答，即有问有答，"去有送声"，当来访者离去时应主动与之道别。

"三到"指"眼到"，在与人交谈时要注视对方，给别人一种认真倾听的感觉，一般应注视对方的头部，强调重点时要看对方的眼睛；"口到"，是指讲普通话，对外宾要讲外语，至少能用外语问候对方并进行简单交流；"意到"，即用适当的表情来待人接物，最常见的是自然大方的微笑，以表示对宾客的热情友好。

4.2　会展场所布置和装饰礼仪

4.2.1　会展场所布置和装饰的原则

1）安全、方便

会展一般都具有场地相对狭窄、人流相对集中的特点，所以场所布置和装饰首先要考虑人员的安全、展品的安全。场所一定要尽可能宽敞一些，使人流活动比较方便，保证出入畅通。建筑和布展的材料一定要坚固、防火，电路一定要保证安全。参观线路要单向顺畅，不致在人流集中时发生对冲、拥挤。展台的布置要封闭与半封闭相结合，大型展品的摆放要稳固，不能阻碍通道，电视机、录像机不能正对门道，以免引起参观者滞留，阻塞通道。

2）实用、美观

由于一般会展的时间都不长，所用场馆常需临时搭建，即使使用大型固定场馆办展或开会，也要临时加以装饰和布置，以适应会展主题的要求。因此，会展场所的布置和装饰既要适当美化，更要讲求实用，不能贪大求洋、讲究唯美，从而提高成本，造成浪费。展台的布置，亦应贯彻突出主题、简洁朴素的原则，做到标志鲜明、色彩亮丽。

3）彰显特色

会展场所的布置和装饰是会展服务的载体，一定要符合会展内容和主、客体的要求。从主办方来说，要尽可能彰显民族特色、地方特色。会议接待场所如能在布置和装饰方面使用具有民族特色和地方特色的物品、艺术品，既可以为本国、本地区、本民族的民族、民间工艺品的推广提供平台，也能使外地或境外的宾客感到新鲜、亲切。2014 北京 APEC 会议会场布置和装饰是一个很好的范例。

> **同步案例 4-2**

朴实隆重，承载大国风范

背景与情境： 2014APEC 北京峰会会场与国宴布置总策划师赵春阳说，APEC 北京峰会的基调是朴实隆重，要把这次峰会当成一个载体，用以唤醒中国传统文化和民间工艺的老字号、老品牌，布置和装饰必须体现大国风范，让大师和企业的作品成为大国之礼。参与相关工作的有西泠印社篆刻名家费名瑶、紫砂大师吕尧臣、苏绣大师卢福英、福建红木大师黄福华等。从递送给领导人的请柬、签署各项文件的签字笔、国宴会场的屏风、插花、晚宴的菜单、领导人休息室里的台灯到领导人穿的"新中装"，一件件精美朴实的物品，都承载着中国传统文化的精华元素，由 10 多位艺术大师、40 多家企业组成的团队共同完成。比如，请柬用的是中国传统的册页形式，封皮是米黄锦缎配以云锦图案，行楷体"请柬"二字由 93 岁的书画大师陈佩秋书写，内页的画出自国画大师谢稚柳，与雁栖湖的景色相得益彰；印制请柬内页的纸张，用传统手工制作的五层宣纸经反复裱制而成；签字笔是我国著名品牌 18k 金英雄笔；台灯的样式是仿"汉唐宫灯"，由 0.3 毫米厚的骨磁薄片制成，磁片上还烧制着陈佩秋先生的画竹⋯⋯APEC 北京峰会的布置和装饰不仅诠释了中国传统文化与传统工艺，还开创了一个政府、企业、艺术家协力合作，打响中国元素、中国品牌的先例。

资料来源 张懿.大国之礼海纳百川——上海团队揭秘 APEC 北京峰会会场布置幕后事[N].文汇报，2015-02-06.有改动.

问题： 该案例对会展布置与装饰有何启发？

分析提示： 第一，APEC 北京峰会是我国成为第二大经济体后承办的第一次大型国际会议，有十几个国家的元首、政府首脑、经济体领导人和他们的夫人参加，中国必须当好东道主，所以布置和装饰的物件都力求体现中国民族特色、大国风范，大到会场地址（雁栖湖、鸟巢），小到签名笔、请柬、台灯，无不与传统文化和著名民间工艺相关。第二，地方举行会议、单位举行会议，则应充分发掘本地区、本单位的文化元素，充分运用现成资源，体现地方或单位特色。只有这样，才能把会展当成一个载体，为本地区、本单位的产品服务，体现本地区、本单位特色，宣传自己、愉悦客人。

4）优化环境，杜绝污染

举办会展，不论是国际的、大型的，还是国内的、中小型的，往往都要进行或多或少的场所建设和布置、装饰，对环境必然有所影响，对周围的交通、绿化、噪声、光电等会造成一定的困扰。不能因为会展对经济有利就不顾环境，要尽一切可能优化环境，杜绝污染。首先，要力求旧物利用，力避大拆大建，要优化周边环境，如改善交通、增加绿化；其次，要避免大功率空调、强光对周边居民的影响，建筑垃圾、生活垃圾要及时清运。

5）遵守规定，不超标准

21世纪以来，我国的法制建设成绩显著，过去很少有法律规定约束的建筑、建材、会议室、办公室、食宿标准都有了相当具体的规定，会展场所的布置、装饰以及会议室用具等都应遵守相关规定，不能超出标准。地方性的不能跟国家的攀比，单位举办的不能跟省、市级别的攀比，小到签名簿、签名笔，大到会议用车、休息室的布置，都应简单朴素，厉行节约，不超标准。那种为接一次外宾或领导就进口一辆高级轿车，接待外宾或领导就对会议室、接待所进行豪华装修的做法必须坚决避免。

4.2.2 会展场所布置和装饰的方法

1）门厅、入口大厅、过厅的布置和装饰

（1）门厅是重要的"交通枢纽"，人流频繁，来去匆匆，所以空间要大。门厅内适宜采用体型较大、观赏性较强的绿化或艺术品陈设。

（2）入口大厅要给人以亲切、温暖、美好的感觉，不论采用什么格调，都应保证空间明亮。入口大厅的家具主要是沙发，应排列组合放置于中心或一侧，它们的形式和体量以不妨碍通行为前提，并与门厅的大空间相协调。

（3）过厅是客人在通行流动中驻足的场所，空间应采用流畅的处理手法，布置也应力求简洁，墙角可适当布置盆栽，略作点缀，以减轻平淡感。

2）餐厅、宴会厅、酒吧的布置和装饰

（1）餐厅要求环境安静、舒适。餐桌的造型、结构都要符合人体工程学的要求。在餐厅入口处，可布置画屏，在四周墙角可适当布置盆栽，并注意花木选材，要有民族特色。

（2）宴会厅是会展活动最主要的宴饮场所，往往同时兼作多功能大厅，是重点装饰对象。除了举行大型宴会外，它还有举办国际会议、展览、电影、舞会、表演等多种用途。宴会厅装饰要求较高，为了营造宏伟壮丽的空间气氛，宴会厅装饰常常借助厅内的照明艺术，它起着控制整个室内空间气氛的作用。宴会厅照明常选择艺术性强的花饰吊灯，习惯采用中心式布置，以显示它的高贵气派。

中餐宴会厅多数用大圆桌。餐桌排列要突出主桌位置，主桌的铺设规格应高于其他餐桌。隆重宴会要铺设鲜花组成的花环，环绕转台一圈，并铺设民族形式的图案，以烘托宴会的气氛。桌次的安排和每桌座次的安排很有讲究，也是中餐宴会的重要礼仪，不能有差错。

本书下一章将有详细的讲述。

中餐宴请的餐具十分重要，考究的餐具是对客人的尊重。依据宴会人数和酒类、菜品的道数准备足够的餐具，是宴会的基本礼仪之一。餐桌上的一切物品都应讲究卫生，桌布、餐巾都应浆洗洁白并熨平。玻璃杯、酒杯、筷子、刀叉、碗碟等餐具，在宴会之前都必须洗净擦亮。

西餐宴会一般使用长台，根据人数和宴会厅的地形，将餐台居中排成"一"字形、

"T"形或"门"字形等。主宾席位置在长台的中间，可铺上长条形鲜花或摆瓶花或花篮进行重点装饰。

冷餐会没有固定的酒席，而采取"立食"形式，比较活泼。餐台的摆法自由，一只大餐台，可放在宴会厅中央；两只大餐台，可并列竖放或横放于大厅两边；三只大餐台，可排成"品"字形。大餐台周围还可穿插放一些小餐台，用以摆放酒水、杯盘、刀叉等。

（3）酒吧是为客人提供娱乐和休息不可缺少的场所，专售冷饮和各种酒类。通常将其布置在门厅或客厅附近，可以是一个专用的房间，也可以占据门厅的一角。室内环境要求幽静雅致，要有音响设备，灯光适当暗淡柔和一些，座位间距要求适宜相互交谈。

3）客房的装饰与陈设

客房是供客人休息的场所。它是应该重点装饰与布置的地方。

客房室内的装饰原则是安全、健康与舒适。客房的安全主要表现为防火、治安和保证客房私密性。要重视客房隔音、亮度与室内温湿度的调节，以保证客人的健康。

客房一般采用分散的局部照明方式。通常，客房的亮度值应低于其他公共区，以利于客人休息。

4）商场的布置和陈设

商场是会展场所不可缺少的部分，也是会展经济收入来源之一。商场也应精心布置。商场布置和陈设的基本原则，就是最大限度地突出商品的形象，以吸引客人。通过敞开的格架和透明的橱窗，直接向客人展示各种商品的形象，给人以琳琅满目、丰富多彩的感觉。在这里，商场的照明艺术将起主要作用。为了烘托商品的色彩、形象，商场的室内墙面、天顶、地面等不宜太亮，天顶甚至可以不设照明灯具而采用吊顶灯配反射灯泡，把明亮的光束投照到商品上，这样商品更能显示其五彩缤纷、五光十色的风姿。

5）台面花卉装饰

鲜花是美好的象征、友谊的信物，也是一种深受欢迎的礼物。台面花卉装饰对社交场所来讲是必需的。自然界的花草树木与人的关系十分密切，它们不但是人类赖以生存的自然环境的重要组成部分，而且长期作用于人的视觉感官，影响着人的情绪、心理。花卉不仅可以丰富人们的文化生活、陶冶人的情操，而且还能美化环境，给人以美的享受。因此，栽花、摆花、插花，用花来美化生活，已成为当今的时尚。

同步业务 4-2

会场装饰的作用

会场装饰是指运用文字、图案、色彩和实物等装饰物烘托会场气氛。会场装饰的效果是通过人的视觉形象的直观感受体现的，具有身临其境的感染力，在很大程度上会影响与会者的情绪，因此，同整个会议的效果有着密切的关系。具体来说，会场装饰的作用主要包括以下几个方面：

（1）昭示会议的主题。文字性装饰直接揭示会议的主题，图案性装饰则形象地说明会议主题。

（2）渲染会议的气氛。会议的气氛分为主观气氛和客观气氛。主观气氛是指与会者相互之间的情绪影响，如合作、对抗、缓和、紧张等；客观气氛是指会场内的装饰物构成的特定环境。

（3）调动与会者的情绪。会场装饰是一种客观气氛的渲染，通过视觉形象的感受，直接影响与会者的情绪，进而影响会议的主观气氛。

（4）强化会议的功能。有效的会场装饰在增强会议功能方面，作用十分显著，如举行一次庆祝表彰会，红色的会标、奖状、红旗、鲜花等装饰物会体现会议的热烈和隆重，给人留下深刻难忘的印象。

资料来源　向国敏.现代会议策划与实务[M].上海：上海社会科学院出版社，2003.

4.2.3　会议厅室布置的方法

1）会见厅的布置

应根据参加会见人数的多少、规格的高低、厅室的形状和面积大小来确定会见厅的布置，一般有马蹄形、凹字形、正方形、长方形等。选择什么样的布置形式要因人、因地而异。一般较多地采用马蹄形，正中迎门处摆四个或两个沙发，两边留有出入口，每两个沙发之间放一张小茶几（或一个茶几、一个沙发），如图4-1、图4-2、图4-3所示。

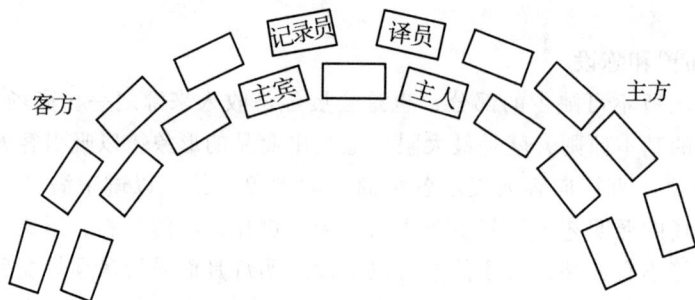

图4-1　会见图（1）

注：左方为其他客人，右方为主方陪见人。

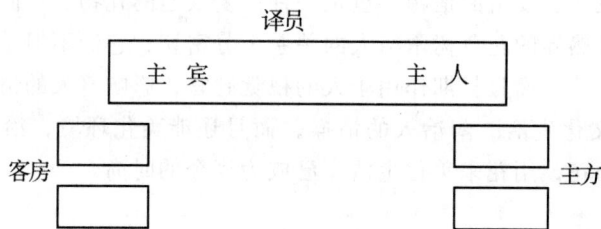

图4-2　会见图（2）

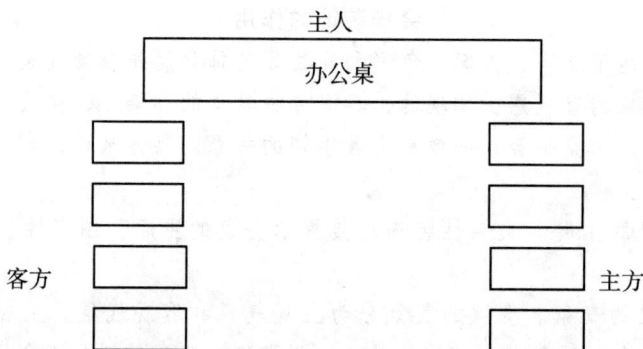

图4-3　会见图（3）

会见厅的布置应注意以下几点：

（1）布局要合理实用、美观庄重，位置要紧凑，各种家具之间的距离要协调一致。内圈沙发应根据人数来安排中间的空距，一般以两脚半为宜。

（2）座位要比会见的总人数多几个，以备会见时临时增加的人员使用。

（3）内圈沙发之间的茶几，要根据不同的服务对象而选择适当的位置，并根据领导的不同习惯适当放置需要的物品。

（4）准备好会见所需物品，数量要有一定的富余，做到有备无患。会见用的毛巾、茶具、冷饮具、牛奶咖啡具、餐具等要严格进行消毒、烫洗，达到安全卫生标准，然后封存起来，专人负责。

（5）搞好清洁卫生。在以上工作完成后，要对全场进行全面、彻底的卫生清洁和安全检查。

2）会谈厅的布置

双边会谈通常布置长条形或椭圆形会谈桌和扶手椅，宾主相对就座。布置会谈厅要根据会谈人数的多少将会谈桌呈横"一"字形或竖"一"字形排列，桌子的中线要与正门的中心相对，桌面上匀称地铺上台呢，在桌子的两边对称地摆上扶手椅。主宾和主人的座位要居中摆放，座位两侧的空档应比其他座位略宽。如果双方人数不相等，则双方主要领导人中间座椅对齐，其他两边匀称摆放。

如果会谈桌呈横"一"字形排列，主人在背向正门的一侧就座，客人在面向正门的一侧就座。如会谈桌呈竖"一"字形排列，以进门的方向为准，客人居右方，主人居左方。译员的座位安排在主持会谈的主宾和主人的右侧，其他人按礼宾顺序左右排列。记录员一般是在会谈桌的后侧另行安排桌椅就座，如参加会谈的人数较少，也可以安排在会谈桌边就座，如图4-4、图4-5所示。

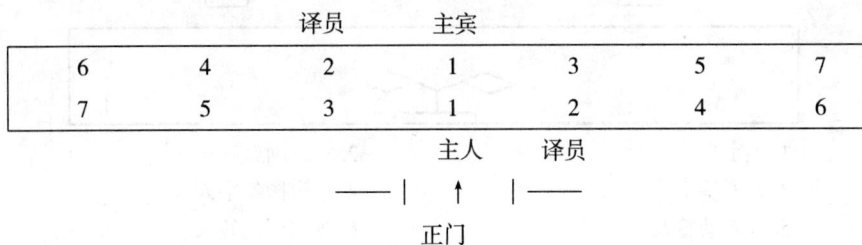

图4-4　双边会谈图（1）

图4-5　双边会谈图（2）

多边会谈可摆成圆形、方形等，如图4-6所示。

小范围的会谈，一般不用会谈桌，只设沙发，双方座位按会见座位安排。

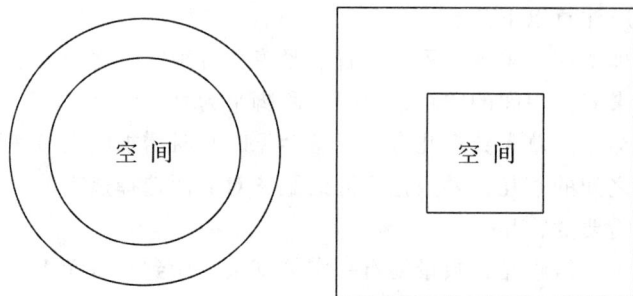

图4-6 多边会谈图

3）签字厅的布置

签字仪式所用的厅室，应根据出席签字仪式双方领导的身份、出席人数，选择在宽敞的大厅或以高大的屏风、大型挂画、壁画作为背景的厅室进行。

签字厅的布置方式是：在厅室正面的上侧、大型屏风或挂画的前面，将两张长条桌（签字桌）并拢呈横向排列，在桌面上铺墨绿色台呢。台呢要铺正，中心线拉直，下垂部分两端要均等，里外两侧则要求外边长里边短。在签字台的后面摆两把高靠背扶手椅（左为主方签字座位，右为客方签字座位）。两把椅子之间相距1.5～2米。在两个座位前的桌面上放置文具和吸水墨具。如果是国事活动，桌面前方还要摆放挂有两面国旗的旗架。签字厅的两侧可布置少量沙发，供休息用，如图4-7所示。

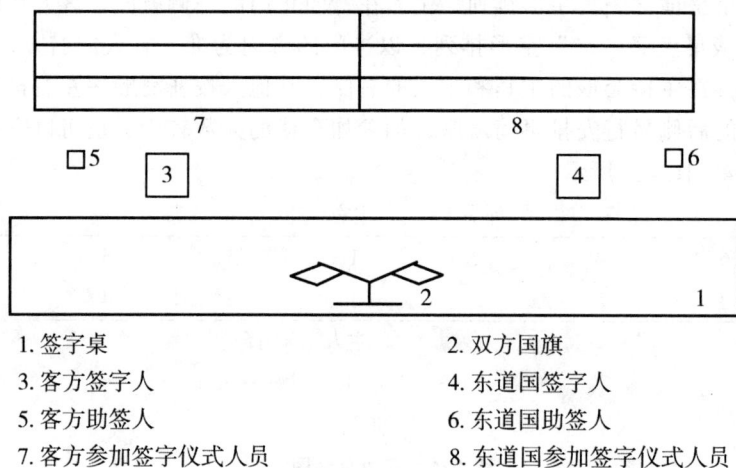

1.签字桌　　　　　　　　　　2.双方国旗
3.客方签字人　　　　　　　　4.东道国签字人
5.客方助签人　　　　　　　　6.东道国助签人
7.客方参加签字仪式人员　　　8.东道国参加签字仪式人员

图4-7 签字仪式图（1）

各国举行的签字仪式的安排不尽相同。有的国家设置两张方桌为签字桌，双方签字人员各坐一桌，双方的小国旗分别摆放在各自的签字桌上，参加仪式的人员坐在签字桌的对面，如图4-8所示。

有的国家安排一张长方桌为签字桌，但双方参加仪式的人员坐在签字桌前方两旁，双方国旗挂在签字桌的后面，如图4-9所示。

4）国际会议会场的布置

由国际性组织出面或者由一国或几国发起、多国代表出席就共同关心的国际问题而召开的会议称为国际会议。国际会议一般都具有规模大、规格高、与会国家多、议题专一、活动内容广泛的特点。

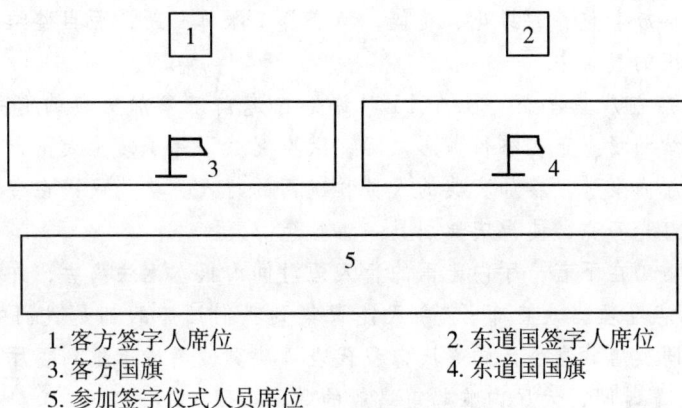

1.客方签字人席位　　　　　　　2.东道国签字人席位
3.客方国旗　　　　　　　　　　4.东道国国旗
5.参加签字仪式人员席位

图4-8　签字仪式图（2）

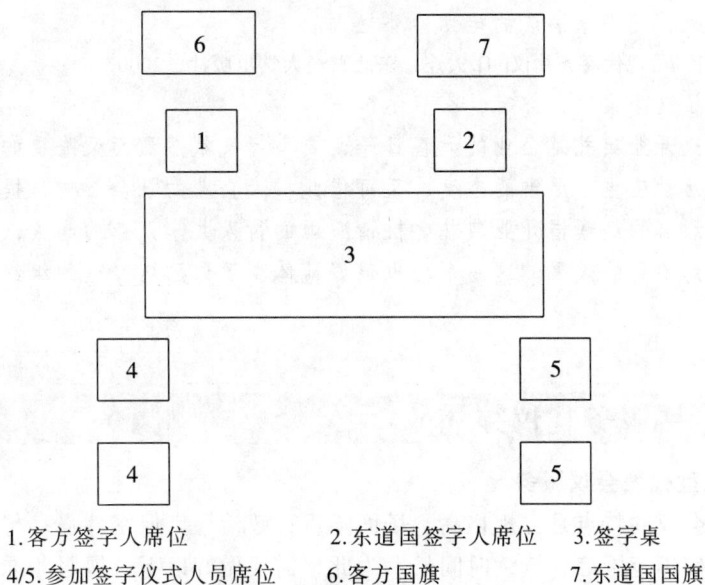

1.客方签字人席位　　　2.东道国签字人席位　　　3.签字桌
4/5.参加签字仪式人员席位　　6.客方国旗　　　　　　7.东道国国旗

图4-9　签字仪式图（3）

　　国际会议会场布置形式有多种多样，具体采取何种形式应根据会议的性质、内容、规格、人数和主办方面的要求等情况来确定。

同步思考4-1

　　问题： 会见厅的布置大多采用马蹄形，为什么？
　　理解要点： 会见厅的布置采用马蹄形，有下列两个原因：（1）主次分明，主宾交谈方便，译员工作也较方便，媒体在正面采访摄影，不会有遮挡，也不会有任何一方背对镜头；（2）格局庄严。

同步案例4-3

别开生面的开业典礼

　　背景与情境： 1998年8月8日，是北方某市新建的云海大酒店隆重开业的日子。
　　这一天，酒店上空彩球高悬，四周彩旗飘扬，身着鲜艳旗袍的礼仪小姐站立在店门两侧，她们的身后摆放着整齐的鲜花、花篮，所有员工服饰一新，面目整洁，精神焕发，整个酒店沉浸在喜庆的气氛中。

开业典礼在店前广场举行。上午11时许，应邀前来参加庆典的有关领导、各界友人、新闻记者陆续到场。正在举行剪彩之际，天空突然下起了倾盆大雨，典礼只好移至厅内，一时间，大厅内聚满了参加庆典的人员和避雨的行人。典礼仪式在音乐和雨声中隆重举行，整个厅内灯光齐亮，使得庆典别具一番特色。

典礼完毕，雨仍在下着，厅内避雨的行人短时间内根本无法离去，许多人焦急地盯着厅外。于是，酒店经理当众宣布：“今天能聚集到我们酒店的都是我们的嘉宾，这是天意，希望大家能同敝店共享今天的喜庆，我代表酒店真诚邀请诸位到餐厅共进午餐，当然一切全部免费。”霎时间，大厅内响起雷鸣般的掌声。

虽然，酒店开业额外多花了一笔午餐费，但酒店的名字在新闻媒体及众多顾客的渲染下迅速传播开来，接下来酒店的生意格外红火。

资料来源　杨眉.现代商务礼仪[M].大连：东北财经大学出版社，2000.

问题：读了这个案例，你有什么启示？

分析提示：开业典礼是企业的大喜日子，要举行气氛热烈而又隆重的庆祝仪式，既表明企业对此项活动庄重、严肃的态度，又可借此扩大企业的社会影响，提高企业的知名度和美誉度。该酒店的经理借开业典礼之机请避雨的行人共享开业的喜庆，借此树立企业形象，收到了意想不到的效果。这一举动也很好地体现了该酒店经理的组织能力、社交水平及文化素养。

4.3 会展服务礼仪综述

4.3.1 大型代表会议服务

大型代表会议的特点是：规格高、场面隆重；政治性、保密性强；与会人数多，代表性广泛；会场使用范围广，持续时间长。为此，需要做好以下会展服务准备工作：

1）接受任务和会前准备工作

（1）制订切实可行的实施方案

大型代表会议的服务工作，必须先制订科学的、可行的实施方案。制订实施方案时应注意以下问题：第一，要借鉴以前的业务资料，吸取那些已被实践证明是可行的经验。第二，在借鉴已有经验的基础上，不断了解新情况，根据新的要求和变化，研究新问题，制定相应的对策和措施，以便在服务工作中争取主动。第三，要充分研究会议需要的人力和物力，对短缺的人力和物力要及时向有关方面申请增补。

（2）进行思想动员

各级领导要有组织、分层次地进行有力的会前动员。第一，反复宣传做好大会服务工作和安全保卫工作的重要性，重申会议服务工作的纪律和要求，具体介绍会议的各种情况，明确交代任务，并组织员工进行充分讨论。第二，做好细致的思想工作，教育员工正确处理工作与个人的关系。第三，充分发挥党团组织的作用，保证每个现场工作人员都能充分发挥自己的积极性。

（3）进行物质准备和人员分工

对沙发、椅子、桌子、茶几、地毯、茶具、暖水瓶、毛巾等物品进行全面检查，按计划、用量增添用品以满足会议需要。对现场工作人员要事先进行挑选、组织、分工，统筹调整，合理分配，实行定岗位、定人员、定任务的"三定"岗位责任制。

（4）开展清洁卫生和安全检查工作

大会使用的场地、涉及的行走路线、周围环境等，均要进行全面细致的清洁卫生工作，并达到卫生标准。对与会议有关的场所、设备、建筑、陈设等，除要自行进行全面的安全检查外，还要请公安消防、建筑设计及其他有关部门会同有关单位进行联合安全检查。清除易燃、易爆物品，排除一切不安全的因素，确保大会的安全。

（5）进行严格的业务培训

会议开始前所有现场工作人员都要按分工提前进入工作岗位，参加本岗位业务训练，熟悉岗位环境，了解工作职责和岗位服务规范。结合岗位情况进行着装仪表、举止言谈、服务操作等方面的专门训练。按一流服务水平的要求，在会前进行一次业务演习。

总之，从接受任务到大会开幕之前，要把一切准备工作做得充分完善，做到万无一失。

2）服务规程

（1）茶座服务

茶座，顾名思义，即落座饮茶，形式不拘，与会者可以随便走动、自由畅谈，场面活泼、轻松、自然。做好茶座服务工作要严格执行下列程序和规范：

①搞好场所桌椅、沙发、茶几、厅廊地面和厕所的卫生，铺设地毯，清理垃圾、果皮箱，创造一个文明、卫生的环境。

②根据茶座招待服务的需要，领取棉织品、茶具、烟具和招待用品。

③烫洗茶具要坚持用清洁剂冲洗、"氯氨 T"消毒、开水煮烫和净布擦拭四道工序，严格把关，保证达到安全、卫生标准。

④着装统一，仪表整洁，在与会者入场前 1 小时上岗，布置茶座：台布铺设时"十"字折纹应与礼堂的方向取直、对正，周围垂下的桌布长短均匀；茶壶置于桌中，花式图案向着主座，壶嘴向左，壶把向右；茶碗在茶壶周围摆成圆形，把手朝外；壶、碗下均加垫盘；两个烟碟放在主座的右手和对角处，碟内放火柴；毛巾盘放在茶壶右侧。整个场面摆设整齐划一。

⑤茶几上的茶具均放在垫盘上，茶碗把手向左或直线扣放在茶几内侧；茶壶的花色图案面向座位，壶把手在右边，壶旁放毛巾盘。

⑥入场前半小时，服务员开始打水；饮水处的服务员要备好热茶、温茶和凉开水。

⑦开会前 15 分钟开始沏茶。

⑧与会者入场时，服务员站立两旁，面带笑容，一字排开。与会者入座时，主动上前表示欢迎、问候，如"您好"、"请喝茶"，并给每位与会者斟第一杯茶。对于行动不便的与会者，更要服务热情，照顾周到，必要时送入会场，并向场内服务员交代清楚。

⑨与会者饮茶、交谈时，服务员应仔细观察各桌的用水情况，并及时续水。续水时统一使用暖瓶，随手带小毛巾。为了礼貌和不影响与会者的谈话，要在不交谈的两个座位之间，左脚在前，右脚在后，或呈"丁"字形，上身自然前倾，左手将茶壶盖揭开翻放在台

布上，再拿起茶壶撤离座位约20厘米处斟开水，以防开水溅到与会者身上，斟水至八分满为宜，然后轻轻放回原处，用小毛巾抹净壶外的水迹。

⑩与会者离开座位时，要主动向前拉椅、照顾，并迅速检查桌面、桌下有无与会者遗忘的物品。

⑪会议开始后，及时清理现场，洗刷、调换用过的茶具，按要求重新摆放整齐，为会间休息做好准备。

⑫饮水处的温茶、热茶、纯净水等摆放整齐，标上字样，备好充足的茶杯。茶杯整齐地放在搪瓷盘里，杯把向外，便于取用。茶杯随时消毒、烫洗、擦拭干净，保证供给。

⑬饮水处的服务员要笑容可掬，亲切、热情地接待每一位与会者，回答问话和蔼耐心。

⑭供水的服务员要及时检查各饮水处的用水情况，保证茶水的供应；在送途中要避让与会者。在人群中穿行，要先打招呼，如"请让一下"或"劳驾"，然后方可通行。

⑮负责烧水的人员要坚守岗位，保证水源充足和安全。

（2）场内服务

场内服务是指在礼堂内为与会者指路引座的服务。其工作规程是：

①整理抽屉，擦拭桌椅地板，清理地毯，搞好场内卫生，保证温度适宜、空气新鲜。

②按要求摆好指路牌和带有各种标志的牌号。

③入场前1小时统一着装，仪表整洁地入岗、站位。站位时一般在各走道口的一侧，面向与会者。

④指路时右手抬起，四指并拢，拇指与其余四指自然分开，手心向着客人，示意所指方向时说"请走这边"或"请那边走"。

⑤熟悉场内区域座号，主动为与会者引座，做到准确无误。主动搀扶、照顾年老体弱者入场、站立、投票、上厕所等。

⑥大会开始时站到工作岗位上，站姿端庄、大方，集中精力，认真观察场内动静，如有行动不便的与会者站起，要迅速前往照顾。换班休息时动作轻稳、迅速离开。无关人员一律劝其退场，保持场内秩序井然。

⑦会间休息或休会时，要及时打开门窗。按规范要求站到自己的岗位上，照顾与会者出入或退场。

⑧与会者退场后，按划分的责任区域认真细致地进行检查，擦拭桌面，整理抽屉，如发现与会者遗忘的东西，要记清座排号码，及时上交或汇报。

⑨认真搞好当日收尾工作，妥善收存各种牌号，准备次日大会的工作。

（3）厅室服务

厅室服务主要是指为与会者在会前或会中休息提供服务。其工作程序是：

①明确本厅活动的人数、主要领导及其生活习惯、招待标准、工作要求。

②按要求和人数布置沙发、椅子、茶几、衣架，布置形式要美观、大方、协调、适用。

③擦拭窗台、椅子、茶几、屏风、陈设品、地板，地毯吸尘，搞好厅室卫生，调节室内温度，保持空气新鲜、温度适宜。

④按人数和要求配齐茶具、餐具、冷饮具，认真烫洗，严格消毒，达到标准。

⑤摆好垫盘、毛巾，备好文具，以便与会者随时使用。

⑥入场前1小时蒸上毛巾，打好开水；入场前30分钟，在茶壶、茶杯内放好茶叶，备好茶漏、托盘和续水用茶壶、口布，放好卫生间的大小毛巾、梳子、香皂、手纸，放好工作人员休息处的茶杯、暖瓶。

⑦适时拉好窗帘，开灯照明。

⑧全面检查现场和出入路线，发现漏洞及时弥补。

⑨入场前10分钟，茶杯、茶壶加水，铺好托盘，做到人到茶到，茶量适当，浓淡可口，凉热适宜。

⑩会议进行中（如分组座谈会），一人坐在门后适当处值班，观察会场情况，掌握续水时间，其余人员退至工作间。续水时要轻拿轻放，保持会场安静。

（4）主席台服务

①搞好主席台上的卫生，擦拭桌面、椅子、地板，保持清洁。

②明确主席台总人数和各排人数，主要领导的座位和生活习惯、招待标准、工作要求。

③按人数配齐茶具、擦脸巾、铭牌、文具等。认真烫洗茶具，严格消毒，达到安全、卫生标准。

④着装统一，仪表整洁，入场前1小时上岗，检查桌椅，摆放垫盘、茶杯（加好茶叶）、毛巾盘、便笺、铅笔、排次牌，要求距离一致，整齐划一。

⑤垫盘、茶杯的花纹图案要对正，茶杯把手向里，略有斜度（一般不大于90度和不小于45度）。

⑥全部摆放大毛巾。前三排热毛巾，后几排冷毛巾。毛巾的叠法一致，摆放整齐。

⑦会前30分钟，从最后一排的服务员开始，按顺序排队，统一进入场内。倒水时步态平稳，动作协调，左手小拇指与无名指夹住杯盖顶端，中指与食指卡住杯把，大拇指从上捏紧杯把，将茶杯端至腹前，右手提暖瓶将水徐徐斟入杯中，八分满为宜，然后将杯子放到垫盘上，盖上杯盖。

⑧会前20分钟，统一检查茶杯。检查时用右手指的指背轻轻靠一下杯子，即可知道是否有水，发现空杯、裂杯和渗水的要及时处理。

⑨会前10分钟，按各自分工各就各位，照顾与会者入场、就座，对行动不便的与会者要帮助戴好耳机。

⑩奏国歌时，听指挥统一上台，照顾自己所负责的搀扶对象起立、落座。

⑪第一次隔30分钟续一次水，以后每40分钟续水一次。对领导和报告人要根据情况及时续水。续水时按顺序排队统一上台。

⑫会议进行中，舞台两侧各设一人观察台上情况，处理应急事务。对中途退场或上厕所的与会者，要跟随照顾。

⑬收尾工作按顺序进行，撤杯盖，倒剩茶水，收茶杯，擦收垫盘，收回毛巾、名牌，并做好下次大会的准备工作。

3）主席台座位安排

较为大型的会议通常应安排席卡，颜色、规格、字体统一。主席台上的座位一般是尊者坐正中间，其左手为次尊者，右手再其次，依此类推（国际活动有时以右为尊）。如果发言人席设在主席台上，一般位于台上最右侧，主持人席在发言人席的左侧（如图4-10所示）；如在主席台外另设发言人席，则主持人席设在主席台的最右侧（如图4-11所示）；有时主持人席也设在主席台的中央。

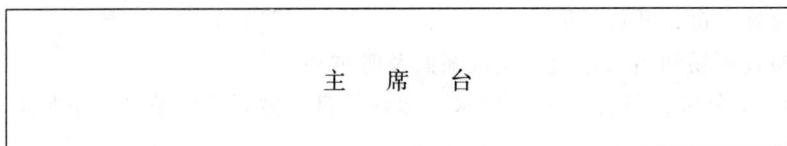

发言人席　9(主持人席)　7　5　3　1　2　4　6　8　10

主　席　台

图4-10　主席台座位安排（1）

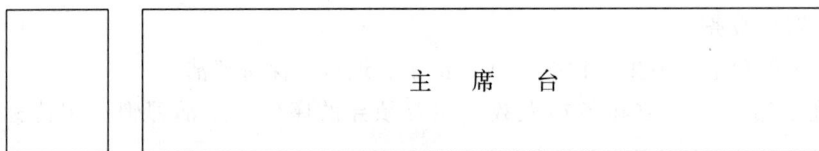

发言人席　　　9(主持人席)　7　5　3　1　2　4　6　8　10

主　席　台

图4-11　主席台座位安排（2）

4.3.2　中、小型会议服务

中、小型会议在机关、企事业单位召开最为普遍和频繁，因参加会议的人数、会议的内容、时间的长短不同，会议的组织方法、礼仪要求也各不相同。

1）会议筹备工作

（1）根据会议规模确定接待规格

会议规模一般由主持单位决定。如果请上级领导到场，出于对上级的尊重和对外宣传的需要，可将形式搞得隆重些。上级单位主持的会议，因邀请各单位的代表参加，所以会议的接待工作要求比较规范。为了完成上级布置的任务，通常由本单位的一位主要领导直接抓会议准备工作，成立会务组，专题研究布置会议接待的有关工作，明确各部门的职责。

（2）及时发出会议通知

会议通知必须写明开会时间、开会地点、会议主题及会议参加者等内容。为了使会议参加者能安排好自己的工作，还应写明闭会的时间。会议通知要提前发出，以便会议参加者有所准备。根据会议的内容和参加者的范围，会议通知可采用张贴、邮寄、电传、电话通知和E-mail等方式。对于外地的会议参加者，应在通知上写明住宿的宾馆、到达的路线、应带的材料、会务费等。

（3）布置会场

会场的布置包括会场四周的装饰和坐席的安排。较重要的会议，根据需要可在场内悬挂横幅，门口张贴欢迎和庆祝标语。会场内可摆放适量的青松盆景、盆花。桌面上的茶杯、饮料瓶等，应擦洗干净，摆放整齐。

坐席的布置要适合会议的风格和气氛，讲究礼宾次序，主要有以下几种布置方法：

①圆桌型，即使用圆桌或椭圆形桌子（如图4-12所示）。这种布置使与会者同领导一起围桌而坐，可以消除不平等的感觉。另外，与会者能清楚地看到其他人的面容，因而有利于互相交换意见。这种形式适用于10～20人的会议。座次安排应注意来宾或上级领导

与本单位领导及陪同面对面坐，来宾的最高领导应坐在朝南或朝门的正中位置，本单位最高领导与上级领导相对而坐。

②口字形，即用长形方桌围成一个很大的口字形。这种形式适用于较多人数的会议，这时来宾与本单位领导坐在一起，如座谈会、联欢会（如图4-13所示）等。

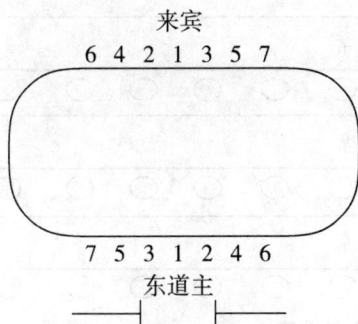

来宾
6 4 2 1 3 5 7

7 5 3 1 2 4 6
东道主

图4-12　圆桌型会场布置　　　　图4-13　口字形会场布置（1）

比较严肃正规的会议，为突出与会者的等级、体现最高领导者的权威性，也可采用口字形安排，但重心应在一头（如图4-14所示）。

有些重要的会议，为体现东道主与来宾平等相处和对来宾的尊重，虽然也采用口字形配置，但重心在两侧（如图4-15所示）。

③教室型，适用于与会者人数比较多，而且与会者之间不需要讨论、交流意见，以传达指示等为目的的会议。主席台与听众席相对，主席台的座次按人员的职务、社会地位排列。座位以第一排正中间的席位为上，其余按右上左下（国际惯例）的原则依次排列（如图4-16所示）。

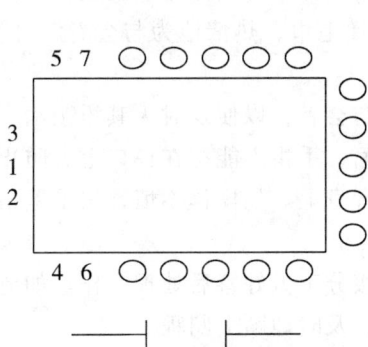

5 7

3
1
2

4 6

来宾
6 4 2 1 3 5 7

7 5 3 1 2 4 6
东道主

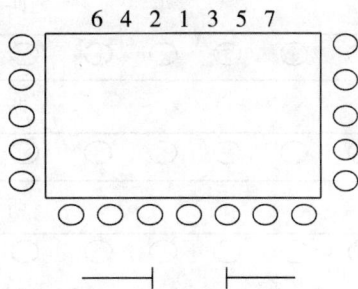

图4-14　口字形会场布置（2）　　　　图4-14　口字形会场布置（3）

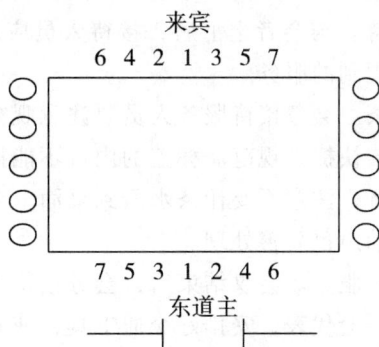

（4）准备会议资料

有关会议议题的必要资料应由会务组准备。文件资料应装订整齐。如果需要与会者在会上讨论，应提前一周将资料发给与会者，方便与会者阅读和做好发言准备。如果文件较多，则用文件袋装好。

2）会务接待礼仪

（1）会前检查

会议开始前要对准备工作进行一次全面、详细的检查，考虑不周或未落实的要及时补救，以保证准备工作万无一失。

8	6	4	2	1	3	5	7	9

主 席 台

听 众 席

○ ○ ○ ○ ○ ○ ○ ○ ○ ○ ○ ○

听 众 席

○ ○ ○ ○ ○ ○ ○ ○ ○ ○ ○ ○

听 众 席

○ ○ ○ ○ ○ ○ ○ ○ ○ ○ ○ ○

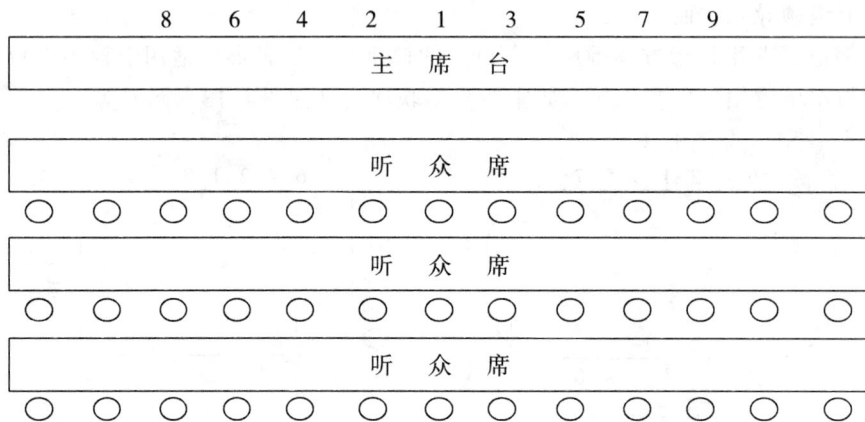

图 4-16　教室型会场布置

（2）提前进入接待岗位

会务接待人员必须在与会者到来前30分钟到达各自的岗位并进入工作状态。一般会议接待工作包括：

①签到。设一签字台，配1～2名工作人员，如果接待档次比较高，可派礼仪小姐承担相关工作。签字台要备有毛笔和钢笔及签到本。向客人递钢笔时，应脱下笔套，笔尖对着自己，将笔双手递上。如果是毛笔，则应蘸好墨汁后再递上。如需要发放资料，应礼貌地双手递上。

②引座。签到后，会议接待人员应有礼貌地将与会者引入会场就座。对重要领导应先引入休息室，由本单位领导亲自作陪，会议开始前几分钟再到主席台就座。

③接待。与会者坐下后，接待人员应递茶、递毛巾，热情地为与会者解答各种问题，提供全面周到的服务。

④倒茶。会务接待服务人员要注意观察每位与会者，以便及时为其添茶水。倒水时应动作轻盈、快捷、规范。杯盖的内口不能接触桌面，手指不能摁在杯口上，防止发出杯盖碰撞的声音，注意不要让茶水溅到桌面上或与会者身上。如操作不慎，出了差错，不要慌张，应不动声色妥善处理。

⑤会后服务。会议结束后，会务接待人员应按分工做好善后处理工作。如清理会议文件，送别与会代表，安排好交通工具，使其愉快、及时地踏上归程。

　　　同步业务4-3

视频会议

视频会议是运用现代通信技术和计算机技术召集相距遥远的不同地点的单位和人员举行的会议，一般也叫做现代化远程会议。其主要特点有三个方面：其一，科技含量高；其二，超越传统会议的时间和空间观；其三，实现会议的无纸化。视频会议的作用是：节省时间资源、提高工作效率和降低成本。

资料来源　陆永庆，阮益中.现代会务服务[M].2版.上海：上海交通大学出版社，2005.

4.3.3　大型集会服务

大型集会是指规模大、人数多的会议，如庆祝大会、纪念大会、表彰大会、劳模大会、报告会等。这类会议属群众性活动，一般议程都比较简单，安排紧凑。

1）服务规程

大会开始前1小时一切工作准备就绪，迎接与会人员入场。饮水处要备有充足的茶水等（根据招待标准），茶水随用随添，保证卫生安全。会议开始后，休息厅的饮水台仍要保留，以保证与会人员随时用水。在群众性活动中，卫生间的作用很大，因此要设专人管理，经常进行清扫，保证清洁无味。

2）服务工作要点

有些规格高的庆祝会、表彰会，主办方会邀请鼓乐团演奏或由少年儿童献花并夹道欢迎。在这种情况下，一是要认真检查与会人员行走的路线，保证地毯的平整和维护现场秩序；二是要提供良好的休息场所，保证他们的饮水。

有些劳模大会，由于日程安排紧凑，主办单位一般采取中午在大会现场发放食品盒的办法解决午餐问题。遇到这种情况，现场的工作人员要积极配合。发放食品处尽量选择比较宽敞的地方，避免拥挤。休息厅的茶水要保证充足，温度要适当，不能太凉。休息厅周围多摆放一些口径大的果皮箱，做到随时清理，不积压成堆。食品盒随时收回，及时送到垃圾站，要特别注意防火。

在报告会上，要特别注意观察报告人的用水，以保证供应。每次换报告人时，要换一杯水。在给报告人续水时，动作要轻稳，防止因声响过大，通过麦克风传入会场影响报告的效果。

有的庆祝会会后要演出文艺节目，在这种情况下，现场负责人要事先组织人员，迅速撤掉主席台上的桌椅和台呢。在撤台前，要有明确的分工，操作要有程序和条理，避免工作秩序混乱，要保证按时演出。

在群众性活动场所，要特别注意服务态度和服务质量，强调服务一视同仁，全心全意为与会人员服务。

4.3.4　座谈会服务

座谈会是人们为了交换意见及看法或为了纪念某一特殊的日子及事件而举行的一种会议。会议规模不大，与会者人数也不多。

座谈会开始前，服务人员应将会场布置成带有某种氛围的场所。所有正式的、高规格的座谈会都要悬挂横幅，说明会议主题。座位一般围成圆形或半圆形。如有必要，还应根据主题布置鲜花、盆景等。会议开始前15分钟，准备好茶水、毛巾等，并调节好空调设备与灯光。

会议进行中，做到勤添茶水，注意会议代表有没有其他需要等。

会议结束后，先撤下茶水、毛巾，然后清扫、整理场地，最后关闭电源及门窗等。

```
同步业务 4-4
```

远程计算机网络会议

远程计算机网络会议是利用计算机和通信网络来召集的远程会议。在突破传统会议的时空限制方面,它比电视电话会议更为彻底。会议主席可随时将自己的意见通过计算机和通信网络传送到各方的网络终端,各方的网络终端会自动记录存储。与会者可在任何时候查阅记录并以同样的方式向会议主席以及其他各方反馈自己的意见。

这种会议没有时间和地点上的限制,可以同时在一个时间节点上进行,也可以举行异时会议,一次会议可以短至几小时,也可以延长至几个星期,与会者有足够的时间深思熟虑。

资料来源 陆永庆,阮益中.现代会务服务[M].2版.上海:上海交通大学出版社,2005.

4.3.5 新闻发布会服务

新闻发布会又称记者招待会,党政机关、企业、社会团体都可以公开举行新闻发布会,邀请各新闻媒介的记者参加。

1)厅室布置

新闻发布会应选择一个良好的环境。室内温度、灯光要适宜,要有比较舒适的座椅,要安静而无噪音,最好不设电话分机。

在厅室正中上方设主席台,主席台由会议桌、扶手椅组成。面对主席台摆设椅子、茶几,供与会者使用。布置椅子时,要根据出席的记者人数而定,4~5个椅子一组摆成若干排,留出走道。厅室两侧各摆一张长条桌,铺上台布。把冷饮容器擦净摆上桌,并用一玻璃杯放置吸管,供客人自取。

2)服务规程

记者入场后,会议服务人员应热情照顾记者饮水,注意续添桌上的冷饮,及时收回空瓶。会前10分钟,把茶杯、冷饮、毛巾端上摆好。引领主席台人员入座,所有服务人员退到厅内两侧。新闻发布会一般时间较短,服务程序也较简单。需要注意的是,当主持人入场时,会议服务人员要协助主办单位人员疏通走道,同时要防止记者因抢拍镜头而碰倒厅内陈设和用具。

有些单位为了开好新闻发布会,事先会准备一些图表、画片、放大的照片、录音带、录像带等,会议服务人员应给予协助,以便记者在现场观看。

4.3.6 展览会服务

展览会是采用集中陈列实物、文字、图表、影像资料等方式展示成果、产品、技术等而组织的大型宣传活动。主办单位可通过实物、图片、现场讲解来加深参观者的印象,强化宣传效果;还可以借助多种媒介的宣传,提高自己的知名度,扩大影响。另外,主办单位通过与参观者面对面的接触,听取公众的意见,也能达到和目标公众进行双向沟通、交流的目的。因此,很多单位对展览会的组织工作以及参加展览会应遵循的礼仪规范都十分重视。

1)展览会的组织工作

(1)明确展览会的主题

任何一个展览会都应有一个鲜明的主题,明确展览会的对象、规模和形式等问题,并以此来进行策划、准备和实施,使展览会的宗旨和意图更加突出。

(2)确定时间、地点

在选择展览会举办的时间、地点时,要综合考虑展览会的目的、对象、形式以及效果等多种因素。地点可根据参展单位的地理区域不同,选择在本地、外地或国外。另外,还应注意交通、住宿是否方便，辅助设施是否齐全等问题。

（3）确定参展单位

当展览会的主题、时间、地点确定后，就要对拟参展的单位发出正式邀请或向社会发布招商广告。邀请函或广告中应明确展览会的宗旨、举办展览会的时间和地点、报名参展的具体时间和地点、咨询有关问题的联络方法、参展单位要负担的基本费用等等，以便对方决定参展与否。在确定参展单位时，要注意不能以任何方式强迫对方参加，要做到两相情愿。

> **职业道德与企业伦理 4-1**

靠什么赢得合同

背景与情境： 由于市场竞争激烈，兰天和创想这两家会展策划公司都想与即将举行大型车展的某机电公司签订合同。兰天公司的李总约了机电公司的王总在金都酒店三楼包房吃午饭，并准备了一份厚礼。王总本来认识李总，知道李总刚成立策划公司，也想支持一下，所以爽快地答应了。

李总和秘书小刘刚到包房，王总也应约到来了。双方问好后，李总请王总坐在他的左侧，小刘坐在他的右侧。服务员上茶后，小刘开始与李总商量点菜。10分钟后，小刘点了鱼翅、鲍鱼、龙虾等高档菜，然后对王总说："王总，我们不知道这些菜合不合您的口味，您看还要再点些其他的吗？"王总说："不必了。"

吃饭过程中，小刘为了表示热情，不停地用自己的筷子给王总夹菜。两位老总谈合作事项时，小刘给两位老总添加饮料，王总做着手势，小刘一不留神，饮料瓶被王总的右手碰到了，差点将饮料洒在王总的西服上。饭后，李总送王总的厚礼王总也没有收。

第二天，李总收到了王总发来的邮件，很委婉地谢绝了兰天公司的合作要求。

资料来源　根据http://www.docin.comlp-708751133.hemr改写.

问题： 王总原想与李总合作，用请吃高档海鲜、送厚礼的方式，王总反而谢绝了，为什么？

分析提示： 一个新成立的企业要赢得合同，想靠请吃高档海鲜、送厚礼来达到目的，说明其企业伦理存在问题，而且小刘和王总在客人到了才点菜，把客人冷落一旁10多分钟；吃饭时，小刘又用自己的筷子给客人夹菜，又差点把饮料洒在客人身上。一系列不合礼仪的行为也使对方不敢与兰天公司合作。正确的做法是靠礼貌的语言、诚恳的态度、正确的礼仪和自己的实力打动对方。

（4）展览内容的宣传

展览会举办前，主办单位应设计好展览会的会徽、会标及相关的宣传标语，并针对展览会的主题、内容、时间、地点作广泛的宣传，吸引各界人士的注意。此外，主办单位还应成立一个专门的新闻发布机构，负责与新闻界联系，提供有关的新闻资料，以扩大影响范围，增强展览会的效果。

（5）展览会的规划与布置

对展览会的组织者来讲，展览现场的规划与布置是非常重要的事情，具体包括展位的合理分配，文字、图表、模型与实物的拼接组装，灯光、音响、饰件的安装，展板、展台、展厅的设计与装潢等。布展的效果应达到展出的物品搭配合理、互相衬托、相得益彰，以烘托展览会的主题，给人一种浑然一体、井然有序的感觉。

（6）其他组织工作

展览会的组织者除做好以上的具体工作外，还应为大会提供相关的服务，如展品的运输、安装与保险，车、船、机票的定购，通讯联络设备的提供，展览会的安全保卫以及公关、服务人员的招聘与培训等等。

2）展览会的礼仪规范

展览会上，主办单位人员和服务人员应遵守大会秩序，时刻用礼仪规范来约束自己的言行，使展览会在友好、热烈的气氛中举行。

（1）主办单位人员的礼仪

主办单位的工作人员要注意自己的形象，穿着要庄重，仪容要整洁，举止要文雅。除此之外，还应搞好与各参展单位的关系，做好各项服务工作，如主动介绍展品、答复客户的咨询、分发展品的有关资料及纪念品，齐心协力，共同把展览会办好。

（2）服务人员的礼仪

首先，展览会的服务人员要统一着装，胸前佩戴标明姓名的胸卡。礼仪小姐应身穿色彩鲜艳的单色旗袍，胸披红色绶带。

其次，热情、诚恳地接待每一位参观者。当参观者进入展位时，要主动与之打招呼，以示欢迎。对观众提出的问题要做到百问不烦、耐心回答。当观众离开时，应主动与其道别。

再次，展览会期间要坚守岗位，各司其职，不得东游西逛、扎堆聊天。

最后，在向观众作讲解时，要注意语言流畅、语调清晰。对于介绍的内容，要实事求是，不可任意夸大。讲解完毕，应向观众表示谢意。

> **同步业务4-5**

东道主

东道主即会议活动举办地的主人。东道主可以是一个国家、一个地区、一个组织，也可以是某个人。其任务主要是提供会议活动场所和设施，负责会议活动的接待。会议活动如果是在主办者所在地举行，则主办者同时又是东道主。会议活动除了主办者外，还有承办者的，则承办者为东道主。如2010年"上海世博会"为中国主办、上海承办，上海就是东道主。

> **同步业务4-6**

什么是"世博会"？

世博会是世界性的、众多国家参加的综合产品展览交易会。世博会的宗旨是促进世界各国经济、文化、科学技术的交流与发展，被誉为世界贸易界的"奥林匹克"盛会，是会议展览活动的最高组织形式。

本章概要

□ 内容提要

本章简要阐述了会展服务 的概念、特点、内容，会展服务礼仪的含义；会展场所布置和装饰的原则、方法；会展服务中大型代表会议、中小型会议、大型集会、座谈会、新闻发布会、展览会的服务规范和礼仪。

□ 主要概念和观念

▲ 主要概念

会展服务　会展服务礼仪　国际会议　座谈会　展览会

▲ 主要观念

会展服务的特点：综合性，无形性，情感性，不可转移性，不可储存性，生产与消费的同步性，差异性，保密性。

会展场所布置和装饰的原则：安全、方便，实用、美观，彰显特色，优化环境、杜绝污染，遵守规定、不超标准。

□ 重点实务

中小型会议会场布置（圆桌型、口字形、教室型）　大型集会主席台布置和服务　展览会服务

基本训练

□ 知识训练

▲复习题

4.1　会展服务的概念是什么？

4.2　会展服务有哪些特点？

4.3　会展服务礼仪的含义是什么？

4.4　会展场所布置和装饰的原则有哪些？

▲ 讨论题

4.1　农副产品展销会是否属于会展的范畴？试根据会展的特点加以阐述。

4.2　办会展怎么样才能彰显特色？

4.3　展台服务员在无人前来咨询时、会议厅服务员在会议厅服务时，都不能互相交谈或窃窃私语，为什么？

□ 能力训练

▲ 理解与评价

方局长的私人宴请

方局长的大学同班同学袁教授带着美国夫人和岳父从美国回来过春节。方局长举行家宴为老同学接风。请客人落座时，方局长把袁教授的岳父安排在主位，自己坐在他的右侧，袁教授坐在他岳父的左侧，方夫人坐在主位的对面，方夫人的右侧是袁教授的夫人。袁教授则让方局长做主位，他的岳父坐在方局长的右侧，他自己坐在方局长的左侧，因为方局长是主人。方局长说，我们中国人尊老敬老，现在是春节，又是在家里吃饭，还是遵循中国礼节，请老人家坐在主位为好，并用英语把这个意思讲给袁教授的岳父听。老人家

听了非常激动，半天说出一句中国话："中国，好!"

资料来源　根据见闻编写.

问题：方局长安排袁教授夫人的位置是否符合礼仪?袁教授的意见是否正确?怎样理解和评价方局长解释自己安排的一席话?

▲案例分析

4.1　狼狈不堪的签约仪式

背景与情境：今年一月，宏大公司与美国戴维斯公司经过多轮磋商，达成了合作意向。双方决定16日上午10点在嘉元宾馆举行正式的签约仪式，准备工作由宏大公司总经理秘书王芳负责。王芳最近工作比较忙，所以准备签约仪式的时候比较紧张。到了这天，她提前半小时到了现场，突然发现合同文本忘在办公室了，她急忙请办公室文员小李拿上合同，从后勤处要了一辆车火速赶往签约现场。幸好当天交通状况比较好，没有塞车，合同在会议开始前五分钟送到了，王芳悬着的心终于落下来了。可在主持人宣布签约仪式开始时，王芳发现她忘记安排助签人了，所以她自己临时上阵担任助签人，而她的着装与签约仪式的气氛不是很协调，导致场面有些尴尬。

资料来源　张岩松，初萍.现代商务礼仪[M].2版.北京：清华大学出版社，北京交通大学出版社，2014.

问题：这次签约仪式哪些准备工作不到位?有什么不合礼仪的地方?

分析要求：(1)形成性要求：学生分析案例提出的问题，拟出《案例分析提纲》；小组讨论，形成小组《案例分析报告》；班级交流，相互点评和修订各组《案例分析报告》；在校园网的本课程平台上展出各组的《案例分析报告》，供学生借鉴。

(2)成果性要求：以经班级交流和教师点评的《案例分析报告》为最终成果。

4.2　可口可乐100周年庆典活动

背景与情境：在可口可乐诞生100周年之际，可口可乐公司举行了100周年庆典活动，向全世界发布各类可口可乐的信息，使人们了解到可口可乐不仅具有悠久的历史，而且已向太空时代迈进，引领着技术高度发展的饮料行业。可口可乐公司用最盛大、最壮观的庆典活动来装点总部所在地亚特兰大。

14 000名工作人员分别从可口可乐所在的155个国家和地区飞往亚特兰大；302辆以可口可乐为主题的彩车和30个行进乐队从全国各地迂回取道开进亚特兰大，夹道欢迎的群众多达30万人，公司向这些群众免费供应充足的可口可乐；亚特兰大市市长安德鲁和可口可乐公司总裁戈伊一起引导游行队伍，其后是1 000人的合唱团和拥有60种乐器的交响乐队，他们高唱着可口可乐的颂歌——"我愿给世界一杯可口可乐"；亚特兰大市中心四周竖立着巨大的电视屏幕，观众们可以看到现场可口可乐公司的百年庆典场面。为了响应可口可乐公司"跟上浪潮"的最新广告口号，伦敦的典礼策划者准备一次推倒60万张多米诺骨牌，当多米诺骨牌天衣无缝地一浪又一浪倒下去到达终点时，一个巨大的百事可乐罐出现了，多米诺骨牌爬上最后一个坡，引起一次小型爆炸，百事可乐罐被炸得粉碎，顿时，全世界可口可乐公司的职员都欢呼起来。

资料来源　张岩松，初萍.现代商务礼仪[M].2版.北京：清华大学出版社，北京交通大学出版社，2014.

问题：可口可乐是国际特大型企业，它的100周年庆典活动采取了哪些不同凡响、引人入胜的仪式？

分析要求：（1）形成性要求：学生分析案例提出的问题，拟出《案例分析提纲》；小组讨论，形成小组《案例分析报告》；班级交流，相互点评和修订各组的《案例分析报告》；在校园网的本课程平台上展出各组的《案例分析报告》，供学生借鉴。

（2）以经班级交流和教师点评的《案例分析报告》为最终成果。

▲　实训操练

4.1　实训项目：大型集会主席台布置和服务

实训要求：将班级学生分成若干小组，以本章"重点实务"中的"大型集会主席台的布置和服务"作为操练项目，先模拟服务员进行主席台的布置（铺台布，放置鲜花、席卡、茶具），然后模拟主席台领导和服务员，体验服务方法和礼仪。

实训步骤：

（1）将班级学生分为若干小组，每组确定1人负责。

（2）各组学生结合本地大型集合主席台布置和服务的实际情况，参照本章实例进行情境设计，并结合情境设计进行服务员与主席台领导的角色分工。

（3）模拟角色操练，体验本项目实训的全过程。

（4）各组学生交换分工，再次体验本项目模拟实训过程。

（5）各组学生记录本次模拟实训的主要情节，总结实训操练的成功经验，找出存在的问题及解决办法，在此基础上撰写《"大型集会主席台的布置和服务"实训报告》（以下简称《实训报告》）。

（6）在班级讨论交流，相互点评与修订各组的《实训报告》。

（7）在校园网的本课程平台上展出经过修订并附有老师点评的各组《实训报告》，供学生相互借鉴。

4.2　实训项目：中小型会场布置（圆桌型、口字形、教室型）

实训要求：将班级学生分成若干小组，以本章"重点实务"中的"中小型会场布置"作为操练项目，模拟服务员体验圆桌型、口字形、教室型三种会场布置的方法和礼仪。

实训步骤：

（1）将班级学生分为若干小组，每组确定1人负责。

（2）各组学生结合本地会展业中小型会场布置的实际情况，参照本章实例进行情境设计，并结合情境设计进行服务员与参会人员的角色分工。

（3）模拟角色操练，体验本项目实训的全过程。

（4）各组学生交换分工，再次体验本项目模拟实训过程。

（5）各组学生记录本次模拟实训的主要情节，总结实训操练的成功经验、找出存在的问题及解决办法，在此基础上撰写《"中小型会场的布置"实训报告》。

（6）在班级讨论交流，相互点评与修订各组的《实训报告》。

（7）在校园网的本课程平台上展出经过修订并附有老师点评的各组《实训报告》，供学生相互借鉴。

4.3　实训项目：展览会服务

实训要求：将班级学生分成若干小组，以本章"重点实务"中的"展览会服务"作为操练项目，模拟参观人员与展台服务员，体验"展览会服务"的方法和礼仪。

实训步骤：

（1）将班级学生分为若干小组，每组确定1人负责。

（2）各组学生结合本地展览会服务的实际情况，参照本章实例进行情境设计，并结合情境设计进行服务员与参观人员的角色分工。

（3）模拟角色操练，体验本项目实训的全过程。

（4）各组学生交换分工，再次体验本项目模拟实训过程。

（5）各组学生记录本次模拟实训的主要情节，总结实训操练的成功经验、找出存在的问题及解决办法，在此基础上撰写《"展览会服务"实训报告》（以下简称《实训报告》）。

（6）在班级讨论交流，相互点评与修订各组的《实训报告》。

（7）在校园网的本课程平台上展出经过修订并附有老师点评的各组《实训报告》，供学生相互借鉴。

□ 善恶研判

"野鸡大学"坑人不浅

背景与情境：每年各地都会举办海外大学推荐会，参加活动的不乏英、美、澳的知名高等学府，但也有一些不具资质的"野鸡大学"混杂其中。他们雇一些华裔帮助宣传，以"价格低廉、服务周到"吸引内地有钱但学习成绩不佳的学生入学。学生到了那里一看，既无正规的校舍，又没有所谓的名牌教授。即使混到毕业，其所发证书也不被美国政府承认，方知上当受骗，后悔不已。

资料来源 根据一些留学生见闻编写.

问题：这些留学生为什么会上当受骗？此类推介会主办方有没有责任？

研判要求：（1）形成性要求：学生分析案例提出的问题，拟出《善恶研判提纲》；小组讨论，形成小组《善恶研判报告》；班级交流，相互点评和修订各组的《善恶研判报告》；在校园网的本课程平台上展出经过修订并附有教师点评的《善恶研判报告》，供学生相互借鉴。

（2）成果性要求：以经过班级交流和教师点评的《善恶研判报告》为最终成果。

第5章

国际交往礼仪

● **学习目标**

通过本章学习，应当达到以下目标：

职业知识：学习和把握国际交往的基本原则，迎送礼仪，会见、会谈、签字仪式，宴请礼仪，文艺晚会与参观游览礼仪等理论与实务知识；掌握礼仪知识在国际交往中的应用，并能用其指导相关认知活动，规范相关技能活动。

职业能力：掌握国际交往中的各种礼仪，能以"国际交往礼仪"知识点评国际交往中不符合礼仪的行为，研究相关案例，培养在特定情境中分析问题的能力和评价力；通过"国际交往礼仪知识应用"实训操练，训练相关技能。

职业道德：结合本章"职业道德与企业伦理"专栏和"基本训练"的善恶研判等教学内容，依照职业道德规范或标准，分析、评判本章相关业务情境中企业和从业人员行为的善恶，强化其职业道德素质。

引例：一次特殊的礼宾次序安排

背景与情境： 1995年3月在丹麦哥本哈根召开了联合国社会发展世界首脑会议，出席会议的有近百位国家元首和政府首脑。3月11日，与会的各国元首与政府首脑合影。按照常规，应该按礼宾次序名单安排好每位元首、政府首脑的位置。首先，这个名单怎么排，究竟根据什么原则排列？哪位元首、政府首脑排在最前？哪位元首、政府首脑排在最后？这实际上很难安排。于是，丹麦和联合国的礼宾官员只好把丹麦首脑（东道国主人）、联合国秘书长、法国总统以及中国、德国总理等安排在第一排，而其他国家领导人，就任其自便了。

资料来源　马保奉.外交礼仪漫谈[M].北京：中国铁道出版社，1996.

问题： 这样安排是否合乎礼仪？

分析提示： 国际交往的礼宾次序非常重要，如果安排不当，或不符合国际惯例，就会招致非议，甚至会引起争议和交涉，影响国与国之间的关系。在安排礼宾次序时，既要做到尊重所有客人大体上平等，又要考虑到国家关系，同时也要考虑到活动的性质、内容，参加活动人员的威望、资历、年龄，甚至是其宗教信仰、所从事的专业以及当地风俗等。

但礼宾次序不是教条，不能生搬硬套，要灵活运用、见机行事。该案例中参会的有近百位国家元首、政府首脑，一时无法从容安排，只能照顾主要人员。这是灵活应用礼宾次序的典型案例。

国际交往，即国与国之间的交往，既包括各国政府、议会、政党、民族、城市之间的往来，也包括各国民间的商贸、文化等机构及人员之间的往来。在所有的交往中，都必须遵从一般的通行的礼仪原则，这样才能使交往顺利，增进友谊，事业成功。因此，国际交往应了解并践行其基本原则。

5.1　国际交往的基本原则

1）尊重对方，诚信守约

尊重别人，是一切礼仪的基础。外事无小事，国际交往尤其要尊重对方，包括尊重对方的习俗、宗教信仰、生活习惯、爱好和禁忌。尊重别人，要时时处处事事做到，哪怕是一个称呼、一句赞美、一次握手，在每一件小事上都不能疏忽。比如，有一个厂长正在车间里检查工作，听说外宾来访，匆忙之间，未换衣服就去接待外宾，这被认为是不尊重对方、不礼貌的行为。又如，在我国，领导与司机同桌吃饭是联系群众，没有架子，若司机与外宾同桌吃饭，则会被认为是对宾客的蔑视。再如，1983年6月，美国总统里根出访欧洲四国，在出席一次晚宴时，未穿黑色晚礼服而穿了一套格子西服，引起了一场轩然大波，招致部分人向他扔鸡蛋。此外，在西方，对于未结婚或已离异的女性，应尊其为小姐或女士，如称"太太"，则会引起对方的不悦。各个国家的人都会有一些生活忌讳，接待前都应一一弄清楚，否则会引起尴尬，甚至酿成外事纠纷。

对外交往，诚信守约也是非常重要的必须遵守的原则。约定和承诺一定要量力而行，考虑周全，不能轻易约定和许诺；一旦作了约定和许诺，则一定要如约而行，做到"言必行，行必果"。只有这样，才能赢得对方的好感与信任。万一由于不可预测或不可抗拒的原因，造成失约，必须尽快向对方通报，如实解释，并郑重其事地致歉，取得对方的谅解。

2）维护国格，不卑不亢

我国在1949年前积贫积弱，在世界上备受欺凌。中华人民共和国成立后，由于坚持走社会主义道路，坚持自己独特的社会制度，曾长期遭受一些西方大国的打压和封锁。现在，中国特色的社会主义事业已取得极大成功，我国已成为世界第二大经济体，国力日益强盛，出国旅游人数2014年已超过一亿人次，成了世界第一大旅游客源国。世界五大洲，到处有中国人的身影。中国经济的发展已成为推动世界经济的重要杠杆。但我国在高新技术、个人文明习惯等方面从整体上看与发达国家特别是欧美国家，仍然有较大差距，我国经济建设、科技创新的每一项成绩也都会习惯性地受到挑战，很多国家和媒体欢呼赞誉，也有一些国家和媒体挑剔、贬低。因此，在一切对外交往中既要尊重对方，又要捍卫国格，践行"礼仪之邦"泱泱大国的气派，做到不卑不亢。因为，只有自尊，才能得到对方对你个人、你代表的企业和国家的尊重，才能得到真诚、平等的友谊和合作。

同步案例5-1

"双星"人的表现

背景与情境：青岛双星集团总经理汪海有一次去美国考察，在双星运动鞋的产品发布会上，遇到许多记者提问。一位意大利记者问："你们生产的运动鞋为什么叫'双星'？是不是代表你们常讲的物质文明与精神文明？"汪海微笑着点点头说："还可以这样理解：一颗星代表东半球，一颗星代表西半球，我们要让'双星'牌运动鞋潇洒走世界。"对这样的豪言壮语，一位美国记者却不以为然，问道："请问先生你脚上穿的是什么鞋？"这一问用意非常明了：如果你穿的是"双星"牌，那自然没话说；如果穿的是洋货，意味着连自己都不穿"双星"，还何谈什么潇洒走世界？不料，汪海十分沉着自信地答道："在贵国这种场合脱鞋是不礼貌的，但是这位先生既然问起，对不起，我就破例了。"说着他把自己的鞋脱了，高高举起，指着商标处，大声说道"Double Star"（双星）！这时，场上响起了热烈的掌声，不少记者争相拍下这一镜头。第二天，美国纽约的各大报纸纷纷在主要版面上登出这幅照片。《纽约时报》一位记者评述道："在美国脱鞋的有两个共产党国家的人，一个是前苏联的领导人赫鲁晓夫，他脱鞋敲桌子表明一个共产党大国的傲慢无礼；一个是来自中国大陆的双星集团总经理，他脱鞋表明了中国的商品要征服美国市场的雄心！"

资料来源　佚名.中国企业家要有"双星"人的气魄[J].中外管理，1996（4）.有改动.

问题：你怎样看待汪海的言行？

分析提示：汪海维护自身尊严的言行，不仅表明了"双星"人奋发图强、勇于开拓、走向世界的雄心壮志，而且也表现了一个中国人可贵的民族气节，因此，赢得了外国人对"双星"产品、对中国的赞誉和尊敬。

3）谦恭有礼，实事求是

谦恭有礼，是人际交往的重要原则，也是国际交往礼仪的重要表现。我国自古以来就有"谦受益，满招损"的训诫，与人交往自谦被认为是一种美德，谦词、谦称林林总总。然而在国际交往中，谦恭有礼必须实事求是。由于东西方文化的差异，国人与西方人交往时，不能像国内交往时那样过谦，过谦常易产生误会，造成不快。例如，向西方人介绍自己的妻子如称贱内，会被认为是不尊重女士。做一桌丰盛的饭菜招待西方人，如果主人谦称"粗茶淡饭聊备薄酒，不成敬意"，会被认为是虚伪、讽刺；如果主人说"这是我美丽好客的妻子，我们准备了一桌丰盛而有特色的饭菜招待贵客，相信你们一定很喜欢"，客人听了会很开心。因为主人既谦恭有礼，又实事求是地表达了热情欢迎的心意。外国人特别是西方人不喜欢虚假客套。

4）保守机密，尊重隐私

在对外交往特别是外事接待活动中要坚决维护国家主权和民族尊严，自觉遵守保密法规，特别是要注意不能在日常交往或一般接待中"无意"泄露不能公开的信息，当然也不能随意打听外方的机密。企业之间的商业机密也是不能泄漏的，否则不但有失礼仪，还会使企业甚至国家遭受重大经济、政治损失。当今世界，电脑、手机已经普及，使用网络、手机微信与外国人士交往司空见惯，但一不小心就可能无意间泄露自己认为无关紧要的信息，犯下严重错误，因此不可不慎。当然，更要注意的是尊重外方人员的隐私，有些事，如结婚没有、身体好吗等等国内认为十分寻常的事，在西方人看来都是绝对隐私，一定不能询问。

同步思考5-1

问题：在涉外交往中，哪些"隐私"不能涉及，不能问？

理解要点：在涉外交往中，涉及个人隐私，不能问的事，归纳起来，可以称为"十不问"：（1）不问年龄大小；（2）不问收入支出；（3）不问婚姻恋爱；（4）不问个人经历；（5）不问政治观点；（6）不问工作情况；（7）不问宗教信仰；（8）不问健康状况；（9）不问家庭住址；（10）不问生活习惯。不但不能当面问外方人员上述十个问题，对不在场的人的隐私也应尊重，不打听、不议论不在场人士的情况，不在背后议论同事的好坏、上级的能力、女人的胖瘦甚至路人的服饰，否则都会被外国人视为喜欢窥探隐私而被其看不起。

5）讲究次序，女士优先

在各国交际礼仪中，大到政治活动、商务交往、旅游交际，小到个人接触、社交应酬，都要讲究次序。这样才能合乎礼仪，使活动顺利进行。在国际交往中，礼宾次序一般可按宾客的身份与地位、职务高低，依次排列。在多边活动中，有的按参加人的姓氏的英文字母先后顺序排列，有的按参加国的字母顺序排列，有的按代表团抵达活动地点的先后排列。不论是集体还是个人，礼宾次序排列的惯例是以右为尊、以右为大、以右为长，以左为卑、以左为小、以左为次。因此，不管是并排站立，还是行走、就座，为了表示尊重，主人都应主动居左，请客人居右；男士应主动居左，让女士居右；晚辈、下级、年青的居左，让长辈、上级、年长者居右。而且，场合不同，也应该注意有不同要求：两人同行，以前者、右者为尊；三人并行时以中者为尊，前后行时以前者为尊；上楼时，尊者、长者、女士在前，下楼时则相反。

由于国旗是一个国家的象征和标志，在外事活动中常需悬挂国旗，同样也是客方国旗在右边，主方国旗在左边。

女士优先，是指在一切社交场合，每一位男士都有义务尊重、照顾、体谅、关心、保护女士，想方设法为女士排忧解难。外国人强调女士优先，并非认为女士是弱者，应予以同情、怜悯，而是把女士视为"人类的母亲"，尊重她们，是表示对人类母亲的感恩。女士优先，要做到在任何场合、任何时间，对所有女士，不论其年龄大小、民族、地位高低，同等对待。比如，安排座位，女士应居右；行走时，要让女士靠墙，男士靠马路；男女对面相遇时，男士要主动让路；进出门和电梯时，男士要主动为女士开门并让女士先行；乘坐车辆时，男士要主动为女士拉门，请女士先上车，坐在右边位置上；用餐时，男士要主动协助女士就座，帮助女士提携较重的物品等等。

在对外交往中，从迎接到送别外方宾客，期间可能会经历会见、会谈、签字仪式、宴请、参加文艺晚会或游览活动等，礼仪必须贯穿始终，丝毫不能马虎懈怠，不能有丝毫差错。正所谓"外事无小事"，礼仪贯始终。

5.2　迎送礼仪

5.2.1　官方迎送礼仪

1）接待准备

迎来送往，是国际交往中最常见的礼节。接待准备工作主要由外事部门负责主持、联系和安排。为了做好接待工作，需要通过外交途径事先了解对方的来访目的与要求，前来的路线与交通工具，抵离的具体时间与地点及来访人员的姓名、身份、性别、年龄、生活习惯、宗教信仰、饮食爱好与禁忌等，据此制订具体详尽的接待方案，确定接待规格和主要活动的日程安排。接待规格的高低，通常应根据来访者的身份、愿望、两国关系等因素确定。

根据外事工作的特点和要求，接待准备工作必须注意以下几点：

对参加接待服务的人员进行严格的挑选和必要的培训。

根据确定的礼宾规格，备齐接待物品，布置好会见、会谈场所。

确定会见、会谈和宴请的地点、时间、人员、座次、程序、菜单等。宴会上食品、饮料等要由专人把关、化验，以确保安全、卫生，防止意外事故发生。

落实安全保卫工作，制订周密的警卫方案。严格按照有关规定控制通信设备和出入人员。对使用的车辆、途经路线和道路及会见、会谈和宴请场所要认真仔细地进行安全检查，不能有任何疏忽或差错。

安排好来访者的下榻处和迎送车辆。外国国家元首或政府首脑通常是在国宾馆下榻，整个代表团的住房分配可先由东道国根据来访者的身份、地位一一安排，征求对方意见后实施。有时也可把下榻处的建筑平面图交给对方，由其自行安排。对于外国国家元首、政府首脑，通常安排开道车和摩托车队护送，并在所乘车辆的右前方插上该国国旗。随行人员的座次要按礼宾顺序来安排。对于大型代表团的随行人员，也可安排乘坐大轿车。有些重要的外国代表团，也可派车开道，以示重视和尊敬。

2）迎送国宾礼仪

（1）国际通行的迎送仪式

外国国家元首、政府首脑的正式访问，其迎送仪式一般在机场或车站举行，有的在特定的场所举行，如总统府、议会大厦、国宾馆等。举行仪式的场所要悬挂宾主双方的国旗（宾方挂在右面，主方挂在左面），在领导人行进的道路上铺上红地毯。

各国的迎送仪式不尽一致，大体上包括下列几项内容：

由身份相当的领导人和一定数目的高级官员出席，有的还通知各国（或部分国家）使节参加。

一般安排儿童或女青年在主要领导人与宾客握手之后献上色彩鲜艳的鲜花花束（忌用菊花、杜鹃花、石竹花和黄色花朵），注意各国对花的品种及颜色的不同忌讳。

奏两国国歌，先奏宾国国歌，后奏本国国歌。

检阅仪仗队，来访国宾在主人的陪同下，沿着红地毯徐徐行进。

鸣放礼炮，最高规格为21响，一般为国家元首鸣放；其次为19响，为政府首脑鸣放；再次为17响，为副总理级领导人鸣放。

对于军方领导人的访问，也要举行一定的欢迎仪式，如安排检阅仪仗队等。长期在本国工作的外国人士和外国使节、专家等到任、离任时，本国有关方面亦应安排相应人员迎送。

对于外宾的迎送规格，一般均按来访者的身份和访问目的，并考虑两国关系的现状及发展趋势加以确定。通常，主要的迎送人员要与来访者的身份相当，有时当事人不在当地或临时身体不适，可由职位相当的人士或副职出面迎送，但要注意向对方做好解释。总之，主人的身份不能与客人相差太大，要尽可能与来访者对口、对等。

在特殊情况下，有时从发展两国关系或当时的政治需要出发，也可以打破常规接待，安排较大的迎送场面和给予较高的礼遇，但要尊重国际惯例，注意必要的平衡，避免其他国家产生不必要的误会，造成厚此薄彼的印象，影响外交关系。

（2）我国迎送仪式的惯例

外国国家元首或政府首脑抵达北京首都国际机场或车站时，由国家指定的陪同团团长或外交部的部级领导人及级别相当的官员赴机场或车站迎接，并陪同来访国宾乘车前往国宾馆下榻。

国宾抵达北京的当日或次日，在人民大会堂东门外广场举行隆重的欢迎仪式。如天气不适于举行此项仪式，则在人民大会堂东门内的中央大厅或北大厅举行。

欢迎仪式为双边活动，不邀请各国驻华使节出席，中方出席相应的国家领导人和有关部门负责人等。

广场悬挂两国国旗，组织首都少年儿童列队欢迎，少年儿童代表献花，奏两国国歌，检阅三军仪仗队，鸣放礼炮。

国宾离京返回或到外地访问时，我方出面接待的国家领导人到宾馆话别，由陪同团团长或外交部部级领导人陪同客人前往机场、车站送行或陪同赴外地访问。

国宾到外地访问时，由省长或市长迎送；如省长、市长不在，则由副省长或副市长代表。外国议长率领的议会代表团到地方访问时，应由省、市人大常委会主任迎送；如主任不在，则由副主任代表。另外，有些外宾虽无明确职务，但其身份特殊，如王室要员（相当于政府首脑），也应参照上述原则安排。

同步案例5-2

周总理给大家上礼仪课

背景与情境： 1957年国庆节后，周总理去机场送一位外国元首离京，专机起飞后，外国使节、武官的队伍依然整齐，并对元首座机行注目礼，而我国政府的几位部长和一位将军却迅速离开了队列。他们有的想往车里钻，有的想去吸烟。周总理目睹这一情况后，当即派人把他们叫了回来，一起昂首向在机场上空盘旋的飞机行告别礼。在送走了外国使节和武官后，周总理特意把中国的送行官员全体留下来，严肃地批评几位部长和那位将军：外国元首的座机起飞后绕机场上空盘旋，是对东道国表示感谢，因此，东道国的送行人员必须等飞机从视线里消失后才能离开，否则就是不礼貌。我们是政府人员和军队干部，我们的举动代表着人民和军队的形象，虽然这只是几分钟的事，但如果我们不加以注意，就很可能因小失大，使国家的形象受损。

资料来源　文晓玲，李朋.社交礼仪[M].大连：大连理工大学出版社，2008.

问题： 周总理为什么严肃地批评几位部长和一位将军？

分析提示： 首先，外国元首的飞机刚起飞，还在机场上空盘旋，是对我国政府表示感谢，几位送行的部长和一位将军就离开了队列，是对外国元首的不尊敬；其次，周总理尚未离开，作为下属的部长和将军先离开，也是不符合礼仪的。当时，中华人民共和国刚建立不久，百废待兴，对礼仪教育尚不够重视，周总理及时严肃地批评几位失礼、失仪的部长和一位将军，对国际交往和礼仪建设是有重要意义和深远影响的。

5.2.2　民间团体、一般客人的迎送礼仪

1）对民间团体的迎送

迎送民间团体时，不举行官方正式仪式，但需要根据客人的身份、地位，安排对口部门、对等身份的人员接送。对于身份、地位高的客人，可事先在机场（车站、码头）安排贵宾休息室，准备好茶水、饮料，并尽可能将房号和车牌号提前通知客人；也可印好住房、乘车表，或打印好卡片，在客人到达时，及时发到每个人手中，或通过对方的秘书转达，以便客人心中有数、主动配合。

2）对一般客人的迎送

迎送一般客人时，主要是做好各项安排。如果客人是熟人，则不必介绍，直接上前握手，互相问候即可；如果客人是首次前来，又不认识，接待人员应主动自我介绍；如果是大批客人，也可事先准备特定的标志，如小旗子或牌子等，让客人从远处就能看到，以便客人主动来接洽。

3）迎送工作中的注意事项

主人陪同乘车时，应请来宾坐在主人的右侧。如是三排座的轿车，译员坐在主人前面的加座上；如是两排座，译员坐在司机旁边。上车时，要请客人从右侧先上车，主人从左侧上车。如客人先上车，坐在主人位置上，则不必请客人挪动位置。

指派专人协助办理入（出）境手续及机票（车、船票）、行李提取或托运手续等事宜。

客人抵达住处后，一般不要马上安排活动，应稍作休息，起码给客人留下更衣、简单洗漱的时间。

```
同步思考5-2
```

问题： 参加涉外活动坐车位置有何讲究？

理解要点： 接待外宾或参加涉外活动时，有时要安排迎送人员陪同坐车。一般认为，双排五座轿车最尊贵的座位是后排与司机座位成对角线的座位，即后排右座。其余座位的

尊卑次序是：后排左座、后排中座、前排右座。涉外活动中，宾主同车时，宜请客人坐在主人右侧，译员坐在前排右座。如果宾主不乘同一辆轿车，则主人坐的车应当行驶在宾客坐的车之前，为其开道。

同步业务5-1

我国国宾车队的具体安排

国宾座车，一般是三排座位的豪华型进口车。国宾座位是车内最后一排的右边，左边是我方陪同团团长座位。陪同团团长座位前一加座是翻译座位。司机右边是我方警卫座位。这辆车称主车。主车前后各有一辆警卫车，分别称前卫车、后卫车，内乘中、外双方警卫和医护人员。后卫车后，往往还安排一辆同主车车型、设备完全一样的备用车，主车万一发生故障，马上代替主车启用。备用车后是国宾夫人车，主宾夫人由陪同团团长夫人陪同。前卫车前是礼宾车，内乘双方礼宾负责人。礼宾车前是前导车，车上配有警笛、扩音器、闪光设备，以便肃清道路。国宾行车路线，一般提前15分钟中断交通，采取全封闭方式，待国宾车队通过后开放。国宾夫人车后，按礼宾顺序，安排身份最高的随行人员。部长级以上官员，一般一人一车，副部长两人一车，司局级及以下人员安排乘小面包车。国宾车队中我方礼宾、安全人员配有必要的联络工具，如手机、对讲机等，以便同有关方面保持密切联系。国宾车队还配有9辆摩托车护卫，其中一辆行驶在前卫车前，前卫车至后卫车两侧各4辆，另有两辆备用摩托车也列入编队之中。所以，人们常常见到的是11辆摩托车。摩托车护卫，我国于1981年恢复。

资料来源　马保奉.外交礼仪漫谈[M].北京：中国铁道出版社，1996.

迎接外国来宾之前的礼仪准备，大致包括以下五个方面：

第一，确定邀请规格。按惯例，主要是兼顾来宾的具体身份与来访的主要目的。在一般情况下，发出正式邀请时，要讲究规格对等。

第二，排定礼宾序列。礼宾序列又称礼宾次序，指的是在同时接待来自不同国家、不同地区、不同单位的外国团体或个人时，必须按照国际惯例和本国的常规做法排定其尊卑先后的具体顺序，并给予对方相应的礼遇。

第三，慎重悬挂国旗。为了维护本国的国家尊严，任何主权国家均不允许在本国境内随意悬挂或摆放外国国旗。

在我国境内悬挂外国国旗，是我国给予对方的一项礼遇。依照国际惯例，在本国境内悬挂外国国旗时，必须同时升挂本国国旗。在同时悬挂两国国旗时，其高度要相等，国旗面积也要大致相似，以示彼此相互平等。但外国国旗要居右，以示对对方的尊重。

第四，拟订接待计划。在接待外国来宾之前，应当认真草拟一份周详的接待计划，以便使接待工作减少周折，按部就班进行。

第五，掌握人员状况。在包括涉外在内的一切人际交往中，最重要、最活跃的因素是人。因此，要做好外事接待工作，就必须掌握好对方与我方相关人员的状况。

同步案例5-3

第一印象十分重要

背景与情境：第一印象在外交活动中起着重要作用。1992年12月，时任俄罗斯总统叶利钦对我国进行国事访问。这是叶利钦当选俄罗斯总统后第一次访华，对两国关系具有重要影响。为使接待工作做得圆满，外交部礼宾司早早就做了周密的准备。

17 日，迎着灿烂的朝阳，叶利钦的专机稳稳地停在了首都国际机场。按照国际礼宾惯例，应由被访问国的礼宾司司长登机欢迎，我就在俄驻华大使罗高寿的陪同下登上了飞机。为表示欢迎，我用熟练的俄语对叶利钦说："热烈欢迎总统阁下首次访华，今天天气晴朗，天气也在欢迎您。"叶利钦听后兴奋地说："这是我担任总统后首次访华。在踏上中国土地之后，你是我见到的第一个中国外交部官员，又用流利的俄语和我交谈，我感到很亲切，也十分高兴，这是访问圆满成功的预兆。"短短几句话，立即拉近了双方的距离，叶利钦也由刚才的握手改为热情的拥抱。

俄罗斯人喜欢喝酒，尤其喜欢烈性酒。可是按国际习惯做法，一般国宴只喝红白葡萄酒。为了使叶利钦一行能喝得尽兴，在欢迎宴会上，遵照中央领导同志的指示，我们打破了宴会不用烈性酒的惯例，为叶利钦准备了茅台酒。果然，叶利钦当晚情绪高涨，足足喝了半斤多，使宴会的气氛十分热烈。

第二天，江泽民同志要在钓鱼台国宾馆举行小型宴会招待叶利钦。招待会前，江泽民同志非常谦虚地向我问起叶利钦的小名，我告诉他是"鲍利斯"。当江泽民同志见到款款走来的叶利钦时，用俄语亲切地说："你好，我的兄弟鲍利斯！"叶利钦非常惊喜，紧紧地握着江泽民同志的手说："这是我第一次听到一个外国领导人这样亲切地称呼我，我很激动，我们的关系多么亲密啊！"

叶利钦这次访问取得了丰硕的成果。我们恰到好处的外交礼仪，给叶利钦留下了良好的第一印象，为访问的圆满成功起到了不可忽视的作用。

资料来源　鲁培新.新中国外交亲历[EB/OL].（2007-07-17）.http://cpc.people.com.cn.

问题：哪些礼宾仪式给叶利钦总统留下了良好的第一印象？

分析提示：首先，礼宾司司长登机后用流利的俄语代表我国热烈欢迎叶利钦总统；其次，国宴尊重俄罗斯习惯和叶利钦总统爱好，打破惯例，上了茅台酒；最后，江泽民主席用俄语称呼叶利钦的小名。这些都大大拉近了双方的距离，为迅速改善中俄关系起到了巨大的作用。

5.3　会见、会谈、签字礼仪

5.3.1　会见礼仪与服务规范

会见是国际交往中常采用的礼宾活动形式，一般也称接见或拜会。凡身份高的人士会见身份低的人士，或主人会见客人，一般称为接见或召见。凡身份低的人士会见身份高的人士，或客人会见主人，一般称为拜会或拜见。我国一般不作上述区分，统称会见。接见或拜会后的回访，称回拜。

1）会见的分类

会见就其内容来说，有礼节性、政治性和事务性三种。礼节性的会见，时间较短，话题较为广泛。政治性会见一般涉及双边关系、国际局势等重大问题。事务性会见则指一般外交事务安排、业务商谈等。外交交涉一般称为召见。

会见根据对象不同又分个别约见和大型接见。个别约见是指国家领导人就某一方面的外交事务或某部门负责人就某一业务问题，与使馆人员或个别人士进行会面商谈的一种礼宾活动。它的特点是会见范围小、保密性强。大型接见是指国家领导人会见一国或几国群众团体或国际会议代表。它的特点是参加会见的人数多，场面隆重。

2）会见的安排

会见在国际上通常安排在会客厅或办公室。有时宾主各坐一边，有时穿插坐在一起。某些国家元首会见还有其独特的礼仪形式。在布置形式上，各国也不一样。有的国家主宾的座位是特制的，有的则是主宾同坐一个三人长沙发。外国领导人来我国访问，会见安排比较简单，无特殊仪式。会见地点通常安排在人民大会堂或中南海。会见时的座位安排一般为客人坐在主人的右边（个别情况例外），译员、记录员安排在主人和主宾的后面。其他客人按礼宾顺序在主宾一侧就座，主方陪见人在主人一侧就座，座位不够可在后排加座。座位多采用单人沙发、扶手椅，人数在十几人至几十人之间的会见，里圈用沙发，外围用扶手椅或靠背椅。

3）会见的服务规范

当宾客到达时，服务员要利用主人到门口迎接的间隙，迅速整理好茶几上的物品和沙发。然后，用茶杯上茶，杯把一律朝客人的右手一侧。

宾主入座后，一般由两名服务员从主要的外宾和主人处开始递毛巾。递毛巾时热情地道一声"请"。如果是一名服务员递毛巾，要先从外宾处开始，然后再递给主人。如果有两名服务员，则递给外宾的服务员动作要先于另一名服务员。宾客用完毛巾，要及时收回，以保持台面整洁。如果会见中招待冷饮，上完毛巾后，接着上冷饮，其礼宾程序与上毛巾相同。上冷饮时，托盘中的冷饮品种要齐全，摆放要整齐，请宾客自选。

会见期间的续水一般是30分钟左右一次。续水用小暖瓶，并带块小毛巾。续水的礼宾程序与上毛巾相同。

会见厅内的光线和温度应根据实际情况和主要宾客的要求而定，一般以夏季在摄氏24～25摄氏度、冬季在20～22摄氏度为宜。

会见结束后，要及时把厅室门打开，并对活动现场进行检查。在主人送走宾客返回时，应及时给主要首长送上一块热毛巾，并送主要首长和年老及行动不便的首长上车。

5.3.2 会谈礼仪和服务规范

会谈是指在正式访问或专业访问中，双方或多方就某些比较重大的政治、经济、文化和军事等共同关心的问题交换意见，或就具体业务进行谈判的活动。

外国领导人来我国访问，首次会谈通常安排在人民大会堂举行。如有第二轮会谈，有时安排在国宾下榻的国宾馆举行。会谈开始前，允许双方记者采访，但几分钟后需退场。如有分组会谈，则另行安排。

1）会谈活动的特点

参加会谈的双方或多方主要领导人的级别、身份原则上是对等的，所负责的事务和业务也是对口的。如外方由总统、总理率领代表团参加会谈，我方则由国家主席、总理出面；如外方是外交部部长出席，则我方也应是外交部部长出席。

会谈一般来说内容较为正式，政治性和业务性都较强，要特别注意保密。代表团身份和规格很高的国事会谈还要悬挂双方国旗。

2）会谈的服务规范

（1）会谈用品的配置

在每个座位前桌面的正中摆放一本供记事的便笺，便笺的下端距桌面的边沿约 5 厘米。紧靠便笺的右侧摆红、黑铅笔各一支，便笺的右上角摆一个茶杯垫盘，盘内垫小方巾。以前，主要宾客处每人放一个烟灰缸和烟盘，其他每两人放一套（摆在两个座位之间处），现在没有特殊情况时，都不再为主客准备烟灰缸和烟盘。

（2）会谈的服务程序

当主人提前到达活动现场时，要迎至厅内的沙发上就座，用小茶杯上茶。在主办单位通知外宾从住地出发时，服务员在工作间内应沏好茶。当主人到门口迎接外宾时，服务员把茶杯端上，放在每人的茶杯垫盘上。宾主来到会谈桌前，服务员要上前拉椅让座。当记者采访和摄影完毕，服务员分别从两边为宾主双方递上毛巾。宾主用完后，应立即将毛巾收回。

会谈中间如果上牛奶、咖啡、干果等，应先把牙签、小毛巾（叠成长方形，每盘两块）、奶罐垫盘、咖啡杯垫盘放到桌上，然后把已装好的糖罐、奶罐（加勺）、咖啡（加勺）、干果盘依次摆上桌。

会谈活动一般时间较长，可视宾客的具体情况及时续水、续换铅笔等。如会谈中间休息，服务员要及时整理好座椅、桌面用品等。在整理时，注意不要弄乱和翻阅桌上的文件、本册等。

会谈结束时，要照顾宾客退席，然后按善后工作程序做好收尾工作。

5.3.3　签字礼仪和服务规范

1）签字仪式的文本准备

国与国之间或数国之间通过谈判就政治、军事、经济、科技、文化等某一领域达成协议，缔结条约、协定和公约时互签互换文本举行的仪式，称为签字仪式。

国内各省、市、自治区之间党政或其他机构就双方或多方在某一领域内达成的协议互签互换文本举行的仪式，同样可称为签字仪式。

我国同其他国家签订的议定书，一般是中外两种文字的文本，一式两份，具有同等效力。签字后由双方各保存一份。出席签字的人一般视文件的性质由缔约各方确定，有国家领导人签的，也有政府有关部门负责人签的，双方签字人的身份大体相当。

安排签字仪式时，事前应做好文本准备工作，同时准备好签字仪式上所需的文具、国旗等物品，安排好场地、时间。双方助签工作人员应商定相关细节。

出席签字仪式者基本上是双方参加会谈的全体人员。如一方要求让某些未参加会谈的人员出席，另一方应予以同意，但双方人数最好大体相等。

2）签字仪式的服务规范

宾主双方到达签字大厅时，服务员要主动上前为签字人员拉椅让座。这时双方代表分别站在签字代表的身后。开始签字时，前台服务员站在签字桌两头等候，准备签完字后撤椅子；后台服务员要速将香槟酒启开，倒入香槟酒杯内（约六七分满），端入签字大厅，分别站在签字台两侧约 3 米处，准备上酒。

涉外签字一般有两种文本，当签字人员在一种文本上签完后，由双方助签人员交换文本。当交换的文本签完后，双方签字代表站起来正式交换，互相握手时由两名服务员上前迅速将签字椅撤除。随后，托端香槟酒的服务员立即跟上，分别将酒端至双方签字人员面前，请其端取。接着从桌后站立者的中间开始，向两边依次分让香槟酒。宾主举杯祝贺并干杯后，服务员要迅即上前用托盘接收酒杯，照顾签字代表退席。

5.4　宴请礼仪

宴请是为了表示欢迎、答谢、祝贺、喜庆等举行的一种隆重的、正式的餐饮活动，是国际交往中最常见的交际活动形式之一。

宴请具有就餐人数多、消费标准高、菜点品种多、气氛隆重热烈、就餐时间长、接待服务讲究等特点。宴请一般要求格调高雅，在环境布置及台面布置上既要舒适、干净，又要突出隆重热烈的气氛。在菜点选配上有一定的质量要求，应按一定的顺序和礼仪递送上台，讲究色、香、味、形、器，注重菜式的季节性，必要时用拼图及雕刻等形式烘托喜庆、热烈的气氛。在接待服务上强调周到细致，讲究礼仪。

职业道德与企业伦理 5-1

靠什么赢得好感

背景与情境：顾医生陪同丹麦医药公司的代表到南方某县城考察合资办药厂事宜，县东风药厂厂长率全体管理人员20余人为他们接风。在餐厅，寒暄一番后，厂长就对翻译说："小李，你对丹麦朋友说，丹麦人民是中国人民的好朋友，为了热烈欢迎他，我特地吩咐厨师现杀活鱼，很新鲜；杀了鸡，又肥又大；还杀了2条七步蛇，越毒越补！对了，问问他喜不喜欢吃狗肉。"顾医生几次想阻止他，但他兴高采烈，越说越高兴，根本不在乎顾医生的眼神。丹麦医药代表始终沉默地坐着，一顿饭只吃了些炒饭和蔬菜，第二天便要求回去了。厂长的"热情"不但没有赢得好感，连本来打算签的合作办厂协议也泡了汤。

资料来源　万里红.最实战商务礼仪[M].北京：机械工业出版社，2013.有改动.

问题：该厂厂长的"热情"为什么会带来相反的后果？

分析提示：国际交往与合作，首先要了解对方的信仰与生活习惯、爱好。厂长完全以中国南方一般人的饮食喜好接待欧洲客人，大谈"杀生"，实在不合适，而且，招待两个客人，就率全厂管理人员参加，也太过浪费，引起对方反感，丹麦客人自然不会与这样的企业合作。

5.4.1　常见的宴请仪式

1）宴会

宴会为正餐，入座后，由服务员顺次上菜。宴会在规格上分为国宴、正式宴会、便宴、家宴；在餐别上分为中餐、西餐和中西合餐；在举行时间上分为早宴、午宴、晚宴，一般在晚上举行的宴会更为隆重；在礼仪上又分为欢迎宴会和答谢宴会。

（1）国宴

国宴是国家元首或政府首脑为国家的庆典或为外国元首、政府首脑来访而举行的正式宴会。国宴是各类宴请中规格最高、最为隆重的一种形式。宴会厅内悬挂国旗，设乐队演奏国歌及席间乐，席间有致辞或祝酒，菜单和坐席卡上均印有国徽。出席者的身份、规格高，代表性强，宾主均按身份排位就座，礼仪严格。

同步案例5-4

细微动作表达外交含义

背景与情境：我国素有"礼仪之邦"的美誉，热情好客、彬彬有礼是中华民族的美德。不过，在复杂的外交关系中，外交礼仪还体现在从容不迫、不卑不亢上。这一点，周恩来总理为我们树立了榜样。

1972年2月，时任美国总统尼克松对中国进行"破冰之旅"访问，从此打开了中美关系的大门。由于对这次访华中美双方在表述上有分歧以及当时中美关系的大背景，在尼克松来之前，周恩来总理给外交部确定了接待方针：不冷不热，不卑不亢，待之有礼，不强加于人。这其中释放出了政治信号。

2月21日中午，尼克松的专机抵达北京，周恩来等到机场迎接。飞机舱门打开后，只有尼克松和夫人两人走下舷梯，而随行的基辛格、罗杰斯等人要等尼克松夫妇与周总理握手后才下舷梯。这是因为美方想突出尼克松与周总理单独握手的画面。而我方是如何接待的呢？都体现在周总理接下来的一举一动中。

当尼克松夫妇出现在飞机舱门时，周总理并没有鼓掌，而是等他们走到舷梯一半位置时才开始鼓掌。等尼克松夫妇走下舷梯最后一级，周总理也不是主动迎上去握手，而是站在原地。这时尼克松主动走上前去，身体微向前倾，先伸出手握住周总理的手说："我非常高兴来到中华人民共和国的首都北京。"这时，周总理的回话也是意味深长："你的手伸过世界上最辽阔的海洋——我们25年没有交往了！"

接下来的欢迎仪式上，按照惯例要悬挂两国国旗、奏两国国歌和检阅仪仗队等。对此，我方都做了，接待完全符合礼仪。不过，还是与当时接待其他国家贵宾的仪式有所区别，最明显的就是没有群众欢迎场面。当时，西方媒体在报道中对我们的接待工作的评价是"correct, not warm"。其中，"correct"是"正确"，用在礼宾上应该是"符合礼仪"，"not warm"则是"不热"的意思，这体现了我们的原则——不冷不热。

欢迎宴会上，在周总理的安排下，中国乐队演奏了美国民歌和尼克松家乡的歌曲《美丽的亚美利加》及《牧场上的家》，这让尼克松夫妇感到非常亲切。接下来的祝酒碰杯，周总理的举动则体现出了我们的不卑不亢。一般情况下，周总理在和其他国家领导人碰杯时，总是让自己酒杯的上沿去碰对方杯子的中间部分。但这次在向尼克松敬酒时，周总理却特意将他的酒杯杯沿和尼克松的酒杯杯沿持平后再碰杯。这一细微的举动，既不失礼，也不过分。

资料来源　张兵.揭秘外交礼仪背后的交锋[EB/OL].（2007-07-17）.http://cpc.people.com.cn.

问题：周总理用哪几个细微动作体现了"不冷不热，不卑不亢，待之有礼，不强加于人"的接待方针？

分析提示：1972年尼克松来访时，中美尚未正式建交，他的"破冰之旅"实际上是一次试探之旅。而且此前好多年的中美华沙会谈，由于美方坚持不承认中华人民共和国是中国的唯一合法代表，台湾是中华人民共和国的一部分，双方一直未能达成建交协议。所以周总理给外交部确定了"不冷不热，不卑不亢，待之有礼，不强加于人"的接待方针，他的四个细微动作表达了这个意思：第一，尼克松夫妇下飞机时，他们走到舷梯一半周总理才开始鼓掌而不是当尼克松夫妇在机舱口出现时就鼓掌欢迎；第二，尼克松走下舷梯后，周总理没有主动上前握手，是尼克松主动走上前来跟周总理握手致意；第三，在欢迎宴会上，因为两国没有建交，所以不奏美国国歌，但周总理安排乐队演奏了尼克松家乡的歌曲，不热也不冷；第四，周总理跟尼克松碰杯时，把自己的杯沿与尼克松的杯沿持平后才碰，充分体现了不卑不亢、追求平等的外交含义。

（2）正式宴会

正式宴会通常是政府或团体等有关部门为欢迎应邀来访的宾客，或来访的宾客为答谢主人而举行的宴会。正式宴会除不挂国旗、不奏国歌以及出席规格与菜肴规格较低外，其余安排大体与国宴相同。宾主同样按身份就座。礼仪要求也比较严格，席间一般有致辞或祝酒，有时也安排乐队演奏席间乐。

（3）便宴

便宴又称非正式宴会，多用于招待熟识的宾朋好友。这种宴会形式简便，规模较小，不拘严格的礼仪，不用排席位，不作正式致辞或祝酒，宾主间较随便、亲切，用餐标准可高可低，宜用于日常友好交往。

（4）家宴

家宴是在家中设宴招待客人的一种宴会形式，采用这种形式以示亲切友好。家宴往往由家庭主妇亲自下厨烹调，家人共同招待。

2）招待会

招待会是一种灵活简便、经济实惠的宴请形式。常见的招待会主要有冷餐会和酒会两种。

（1）冷餐会

冷餐会又称自助餐，是一种立餐形式，不排座位。供应的食品以冷餐为主，兼有少量热菜。菜点十分丰盛，酒水、饮料品种繁多。菜点连同餐具陈设在菜台上，供客人自取。参加人数可多可少，时间也较灵活，宾主间可广泛交流，客人也可自由走动。这种形式多为政府部门、企业、贸易界举行人数众多的盛大庆祝会、欢迎会、开业典礼等活动所采用。

同步业务5-2

自助餐就餐礼仪

自助餐，亦称冷餐会，是目前国际上通行的一种非正式的西式宴会，是就餐者自助取食，或立或坐，自由地与他人一起或独自一人用餐的一种就餐方式。自助餐就餐讲究如下礼仪：

（1）排队取菜，不能插队。

（2）循序取菜，取菜的先后顺序一般为：冷菜、汤、热菜、点心、甜品和水果。

（3）多次少取，即"多次取菜，每次少取"。每次取食量力而行，即使是自己所喜欢的，也宁可多取几次，避免吃不完浪费。

（4）不能外带。就餐者应在用餐现场自行享用，不能把食物带出餐厅。

（5）送回餐具。自助餐强调的是客人自我服务，在用餐结束后，应自觉将餐具送至指定位置。

（6）在用餐过程中，对于其他相识或不相识的用餐者要以礼相待，在排队、取菜、寻位及行进过程中，要主动谦让。

（2）酒会

酒会又称鸡尾酒会，也是一种立餐形式。招待品以酒水、饮料为主，略备小吃。一般不设座椅，客人可随意走动。在时间上也比较灵活，宾客来去自由，不受约束，既可迟到又可早退。整个酒会气氛和谐热烈，轻松活泼，交际面广。近年来，庆祝各种节日、欢迎代表团访问或各种开幕、闭幕典礼以及文艺、体育招待演出前后，往往都采用酒会这种形式。

3）茶会

茶会是一种最简便的招待形式，多为社会团体举行纪念和庆祝活动所采用。茶会通常在客厅内举行，不用餐厅。厅内设茶几、座椅，周围摆放花卉。入座时，有意识地将主宾同主人安排坐在一起，其他人随意就座。茶会是请客人品茶，因此对茶叶、茶具的选择要讲究，并具有地方特色。一般用陶瓷器皿，不用玻璃杯，也不用热水瓶。外国人出席，一般用红茶、咖啡和冷饮招待。

茶会期间，宾主共聚一堂，品茶叙谈，气氛和谐轻松，席间常安排一些短小的文艺节目助兴。

4）工作餐

工作餐是现代国际交往中经常采用的一种非正式宴请形式（有时由参加者自己付费）。利用进餐时间（早、中、晚均可），边吃边谈，省时简便。这种形式的宴请纯属工作性质，不请配偶。

5.4.2　宴请的桌次和座位安排

1）宴请的桌次安排

按国际惯例，桌次高低以离主桌位置远近而定，右高左低，远高近低，桌数较多时，要摆桌次牌。这样既方便宾主，又有利于管理。

宴会可以用圆桌，也可以用长桌或方桌。一桌以上的宴会，桌子之间的距离要适当，各个座位之间也要距离相等。

团体宴请中，桌次排列一般以离门最远的（如图5-1右所示）或居中的桌子（如图5-1左所示）为主桌，如图中所标注的1号桌。

只有两桌的小型宴会，可根据餐厅具体情况横排或竖排。横排时以右为上，1为主桌；竖排时以远为上，1为主桌。如图5-2所示。

2）宴请的座位安排

凡正式宴会，一般均排座位，也可以只排部分客人的座位，其他人只排桌次或自由入座。无论采用哪种做法，都要在入席前通知到每一位出席者，使大家心中有数，现场还要有人引导。大型宴会最好先安排座位，以免混乱。席位高低以离主人的座位远近而定。

礼宾次序是安排席位的主要依据。这方面既有外国的习惯，也有我国的习惯。

按外国习惯，主桌上男女穿插安排，以女主人为准，主宾在女主人右边，主宾夫人在男主人的右边。我国习惯按各人本身职务排列，以便交谈。如夫人出席，通常把女方安排在一起，即主宾坐在男主人右边，其夫人坐在女主人右边。两桌以上的宴会，其他各桌第

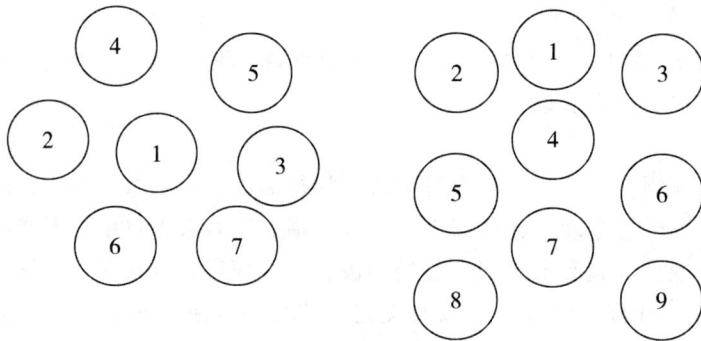

图 5-1　团体宴请桌次安排

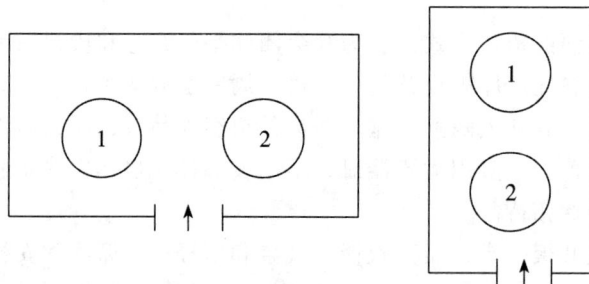

图 5-2　小型宴会桌次安排

一主人的位置一般与主桌上的位置相同，如图 5-3、图 5-4、图 5-5 所示。

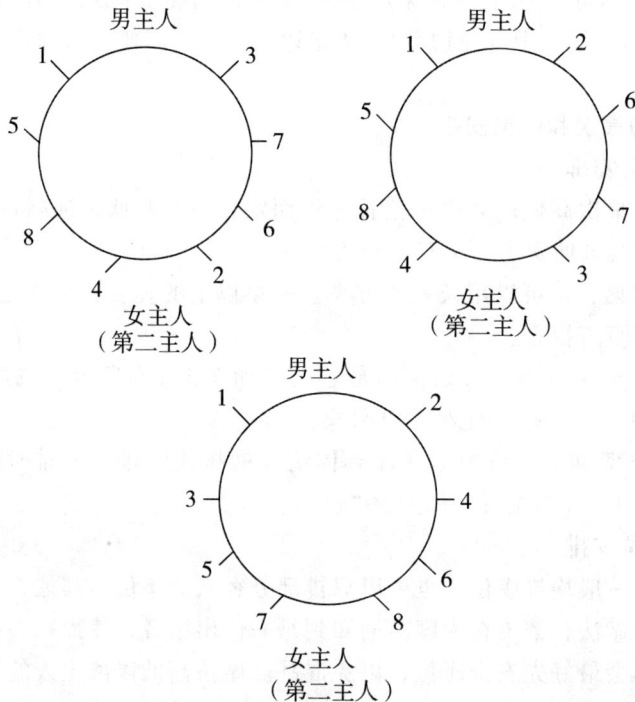

图 5-3　正式宴会座位安排（1）

　　在具体安排席位时，还需考虑其他一些因素。如多边活动需要注意客人间的政治关系，政见分歧大、两国关系紧张者，尽量避免安排在一起。此外，还要适当照顾各种实际

9	5	1	男主人	3	7	11

| 12 | 8 | 4 | 女主人
（第二主人） | 2 | 6 | 10 |

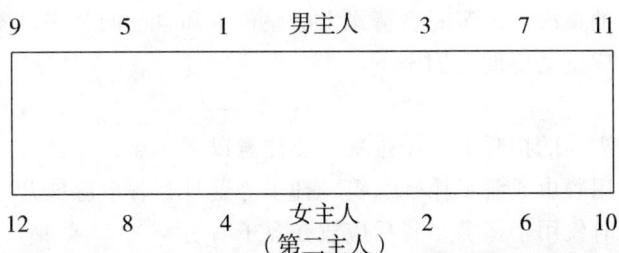

注：此种摆法谈话集中，但一般不能把客人排在末端，而是陪同人员坐在末端。

图5-4　正式宴会座位安排（2）

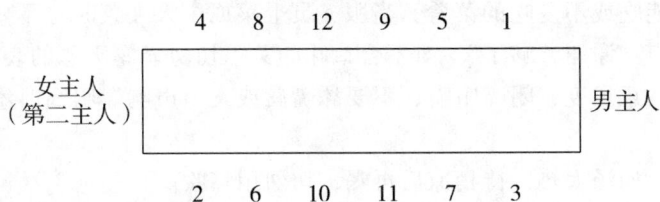

4	8	12	9	5	1

女主人（第二主人）　　　　　　　　　　　　　男主人

2	6	10	11	7	3

注：此种摆法可避免客人坐在末端，同时可提供两个谈话中心。

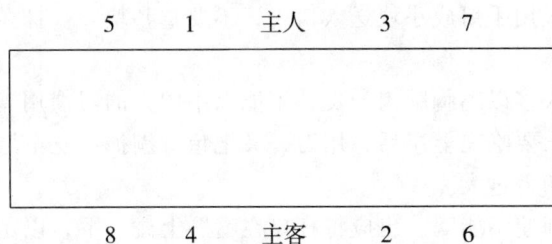

5	1	主人	3	7

8	4	主客	2	6

图5-5　正式宴会座位安排（3）

情况。如身份大体相同、使用同一种语言者或从事同一专业者可安排在一起。译员一般安排在主宾右侧。在许多国家，译员不上席，为便于交谈，译员坐在主人和主宾背后。

正式宴会，席位排妥后着手写座位卡。由我方举行的宴会，中文写在上面，外文写在下面。座位卡要用钢笔或毛笔书写，字形要工整，字体宜大些，以便辨认。

冷餐会的桌台用长方桌，通常靠四周陈设，也可根据宴会厅场地情况摆在房间的中间。如坐下用餐，可摆四五人一桌的方桌或小圆桌，座位要略多于全体宾客人数，以便客人自由就座。

酒会一般摆放小圆桌或茶几，以便放花瓶、牙签盅、餐巾纸或小毛巾、干果、小吃等；四周也可放一些椅子，供女士和年老体弱者就座。

5.4.3　参加宴请的礼仪

1）抵达

出席宴请活动，要准时抵达，早到不礼貌，迟到更失礼。抵达宴请地点后，先到衣帽间脱下大衣和帽子，然后前往主人迎宾处，主动向主人问好。如果是节庆活动，应表示祝贺。可按当地习惯，赠送花束或花篮。参加家宴，可酌情给女主人赠送小礼品或鲜花。

2）入座

应邀出席宴请活动，应听从主人安排，端庄就座。如宴会桌次较多，应在进入宴会厅前，先了解自己的桌次。入座时看清桌上的座位卡和自己的名字，不要随意乱坐。如邻座是长者或女士，应主动协助他们坐下。

3）进餐

入座后，在主人的招呼下开始进餐，要注意以下几点：

进餐前，勿用餐巾或餐纸擦碗、筷、杯子等餐具，餐巾应展开放在膝上或斜压在骨盘下。餐纸在进餐时仅用于擦嘴，餐后应放在盘子右边。

取菜时，盘中食物不要盛得太多，吃完后可再取。如有服务员分菜，需增添时，待服务员送上再取。

如遇本人不能吃或不爱吃的菜肴，当服务员上菜或主人夹菜时，不要拒绝，可取少量放在盘内，并说声"谢谢，够了"。对不合口味的菜，切勿显露厌恶的表情。

进餐时，要注意风度，闭嘴咀嚼，不要舔嘴唇或发出声响。咀嚼时不要讲话，更不要主动与他人说话。

喝汤不要啜，如汤太热，待稍凉后再喝，切勿用嘴吹。

嘴内的骨头、鱼刺不要直接往外吐，可用餐巾捂嘴，用手（中餐用筷子）取出，或轻轻地吐在叉上，放在骨盘内。

西餐吃面包一般用手掰成小块送入口中，不要拿整块咬。抹黄油、果酱，也要先将面包掰成小块再抹。

吃鸡时，欧美人多以鸡胸脯肉为贵，不能以中国人的习惯用鸡腿敬客，以免失礼；吃鱼时，不可翻身吃，要吃完上层后，用刀、叉把鱼骨剔掉再吃下层；西餐吃肉时，要切一块吃一块，块不能切得过大。

饮酒干杯时，即使不能喝，也应将杯口在嘴唇上碰一下，以示敬意。

进餐时，不可狼吞虎咽，也不要一点不吃，当主人劝客人再添菜时，如有胃口，添菜不算失礼。

未吃完的菜、用过的餐具和牙签都应放在盘内，切忌放在桌上。剔牙时，用手或餐巾遮口。

不可在餐桌前化妆、擤鼻涕、打嗝。进餐时，打嗝是最大的禁忌，万一忍不住打个嗝，应立即向周围人道歉。

不可中途退席。如有人来电话，可请服务员转告对方等一会儿再打过来。

在进餐时，不能抽烟，即使在专设的吸烟处，如旁边有不吸烟的女士，亦应避免吸烟。

4）交谈

无论是主人、客人还是陪客，都应主动与同桌人交谈，特别是左右邻座。不要只同几个熟人或一两个人说话。邻座如不相识，可先自我介绍。谈话时应避免高声。在别人讲话时，插话是很不礼貌的行为。通常，宴会上的愉快交谈可以说是最佳的社交谈话。讨论的话题广泛，既可深奥严肃，也可轻松愉快，切忌落入俗套。

5）祝酒

在正式宴会上，一般都有祝酒的习惯。主宾应事先了解为何人何事祝酒，以便做好应对准备。在主人和主宾致辞、祝酒时，其他人应暂停交谈和用餐，注意倾听。碰杯时，先在主人和主宾之间进行，人多时可同时举杯示意，不必逐一碰杯。主宾、主人有时还会到各桌敬酒，遇此情况其他人应起立举杯。碰杯时，要目视对方以示敬意。

宴会上相互敬酒表示友好，也能活跃气氛。但切忌饮酒过量，因为饮酒过量容易失言失态，必须自我控制。当有人为你斟酒或提议碰杯时，不要随意拒绝，即使不能喝，也应有所表示，以示敬意。

同步思考5-3

问题：你知道鸡尾酒的来历吗？

理解要点：美国被公认是鸡尾酒的发源地。据说在公元1795年，美国纽奥良的一位药店老板发明了一种在酒饮料中加入蛋黄的混合酒，当地法裔居民称之为蛋酒。

还有人说是在美国独立战争时，有一次美军打了胜仗，有一酒店调制出美观又芳香的五颜六色的酒犒赏士兵，众人赞不绝口。这家酒店刚好又是以彩色公鸡当做店招的，从此以后就把这种混合酒称为鸡尾酒。

一般鸡尾酒以琴酒、威士忌、白兰地、伏特加、苦艾酒等为基酒，再配以可乐、柠檬汁以及可食用的色素等调和而成。

鸡尾酒因其清凉爽口，酒精含量可以控制，加上其鲜艳的色彩以及小巧可爱的装饰，深受女士的喜爱。

资料来源　朱立安.国际礼仪[M].广州：南方日报出版社，2001.

6）宽衣

在社交场合，无论气温多高，也不能当众解开纽扣，敞开外衣。在小型便宴上，如主人请客人宽衣，男宾可脱下外衣，搭在椅背上。

7）饮茶、喝咖啡

饮茶或喝咖啡时，通常均有专用器皿盛放牛奶和白糖。如愿加牛奶、白糖，可自取放在杯中，用小茶匙搅拌以后，仍将茶匙放回小碟内。喝时右手拿杯把，左手端小碟。

同步业务5-3

咖啡的来历

据说在公元9世纪，有一位阿拉伯的牧羊人名叫卡尔弟，发现他的羊群只要吃了一种绿色灌木的果实后，就会活蹦乱跳，精神亢奋。基于好奇，他也摘来一试，结果和羊群一样精神百倍。后来有一位回教士看见卡尔弟经常和羊一起手舞足蹈，追问之下，决定立即把这项伟大的发现告诉清真寺的主持人，因为在该地区经常有回教徒在寺内向安拉祈祷时，由于时间长而不自觉地睡着，有些甚至打鼾，令人非常尴尬。

这种饮料的效果很快就传开了，不久阿拉伯人几乎是人手一杯。由于回教徒禁酒，咖啡的出现恰如神赐，于是大家就叫它"阿拉伯之酒"。酒在阿拉伯的发音就是"咖韦"，后来传至欧洲后就变成咖啡了。

资料来源　朱立安.国际礼仪[M].广州：南方日报出版社，2001.

8）吃水果

一般宴会，水果都已去核削皮切成小块，可用叉子或牙签取食，吃一块取一块，不可连取多块同吃。

9）用水盂

在宴席上，上鸡、龙虾或水果时，有时会送上一小水盂，水上漂有玫瑰花瓣或柠檬片，供洗手用。洗时，两手轮流沾湿指头，轻轻地涮洗，然后用餐巾或小毛巾擦干。

10）纪念品

有的主人会为每位出席宴会者准备纪念品。当宴会结束时，由主人分发给客人，客人应略表谢意，但不必郑重表示感谢。除此以外，各种招待用品（糖果、水果等）都不要拿走。

11）告辞

宴会结束后，男主人务必将客人送至大门口，客人则应对主人的盛情款待表示感谢。

12）致谢

在出席私人宴请活动之后，往往要致以便函或名片表示感谢。致谢信最好在第二天即发出。致谢信一般写给女主人，但若男女主人都是你的挚友，则致谢信应写给他们两人。如果女主人收到一封以夫妇两人名义合写的致谢信，很可能会把这看做一种特别的礼貌表示而铭记在心。

13）冷餐会、酒会取菜

出席冷餐会或酒会时，宾客应等服务员上好菜后，再依次轮流去取菜，或等送到本人面前时再拿。在周围的人未拿到第一份菜时，自己不要急于去取同样的第二份。

不要围堵在菜桌旁，取完即退去，以便让其他人来取。

14）刀、叉的使用

中餐餐具主要是碗、盘、筷。西餐餐具则是刀、叉、盘。宴请外宾吃中餐时，一般以中餐西吃为多（碗、筷、刀、叉均摆）。刀叉的使用是右手持刀，左手持叉，将食物切成小块，然后用叉送入口中。用刀时，应将刀柄的顶端置于手掌之中，以拇指抵住刀柄的一侧，食指按在刀柄背上，其余三指则顺势弯曲，握住刀柄。如图5-6所示。

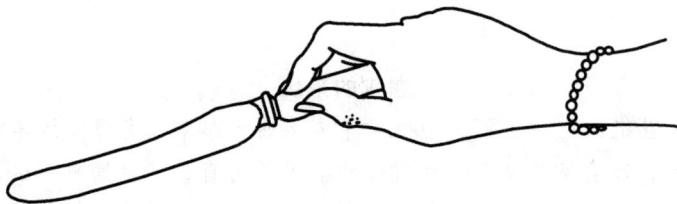

图5-6 正确的持刀姿势

叉可以单独用于进食或取食。叉如果不是与刀并用，则右手持叉，叉齿应该向上。如图5-7所示。

刀叉并用时，叉齿应该向下。如图5-8所示。

刀除了用于切割食品外，还用来帮助将食品拨到叉齿上。通常，取食主菜时的持叉姿势是刀叉并用。但有些食品也可用刀把它拨到叉上进食。如图5-9、图5-10所示。

西餐就餐取用刀叉十分严格，要按刀叉摆放顺序由外往里取用。每道菜吃完后，应将刀叉并拢平行排放在盘内，以示吃完。如图5-11所示。

如未吃完，则摆成八字或交叉置于盘上，刀口应向内。如图5-12所示。

持匙用右手，持法与叉相同，但手指务必持在匙柄上端。叉匙并用取食时，叉的指法

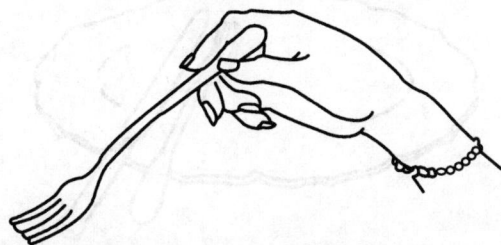

图 5-7　正确的持叉姿势（1）

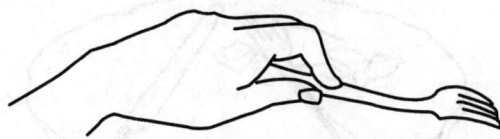

图 5-8　正确的持叉姿势（2）

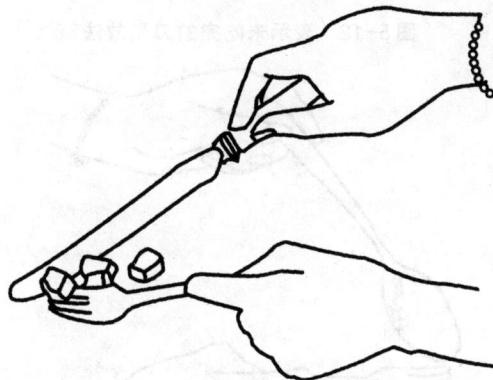

图 5-9　刀叉并用的正确姿势（1）

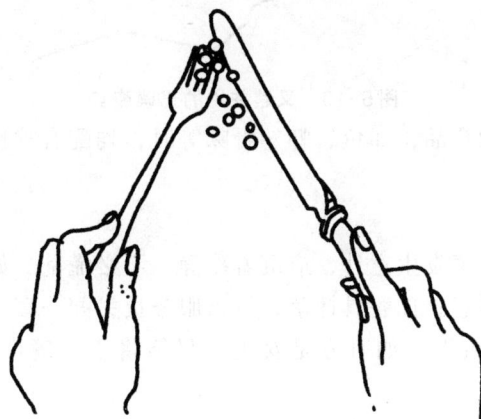

图 5-10　刀叉并用的正确姿势（2）

和刀叉并用时相同，叉齿向下。如图 5-13 所示。

　　吃鸡、龙虾时，经主人示意，可以用手撕开吃，或用刀叉把肉割下，切成小块吃。不易叉的食品，可用刀将其轻轻推到叉上。除喝汤外，不用匙进食。汤用深盘或小碗盛放，喝时用汤匙由内往外舀起送入口内，即将喝净时，可将盘向外略托起。

图 5-11　表示吃完的刀叉放法

图 5-12　表示未吃完的刀叉放法

图 5-13　叉匙并用的正确姿势

吃带有腥味或怪味的食品，如鱼、虾、野味等时，均配有柠檬，可用手将汁挤出滴在食品上，以去腥味。

15）遇到意外情况

宴会进行中，如果不慎发生意外，应沉着冷静，不必慌乱。如餐具碰出声音，可轻轻向邻座（或主人）表示歉意；如餐具摔落，可由服务员另配一套。如酒水打翻溅到邻座身上，应表示歉意，协助擦干；如对方是女士，只能将干净餐巾或手帕递上，请她自己擦干。

同步业务 5-4

如何发请柬或邀请卡

一般情况下，各种宴请都应发出请柬或邀请卡邀请宾客出席。这既是一种礼貌，也是对客人的提醒。便宴确定后，也可不发请柬；工作进餐一般不发请柬。

请柬或邀请卡一般提前一两周发出，以便被邀请人及早安排。经口头约妥的活动，仍应补送请柬。请柬或邀请卡一般分为两种：

一是酒会、茶会的请柬或邀请卡。由于这种宴请只碰面不吃饭，因此写在上面的内容包括：（1）宴请的事由；（2）宴请的日期、时间；（3）宴请中的活动包括哪些项目；（4）主要请了哪些人；（5）"如蒙造访，深感荣幸"之类的字样。

二是宴会的请柬或邀请卡。写在上面的内容包括：（1）这个宴会的性质；（2）宴会的目的；（3）被邀请的贵宾有哪些人；（4）宴会的日期、时间（包括几点几分）；（5）宴会的地点（要具体注明某饭店的某个厅或桌次）；（6）恳切希望对方能准时光临。

请柬行文一般不用标点符号，文中的单位名、节日名、人名等都需用全称。中、外文本的请柬格式与行文形式有所不同，应加以区别，按不同的语言习惯正确使用。

在请柬的右上方或左下方注上"to remind（备忘）"字样。需要排座位的宴请活动，为确切掌握出席情况，往往要求被邀请者答复能否出席。为此，请柬上一般用法文缩写注上"RSVP（请答复）"字样。

资料来源　张四成.现代饭店礼貌礼仪[M].广州：广东旅游出版社，2004.

同步案例5-5

睿智机敏的应对能力

背景与情境：有一次周恩来总理设宴招待外宾，上来的一道汤菜中，其冬笋片是按图案"卐"刻成的，不料在汤里一翻身，恰巧变成了法西斯"卍"标志。外宾见了，大吃一惊，当即向周总理请教。周总理此时也发现了这个问题，但见他神色自若地将汤中那片冬笋翻过来，解释说："这不是法西斯的标志，这是我们中国传统中的一种图案，是'万'字，象征着'福寿绵长'，是对客人的一种良好祝愿！"接着周总理又风趣地说："就算是法西斯标志也没有关系嘛！我们大家一起来消灭法西斯，把它吃掉！"这番话说得宾主开怀大笑，气氛更为热烈友好。一个突发性事件，在周总理机智巧妙的一番话中被圆满解决了。

资料来源　吕钦文.交际美的韵律[M].长春：东北师范大学出版社，1993.

问题：从这个案例能得到什么启示？

分析提示：在任何人际交往中都有可能发生一些意想不到的事情，如果在国际交往特别是重大国际接待活动中发生这样的事，则可能产生巨大不良的后果。遇到这种情况，一定要镇定自若，设法妥善解决。周总理处理这次突发事件体现了他的睿智和机敏的应对能力，也体现了他的博学强记。这是最重要的，说明学习和掌握知识的重要性。而"消灭法西斯，把它吃掉"更表现出了政治家的乐观和无畏精神，值得我们学习。

同步业务5-5

素食宴和清真宴

素食宴会又称素席或斋席。它起源于寺庙，供忌荤腥者或僧侣、佛教徒、道教徒食用。素席以豆制品、蔬菜、植物油为主要原料，模仿荤菜菜式制作，甚至用荤菜菜名命名，营养丰富，别有风味，深受人们喜欢。

清真宴会是由以牛、羊、骆驼及蔬菜、植物油为主要原料烹制成的各种适合伊斯兰教饮食习惯的菜品组成的宴会。清真宴会对牲畜的宰杀、加工、制作均有严格要求。清真食品深受中东、北非、东南亚众多伊斯兰国家和我国广大穆斯林的欢迎。

5.5 文艺晚会与参观游览礼仪

5.5.1 文艺晚会礼仪

对于应邀来我国访问的代表团，我国接待单位一般都安排文艺晚会，这也是一种对外活动形式。这种活动形式，对客人来说是一种艺术享受和娱乐；而对本国来说，则是一种对外宣传我国文化、艺术等成就的有效方法。对于正式来访的外国高级代表团，通常都要在人民大会堂举行专场文艺晚会。

出席专场文艺晚会的人员，除来访国的代表团团长和全体成员外，主人一般都要安排与团长身份相当的领导人作陪。如果代表团团长是国家元首或政府首脑级，我国一般由陪同团团长或外交部部长作陪，有时也由我国国家元首或政府首脑作陪，以示尊重。专场文艺晚会一般安排在正式会见、会谈后的来访空隙举行。

在西方国家，观看文艺演出是一种隆重和高雅的娱乐活动，特别是在大剧院、剧场，规矩很严格，演出时观众都自觉保持肃静，关闭手机等通信工具，不能随意拍照、录音，更不能用闪光灯，也不能随意鼓掌，要聚精会神，精神饱满地观看演出，迟到者只能在幕间进场。此外，这种活动对观看演出的观众的服饰要求也很高，要求像出席正式宴会一样按最隆重的方式穿戴。

在为外宾组织专场的文艺晚会演出活动时，在精选节目、安排座位、演出入席及退席、印制节目单、观看礼仪、演出秩序与摄影、献花和花篮等方面，都有一定的要求。

1）精选节目

要从文艺晚会演出的目的着眼，针对客人的兴趣与实际的可能精选节目。一般可安排客人观看具有本国民族风格的节目，如民族歌舞或京剧、杂技、地方戏等。同时，对节目的内容应进行预审，以免因政治、宗教信仰或风俗习惯等引起不愉快。另外，应尽可能安排一些来宾所属国家的节目，以表示对外宾的尊重和友好。

2）安排座位

凡是请重要的外宾观看文艺演出，一般应把最佳席位安排给外宾。通常，在剧场中以七八排的座位观看效果最好，可作为贵宾席，由陪同人员陪同主宾并按礼宾次序入席就座。其中，要穿插安排好翻译的席位，以便主人和主宾能随时交谈和适当解释演出节目的内容。其他客人则可按预先排定的座位或在贵宾区自由入座。

3）演出入席及退席

文艺晚会专场演出，一般是由普通观众先入座，作为主宾的外国客人则在开幕前由主人陪同入场。入场时，观众应有礼貌地起立鼓掌，表示欢迎。演出结束后，主人可与客人一道起立鼓掌，或献花和花篮，向演员表示感谢。演出时观众不得中途退场。演出结束后，应待贵宾先退场，观众方可离去。

5.5.2 参观游览礼仪

参观游览是国际交往的又一种形式。为一般外国友人或团体安排参观游览，应根据外国友人或团体参观访问的目的、要求和外国友人的兴趣、特点来考虑，选定参观游览的项目。对外国友人提出的合理要求，只要条件许可，应尽可能予以满足，如果确有困难不能安排的，则应向外宾解释清楚。

外国国家元首或政府首脑来华访问，一般在我国国家领导人官方迎送或正式国事访问前后，进行外地访问、参观游览。其日程与地点的安排应事先与对方确定。对于一般外国友人或团体参观游览活动的日程，应先与全程陪同的我方人员交换意见，然后再同外宾商谈。日程确定后，应制订详细具体的计划，包括先参观什么，后参观什么，是否安排休息、介绍或座谈以及参观路程的长短，各参观地点之间的距离，徒步或者乘车前往的时间等。在车辆、参观游览出发时间、集合地点等这些参观游览的具体要求和细节确定之后，应立即通知参观游览单位和有关部门以及全体接待人员，要求他们主动配合工作。如无特殊情况，不要随意改变日程；如要改变日程，则应及时通知各参观游览单位和有关部门及参加接待的人员。

外宾参观游览时，一般都应有身份相当的人员陪同。如陪同人员身份较高，应提前通知对方。接待单位也要有相关人员出面，并且根据需要安排解说员或导游人员，维持参观游览现场的正常秩序。参观游览中，我方人员中途不要离开或不辞而别。陪同外宾参观游览的翻译人员，要事先做好准备工作，态度热情诚恳，精神饱满，体现出对外宾的友好感情。在翻译中要实事求是，不擅自掺杂自己的意见、增减谈话内容。如翻译有问题或未听清，应当即向外宾说明，绝不能不懂装懂，主观臆断。对于其他人的插话或外宾问及本人个人的问题，要适当告知主陪人，决定应否答复。

接待单位在接待之前，应尽可能了解外宾的情况、特点和要求，以及需要注意的问题，以便能有针对性地回答外宾关心的问题，进行必要的解释。介绍应力求简明扼要，内容要实事求是，方式要生动活泼，把握分寸，注意保密。参观游览时，不要随便请外宾签字留念或要求照相。参观游览中除了照顾好主要外宾外，也要兼顾其他外宾，以免冷落他们。有些外宾对参观游览的内容兴趣很大，看得仔细，应有人专门照顾，并做好前后的联络工作。

参观游览的单位不要自行悬挂标语或外国领袖像等。这些安排要听从接待单位的意见。在外宾参观游览过程中，对外宾要有礼貌，不要让群众围观、尾随或指手画脚。如外宾主动与群众谈话，向群众鼓掌、招手或点头表示友好，我方也应友好答话和作相应的表示。在外宾拍摄群众照片时，不应回避躲闪，态度要自然大方。

▶ 本章概要

□ 内容提要

本章简要阐述了国际交往的基本原则；介绍了国际交往中的迎送礼仪；会见、会谈、签字的含义和服务规范；宴请的常见形式，桌次与座位安排及参加宴请的礼仪；文艺晚会参观游览的具体安排和接待服务的规范。

□ 主要概念和观念

▲ 主要概念

迎送 会见 会谈 签字仪式 宴请 礼宾次序

▲ 主要观念

国际交往的基本原则是：（1）尊重对方，诚信守约；（2）维护国格，不卑不亢；

（3）谦恭有礼，实事求是；（4）保守机密，尊重隐私；（5）讲究次序，女士优先。

□ 重点实务

会谈的服务规范　宴请的桌次（2桌）安排和座位安排

基本训练

□ 知识训练

▲ 复习题

5.1　会见与会谈的区别是什么？

5.2　迎送的内容有哪些？

5.3　签字仪式应如何服务？

5.4　在迎送外宾的车子上、会见的大厅里、签字仪式上，主客双方的国旗应如何悬挂？

▲ 讨论题

5.1　试举例说明第一印象的重要性。

5.2　对于多桌宴会，桌次应如何安排？

5.3　夏天，某国旅游部一位领导到我国南方某著名旅游城市参观访问，第1天日程安排紧凑，上午会见该市副市长和旅游局局长，午后参观两个景点，17点市长举行欢迎晚宴，19点半观看杂技演出。下午去第一个景点的路上，宾主乘坐的面包车爆胎了。接待人员应如何处理接下来的行程和活动安排？

□ 能力训练

▲ 理解与评价

国家旅游局统计数据显示，2014年国内旅游人数达36亿人次，入境旅游人数达1.28亿人次，出境旅游人数首次突破1.15亿人次。富裕起来的中国游客，在国外接连被曝出各种各样的不文明行为：飞机上打闹；在候机大厅的座椅上晾女性内衣；顺手牵羊带走酒店的枕头、钥匙；在外国古迹上写"到此一游"；在商场里购物插队；听歌剧时手机频响，擅自录音、录像、摄影；上厕所不讲卫生，把手纸扔在蓄水池里，以至于引起不少国家的"吐槽"甚至抵制。为此，国家旅游局日前表示，从2015年起分级建立游客旅游不文明档案，制定并实施《游客旅游不文明记录管理办法》（俗称"黑名单"），航空公司、旅行社、旅游饭店联动，形成游客旅游不文明信息通报、追责机制。

资料来源　根据相关报道编写.

问题：游客不文明行为是个宽泛概念，涉及法律、风俗、生活习惯三个方面，上述这些不文明行为应如何归类？统统录入"黑名单"的办法是否妥当，能否有效？

▲ 案例分析

文化艺术是友谊的桥梁

背景与情境：由中国国务院新闻办公室、驻新西兰使馆、驻奥克兰总领事馆共同主办、新西兰媒体共同承办的"感知中国·新西兰行"9日在奥克兰奥提亚中心开幕。活动一直持续到15日。除非物质文化遗产传承人现场展示中国传统艺术和技艺外（包括古琴、木版水印、篆刻等），展览还通过精美图片的方式向新西兰民众呈现了龙泉青瓷、维吾尔木卡姆、雕版印刷及昆曲等中国非物质文化遗产。

作为活动最精彩的部分之一，9日，中国最顶级杂技团的表演吸引了新西兰各地民众前来观看，2 650个座位的剧场座无虚席。中国杂技团的演出赢得了观众经久不息的喝彩和雷鸣般的掌声。一位从惠灵顿赶来观看演出的新西兰观众在表演结束后非常兴奋地说："太精彩了，简直超出想象。如果不是现场观看，我一定认为是通过电脑技术才能达到的效果。"一位华人观众则说："这是我近年来看到的最棒的表演，中国杂技，太令人叫绝了！"

中国驻奥克兰总领事牛清报表示，这次活动一定会加深中新两国之间的相互了解和友谊，也会对两国之间的文化交流起到积极的推动作用。

资料来源　佚名.文化艺术是友谊的桥梁[N].环球时报，2014-11-14.

问题：我国已在世界上几十个国家开办了300多所孔子学院。如果把我国非物质文化遗产，如瓷器、国画、京剧、昆曲、民族音乐、杂技、歌舞与孔子学院的教学结合起来，会产生怎样的效果？试参照上例所反映的情况进行分析。

分析要求：（1）形成性的要求：学生分析案例提出的问题，拟出《案例分析提纲》；小组讨论，形成小组《案例分析报告》；班级交流，相互点评和修订各组的《案例分析报告》；在校园网的本课程平台上展出经过修订的各组《案例分析报告》，供学生借鉴。

（2）成果性要求：以经班级交流和教师点评的《案例分析报告》为最终成果。

▲　实训操练

5.1　实训项目：会谈的服务

实训要求：将班级学生分成若干小组，以本章"重点实务"中"会谈的服务程序"作为实训项目，模拟会谈的主客双方人员（4人）与服务员（2人），按服务规范和服务程序进行服务。

实训步骤：

（1）将班级学生分成若干实训小组，每组确定1人负责。

（2）各组学生按照本章会谈的"服务规范和服务程序"进行情境设计，并结合情境设计进行主客双方人员和服务员的角色分工。

（3）各组学生根据上述情境设计，进行角色操练，体验本项目模拟实训的全过程。

（4）各组学生交换分工，再次体验本项目模拟实训过程。

（5）各组学生记录本次模拟实训的主要情节，总结实训操练的成功经验，找出存在的问题及解决办法，在此基础上撰写《"会谈服务"知识运用实训报告》（以下简称《实训报告》）。

（6）在班级讨论交流，相互点评与修订各组的《实训报告》。

（7）在校园网的本课程和课程平台上展出经过修订并附有教师点评的各组《实训报告》，供学生相互借鉴。

5.2　实训项目：宴请的桌次安排和座位安排

实训要求：将班级学生分成若干小组，以本章"重点实务"中"宴请的桌次（2桌）安排和座位安排"作为实训项目，模拟第一主人、第二主人、第一主宾、第二主宾、服务员，体验桌次安排和座位安排的程序和方法。

实训步骤：

（1）同实训项目5.1实训步骤（1）。

（2）各组学生按照本章宴请的桌次安排和座位安排内容进行情境设计，并结合情境设计进行主、客、服务人员角色分工。

（3）同实训项目5.1实训步骤（3）。

（4）同实训项目5.1实训步骤（4）。

（5）同实训项目5.1实训步骤（5）。

（6）同实训项目5.1实训步骤（6）。

（7）同实训项目5.1实训步骤（7）。

□ 善恶研判

（1）有人要重印希特勒的《我的奋斗》

背景与情境：在希特勒死去70年之后，有人要重印其自传体著作《我的奋斗》。这本被称为"世界上最危险的书"的即将重印，引发政界人士和专家的担忧。

德国《世界报》25日称，《我的奋斗》目前深藏于慕尼黑巴伐利亚州图书馆的一个"有害图书专室"里。一个专家组负责审核每一项阅读该书的申请，不让希特勒的崇拜者有机会阅读这部"毒书"。图书馆的历史学家塞普认为，"这本书太危险了"。

《我的奋斗》是1923年11月纳粹党暴动失败后，希特勒在巴伐利亚狱中所写，并于1925年首次出版的。希特勒这本宣扬仇恨的自传体著作充当过"纳粹圣经"，也为纳粹大屠杀提供了"理论基础"。第二次世界大战结束时，该书发行量已超过1 000万册。二战结束以后，《我的奋斗》在德国被禁止重印。其版权归巴伐利亚州政府所拥有。不过，这一版权在今年12月31日到期。

现在，随着70年版权的到期，德国当代历史研究所可以毫无法律担忧地出版注释版《我的奋斗》。研究所表示，新版本由8名专家编注，是一部厚达2 000页，包含近800页原著内容，并添加了5 000条批判和分析内容的学术工具书。

该书的即将出版引发德国社会的强烈争议。柏林犹太人组织"民主及抵制反犹主义论坛"发言人萨罗门表示反对："你能为魔鬼加注释吗？你能为希特勒这样的人加注释吗？这本书背离了人类的逻辑。"慕尼黑犹太人社团领袖诺布罗奇则说："它就是一个潘多拉魔盒，一旦打开，将无法合上。"一些专家警告，新版本《我的奋斗》可能为欧洲的反犹主义推波助澜，甚至有民众要求德国司法部门禁止该书的出版。

资料来源　青木.德国争议是否重印"我的奋斗"[N].环球时报，2015-02-28.

问题：《我的奋斗》是一本什么样的书？是否应该加上注释让它重印出版？

研判要求：（1）形成性要求：学生分析案例提出的问题，拟出《善恶研判提纲》；小组讨论，形成《善恶研判报告》；班级交流，相互点评和修订各组的《善恶研判报告》；在校园网的本课程平台上展出经过修订并附有教师点评的各组《善恶研判报告》，供学生借鉴。

（2）成果性要求：以经过班级交流和教师点评的《善恶研判报告》为最终成果。

（2）韩国商贸旅游中的杂音

背景与情境：据韩国《中央日报》2015年2月25日的报道，今年春节期间约13万名中国游客来到韩国，挽救了因为内需不振而饱受折磨的韩国流通业。2月18日至22日，乐天百货位于首尔的总店中国游客销售额增加75%，现代百货的销售额增加60%。到韩国整容和买美容用品（如面膜、唇膏、假眼睫毛）也十分火爆。韩国一些无良商家却趁机抬高价格，弄虚作假，坑害中国游客。元旦前后，一位 50 多岁的女士在首尔一家整容医院因整容手术丧生，2 万余张有毒面膜卖入中国……热烈火爆的旅游商贸活动中嵌入了杂音。

　　资料来源　根据《环球时报》等媒体资料和电视新闻编写.

　　问题：你认为应如何保持中韩火爆的旅游商贸交往而消除那些不正常的杂音？

　　研判要求：同（1）研判要求。

第6章 ▷ 宗教礼仪

●**学习目标**

通过本章学习，应当达到以下目标：

职业知识：学习和把握宗教的概念，佛教礼仪、伊斯兰教礼仪、基督教礼仪、道教礼仪等理论与实务知识；掌握这些礼仪知识在旅游服务中的应用，并能用其指导相关认知活动，规范相关技能活动。

职业能力：掌握佛教、伊斯兰教、基督教和道教的礼仪与禁忌，能以三大宗教和道教礼仪与禁忌知识点评旅游交际中不符合宗教礼仪或触犯禁忌的行为；研究相关案例，培养在特定情境中分析问题的能力与评价力；通过宗教礼仪知识应用的实训操练，训练相关专业技能。

职业道德：结合本章"职业道德与企业伦理"专栏和"基本训练"的"善恶研判"等教学内容，依照职业道德规范或标准，分析、评判本章相关情境中企业和从业人员行为的善恶，强化其职业道德素质。

引例：利益与禁忌

背景与情境：一家生意兴隆的国际广告代理公司在曼谷开设了一个办事处。有人警告这家公司的经理说，这个办事处一定不会兴旺。为什么不会兴旺呢？这家公司在远东的所有分支机构都取得了成功。那人对此的解释是："唉，你们从前可从来不曾把自己置于佛像之上呀（事实是，有一尊佛像正好位于这个新办事处低一级台阶的地方，就在马路对面）！"一年过去了，办事处真的生意全无。这位经理面对现实，终于想通了，便把办事处迁移到没有佛像的地方，从此以后，生意便蒸蒸日上。

在泰国，凡是佛像都是神圣不可侵犯的，即便是在名胜古迹等游览景点，也绝对不准对佛像照相。泰国还有一些敏感的禁忌之处，潜藏在你根本想不到的地方。例如，门槛是不可踩踏的，因为泰国人认为仁慈的神灵栖居其下；窗户在晚上是不能打开的，否则会引入邪恶的神灵；不可触摸别人的头部，即使是最亲密的朋友，这会有终止友谊的危险，因为泰国人把头部看得十分神圣。

在伊斯兰国家，男女衣着恰当和恪守礼仪就像遵守民法一样重要，即使在那里的美国旅馆里，也不要穿短裤、短至膝盖以上的裙子、无袖衬衫或是领口开得很低的衣服，在游泳池里更不要穿比基尼泳装。

一天五次停止一切活动来进行祈祷是当地的风俗，你可以不下跪或面朝麦加，但你必须尊重别人这样做，不要去打扰他们或流露出不耐烦的神情。对阿拉伯人做一个宗教手势，说一声"印沙安拉"（意思是如蒙天佑）是取悦对方最真诚的表示。

资料来源　阿克斯特尔.利益与禁忌[M].吕佩英，译.上海：上海译文出版社，1998.

问题：为什么从事旅游接待工作的人员要熟悉宗教礼仪与禁忌？

分析提示：世界总人口的2/3都信奉宗教，很多国家把基督教或伊斯兰教或佛教奉为国教，其人民都信奉某种宗教；而宗教有着严格的礼仪与禁忌，一旦违反，小则失礼，引起不愉快，大则可能引起政治、民族纠纷。从事旅游接待工作的人员不论是在国内接待信奉某种宗教的人士，还是带团到信奉某种宗教的国家去旅游，尊重客人或东道主的宗教信仰是做好接待工作的重要前提，不可不认真对待。

6.1　宗教概述

宗教是一种社会意识形态，是支配人们日常生活的外部力量在人们头脑中的一种幻想的反映。宗教是人类社会发展到一定阶段出现的现象，有其发生、发展和消亡的过程。宗教信仰、宗教感情以及与这种信仰和感情相适应的宗教仪式和宗教组织，都是社会的、历史的产物。在人类历史上，随着社会形态和政权形式的演变，宗教也逐步由拜物教、多神教发展到一神教，由自然宗教发展到人为宗教，由氏族图腾崇拜发展到氏族宗教，最后又出现了世界性宗教。宗教教义的本质，一般都是宣扬顺从，叫人忍受现世的苦难，把希望寄托于虚构的"来世"、"天国"、"彼岸"和"神仙境界"。

在科学技术高度发展的今天，古老的宗教信仰还以各种方式在人们的日常生活中占有重要位置，仍然是许多国家、许多人的主要精神寄托。目前世界上信奉各种宗教的教徒人数约占全世界总人口的2/3。其中，影响最大的是三大宗教，即基督教、伊斯兰教和佛教。纵观宗教发生和发展的总趋势，科技水平越高，社会文明、平等、自由度越高，宗教的信徒就会越少。近十余年来，基督教在美国、欧洲等发达国家的信徒日趋减少就说明了这一点。

改革开放以来，我国经济实力日新月异，但国门打开后，各种不良思潮也涌了进来，加之社会上还存在不文明、不平等、不自由的现象，中华文明的正能量也未能及时发散，导致我国城乡信奉宗教的人数不降反增。但随着科技水平和文明程度的进一步提高，反腐工作的进一步深入，社会公正、平等、自由的进一步确立，信奉宗教的人会越来越少。

基督教是世界上信徒最多、分布最广的宗教，遍布世界242个国家。基督教包括天主教、基督新教、东正教三大教派。目前，世界上有基督教徒20多亿，占世界人口总数的33%。世界第二大宗教是伊斯兰教，其信徒称为穆斯林，全世界穆斯林目前有13亿，分布在204个国家，占世界人口的20%。世界第三大宗教是佛教，佛教信徒目前有3.6亿，占世界人口的6%，分布在123个国家，信徒的95%是亚洲人。

我国是一个多种宗教并存的国家，主要有佛教、道教、伊斯兰教、基督教等，特别是佛教和道教，在长期传播过程中对我国的历史、文化、艺术的发展有较深影响。另外，在我国黑龙江省和新疆维吾尔自治区，还有少量的东正教信徒。在我国总人口中，信教人数约占1/10，教职人员有30余万人，宗教活动场所共8.5万多座（所）。现在，全国性宗教团体有：中国佛教协会、中国道教协会、中国伊斯兰教协会、中国天主教爱国会、中国天主教主教团、中国基督教"三自"爱国运动委员会和中国基督教协会等。此外，还有若干宗教性社会团体和地方性宗教组织。我国宪法规定："中华人民共和国公民有宗教信仰的自由"，"国家保护正常的宗教活动"。所以，对待宗教的正确态度就是要遵守宪法的规定，尊重教徒的宗教信仰，不干涉正常的宗教活动，对外宾的宗教信仰更不能非议。

了解宗教的礼仪和禁忌，是在旅游交际活动中，帮助我们了解世界各国人民精神生活和日常习俗的一把钥匙，也是做好旅游接待工作的重要保证。宗教礼仪是宗教信仰者为表达对崇拜对象的尊敬而举行的各种仪式与活动，是巩固和发展宗教信仰、宗教组织、宗教感情的重要手段。宗教礼仪担负着满足信徒心理需要的社会功能。对大多数信徒来说，其宗教观念往往都是从实际、直观的宗教礼仪以及充满宗教色彩的风俗习惯中得到的。因此，我们必须重视对宗教礼仪和禁忌的了解。

6.2　佛教礼仪

在世界三大宗教中，佛教创立最早，传入中国也最早。佛教在长期的传播发展过程中，形成了各具地区和民族特色的教派，确立了佛教各派共同承认的基本教义和佛教徒共同遵守的礼仪习俗及各种节日。

6.2.1　佛教起源

佛教起源于公元前6世纪至公元前5世纪的古代印度，相当于我国的春秋时期，距今已有2 500多年的历史。佛教的创始人，相传是北印度迦毗罗卫国（今尼泊尔境内）净饭王的儿子，名悉达多，姓乔达摩（约公元前565—公元前485年），差不多与我国的孔子是同代人。释迦牟尼是佛教徒对他的尊称，意思是释迦族的"圣人"。据说他从小就接受了婆罗门的传统教育，29岁出家，从35岁起一直在印度北部和恒河流域进行传教活动，逐渐得到统治阶级上层的支持，创立了佛教。佛教的发展分为四个阶段：

第一阶段：公元前 6 世纪中叶至公元前 4 世纪中叶，释迦牟尼创教及弟子传承其教，统称为"原始佛教"。

第二阶段：公元前 4 世纪中叶至公元 1 世纪中叶，佛教内部由于对教义和戒律产生认识分歧，分裂为许多教团，后称十八部、二十部，为部派佛教。

第三阶段：公元 1 世纪中叶至 7 世纪为"大乘佛教"（把以前佛教称为"小乘佛教"）。

第四阶段：公元 7 世纪至 12 世纪，"大乘佛教"一部分与婆罗门教混合形成"密教"。

佛教的经典由口头形式发展到文字形式，在长时间内形成各宗各派学说，经典繁多，总称为"经、律、论"三藏。公元 2 世纪，贵霜迦腻色迦王时期，佛教向古印度境外传播，发展成为世界性宗教，在许多国家形成了各具民族特色的教派。传入中国、朝鲜、日本和越南等国的，以大乘佛教为主，称为北传佛教，其经典主要属汉文系统。传入中国西藏、内蒙古和蒙古、西伯利亚等地区的，为北传佛教中藏传佛教，俗称喇嘛教，经典属藏文系统。传入斯里兰卡、缅甸、泰国、柬埔寨、老挝以及中国傣族地区的，以小乘佛教为主，称为南传佛教，经典属巴利文系统。

佛教早在西汉哀帝元寿元年（公元前 2 年）就传入中国内地，当时被看做神仙方术的一种。洛阳的白马寺相传就是公元 67 年建造的中国历史上的第一座佛教寺院。后经魏晋南北朝的发展，佛教逐渐与我国儒家的封建宗法思想合流，在中国扎根，并成为中国封建社会上层建筑的一个组成部分。到隋唐时期，由于统治阶级的大力扶植，佛教进入鼎盛时期，并逐渐形成了各种佛教宗派，如天合宗、华严宗、禅宗、律宗、净土宗、法相宗、密宗等，并形成了五台山、峨眉山、普陀山、九华山四大佛教圣地。中国佛教基本上可以分为汉族地区佛教、藏传佛教和云南傣族等地区的部派佛教三大派系。

6.2.2　佛教教义

教义，即某种宗教所信奉的道理。

佛教的基本教义是把现实人生断定为"无常"、"无我"、"苦"；苦的原因既不在于超现实的梵天，也不在于社会环境，而由每人自身的"惑"、"业"所致。"惑"指贪、嗔、痴等烦恼；"业"指身、口、意等活动。"惑"、"业"为因，造成生死不息之果，根据善恶行为轮回报应。摆脱痛苦之路是依经、律、论三藏，修持戒、定、慧三学，彻底转变自己的世俗欲望和认识，超出生死轮回的范围，达到这种转变的最高目标叫做"涅槃"或"解脱"。

佛教的基本教义是宣传"四谛"和"十二因缘"，其核心就是一个"苦"字，即人世间充满苦难。佛教说，人生有八种苦，真所谓"苦海无边"。但人们只要领悟佛教的"真理"，做到"自我净化"，就能够"解脱"，即脱离苦海，达到幸福的彼岸，这就是所谓"回头是岸"。此外，佛教还宣扬"因果报应"、"生死轮回"和"一切皆空"等，并为此提出了一套说明苦难和解脱苦难方法的学说。

同步业务 6-1

佛教的三大标志

（1）法轮：这是全世界公认的佛教标志。它代表着伟大的佛教。法轮，表示佛陀说的法，像轮子一样地转，所以佛法的推进，碾坏了一切不正当的邪说。同时，推动佛陀的法轮，就向美好的、快乐的、光明的方向前进了。轮有八支轴，一样长，这象征着佛陀说的八正道，是纯洁、端正行为的规则。轮是智慧，毂是意志，轴是真理；佛陀的法轮，是用高深的智慧、坚强的意志和圆满的真理联结而成的。

（2）字：佛教万字。"卐"字是佛像及佛教文物中常见的符号，读作"万"。《十地经论》十二卷说，在悉达多未成佛时，胸臆间即有功德庄严金刚"卐"字相。"卐"字是个吉祥的符号，称为吉祥海云，又称吉祥喜旋。这个符号在佛教之前的印度早已存在，自公元前3世纪始被用于佛典。

（3）莲花：也是佛教的标志，它芬芳美丽，清净纯洁，从泥土里出枞，却一点也没有染到肮脏，这表示佛教是清净庄严的。

资料来源　http://www.damo.org.cn.

6.2.3　佛教礼仪

1）称谓

佛教的教制、教职在各国不尽相同。在我国寺院中，一般有"住持"（或称"方丈"，寺院负责人），"监院"（负责处理寺院内部事务），"知客"（负责对外联系），可尊称"高僧"、"大师"、"法师"、"长老"等。佛门弟子依受戒律等级的不同，可分为出家五众和在家两众。出家五众是指沙弥、沙弥尼、式叉尼、比丘、比丘尼。在家两众是指优婆塞和优婆夷。出家的佛教徒俗称"和尚"（僧）和"尼姑"（尼），亦可尊称"法师"、"师太"。不出家而遵守一定戒律的佛教信徒称"居士"，可尊称为"檀越"、"护法"、"施主"等。

2）四威仪

四威仪是指僧尼的行、住、坐、卧应该保持的威仪德相，不允许举止轻浮，一切都要遵礼如法。所谓"行如风、住（站）如松、坐如钟、卧如弓"，就是僧尼应尽力做到的。这是因为所受"具足戒"戒律上对行、住、坐、卧的动作都有严格规定，如果违反规定，就不能保持其威严。

3）饮食禁忌

（1）过午不食

按照佛教教制，比丘每日仅进一餐，后来，也有进两餐的，但必须在午前用毕，过午就不能进食。这是佛教中对僧尼的一个戒条，叫"过午不食戒"。在东南亚一带，僧尼和信徒一日两餐，过了中午不能吃东西，午后只能喝白开水，连牛奶、椰子汁都不可以喝。我国汉族地区因需要自己在田里耕作，体力消耗较大，晚上非吃东西不可，所以在少数寺庙里开了"过午不食戒"，但晚上所进的食称为药食。然而，在汉地寺院的僧尼中，持"过午不食戒"的人也仍不少。

（2）不吃荤腥

荤食和腥食在佛门中是两个不同的概念。荤专指葱、蒜、辣椒等气味浓烈、刺激性强的东西，吃了这些东西不利于修行，所以为佛门所禁。腥则指鱼、肉类食品。东南亚国家的僧人多信仰小乘佛教，或者到别人家托钵乞食，或是由附近人家轮流送饭，无法挑食，所以无论素食、肉食，只能有什么吃什么。我国大乘佛教的经典中有反对食肉的条文。而汉地僧人是信奉大乘佛教的，所以汉族僧人乃至很多在家居士都不吃肉。在我国蒙藏地区，僧人虽然也信奉大乘佛教，但是由于气候和地理原因，缺乏蔬菜，所以一般也食肉。但无论食肉与否，大小乘佛教都禁忌荤食。至于汉族地区在家的居士，他们有吃长素的，也有吃花素的，如观音素、十日素、八日素或六日素等。

（3）不喝酒

佛教徒都不饮酒，因为酒会乱性，不利于修行，故严格禁止。

4）礼节

（1）合十

"合十"亦称"合掌"，两手当胸，十指相合，专注一心。一般佛教徒在见面时，多以"合十"为礼以示敬意。如参拜佛祖或拜见高僧时要行跪合十礼，行礼时，右腿跪地，双手合掌于两眉中间。

（2）顶礼

顶礼为佛教最高礼节，是向佛、菩萨或上座所行礼节。行顶礼时双膝跪下，两肘、两膝和头着地，而后用头顶尊者之足，故称"顶礼"。出家的佛教徒对佛像必须行顶礼。头面接足，是表示恭敬至诚，藏传佛教（喇嘛教）徒有全身俯伏于地的行礼方法，这就是俗话说的"五体投地"。"合十"和"顶礼"是佛教徒的普通礼节。

同步业务6-2

佛教的互跪礼与长跪礼

各国佛门男僧与女尼的跪礼有所不同。男僧行互跪礼，女尼行长跪礼。互跪礼是两腿轮换跪于地。《释门归敬仪》中描述："言互跪者，左右两膝交互跪地"，"经中以行事经久，苦弊集身，左右两膝，交互而跪"。此礼行于僧人。

长跪礼是两膝同时久跪于地。《释门归敬仪》中描述："两膝据地，两胫翘空，两足指拄地，挺身。"此礼行于女尼。

僧、尼的跪礼之所以不同，是因为"僧是丈夫，刚于事立，故制互跪；尼是文弱，翘苦易劳，故令长跪"。

资料来源　http：//www.chinaliyi.cn.

（3）南无

南无念"那摩"，是佛教信徒一心归顺于佛的致敬语，常用来加在佛、菩萨名或经典题名之前，以表示对佛、法的尊敬和虔信。"南无"的意思是"把一切献给××"或"向××表示敬意"。如称南无阿弥陀佛，则表示对阿弥陀佛的致敬和归顺。阿弥陀佛又称无量寿佛，他是西方极乐世界的教主。

（4）受戒

受戒是佛教徒接受戒律的仪式。戒法有三皈五戒、十戒和具足戒。

①三皈五戒。这是居士应遵守的戒法。成为佛教徒第一步必须受三皈依法，即归顺、依附佛、法和僧三宝。"皈"字还有反黑为白的意思，即将黑色的罪业转为白色的净业。在家的男子教徒进入佛门后，必须求一位法师为他授皈依法。受三皈有一种简单的仪式，叫"方便皈依"。如果举行正式的三皈仪式，需两个小时左右。此外，还要受五戒。所谓五戒，第一不可杀生，第二不可偷盗，第三不可邪淫，第四不可饮酒，第五不可妄语。佛教徒在受了三皈五戒之后，方能称为"居士"。

②十戒。十戒是指沙弥、沙弥尼所受的十条戒律。沙弥和沙弥尼是指7岁以上、20岁以下受过十戒的出家男子和女子，汉地普遍称小和尚和小尼姑。沙弥、沙弥尼所受的十条

戒律，除了五戒之外，还有不装饰打扮、不视听歌舞、不坐高广大床、不食非时食、不蓄金银财宝。

③具足戒。具足戒又叫"比丘戒"、"大戒"。当沙弥年满20岁时，再举行仪式，授予"具足戒"。它是在十戒的基础上扩充为比丘的250条戒、比丘尼的348条戒。信徒受具足戒后，才能取得正式的僧尼资格。

（5）忏悔

佛教理论认为，只有心身清净的人才能悟得正果，但是世间是污浊的，即使出家人也可能随时身遭"垢染"，影响自己的功德。然而信徒不必因此而担心，因为通过忏悔可灭除以往所有的罪过。

（6）功课

在寺庙里，僧尼每天的必修课为朝暮课诵，又名早晚功课或是五堂功课。寺庙一般在早上4时就打催起板（起休号令），僧尼盥洗完毕，齐集在大雄宝殿，恭敬礼佛，端坐蒲团，听候大钟大鼓结束声。随后即起，随众念诵早课楞严咒、大悲咒、十小咒、心经等，这是二堂功课。晚课在下午4时左右，僧尼立诵阿弥陀经和跪念88佛忏悔文、发愿、回向、放蒙山，这是三堂功课。回向的意思就是将自己念诵的功课回归向往，使大众都能亲证佛果。社会上流行的"晨钟暮鼓"成语，就是由佛教寺庙里的早晚功课而来的。

5）葬仪

佛教的僧尼去世后一般实行火葬，其遗骨或骨灰被安置在特制的灵塔或骨灰瓮中。在蒙藏地区，普通的佛教徒去世后，实行天葬或水葬；汉族地区的佛教徒死后一般实行火葬和土葬。佛教徒死后每年的忌日要由其家人为之举行祈祷冥福的追荐会，并发放布施。

6）非佛教徒进入寺庙的注意事项

寺庙被佛教徒视为清净的圣地，所以，非佛教徒进入寺庙衣履要整洁，不能着背心、打赤膊、穿拖鞋。当寺内举行宗教仪式或做道场时，不能高声喧哗干扰。未经寺内职事人员允许，不可随便进入僧人寮房（宿舍）等地方。为了保持佛门清净，严禁将一切荤腥及其制品带入寺院。

对僧尼可称"师父"，或在他们的职称后加"师"字，如当家师、维那师、知客师等。习惯上可称为法师或师太。

值得注意的是：不能问僧尼尊姓大名。因为僧尼出家后一律姓释，出家入道后，由师父赐予法名。受戒时，由戒师赐予戒名。因此，问僧尼名字时，可问"法师上下如何"（或"法师法号如何"），这样便可得到回答。

另外，非佛教徒对僧尼或者居士行礼，最合适的是合十礼，不要主动与僧尼握手。

7）宴会时僧俗座次安排

佛教的宴会不但菜肴全是素食，而且不能用辛辣食材和荤油。其座位安排也与本书前面所讲的"以右为尊"不同：若是一主一客，客位与主位相对；若是一主两客，则以左为尊。多桌宴会时，其主桌安排与俗家做法相同，以远为尊，但第二桌的安排是以左为尊。一席一主一客序坐法如图6-1所示，一席一主二客序坐法如图6-2所示，一席一主三客序坐法如图6-3所示，一席二主二客序坐法如图6-4所示。

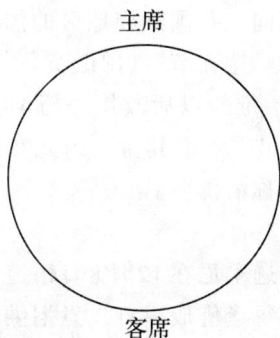

图6-1　一主一客座位安排

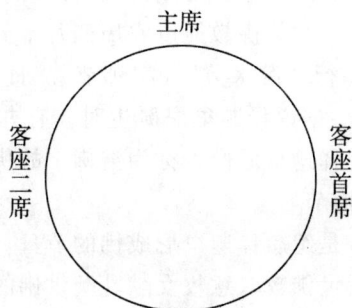

图6-2　一主二客座位安排

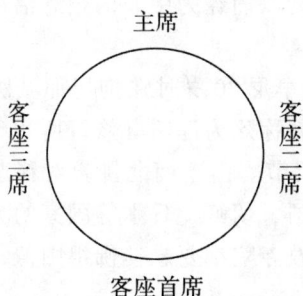

图6-3　一主三客座位安排

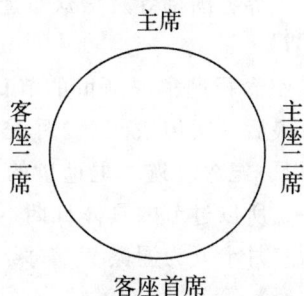

图6-4　二主二客座位安排

8）宴会时僧俗桌次安排（如图6-5所示）

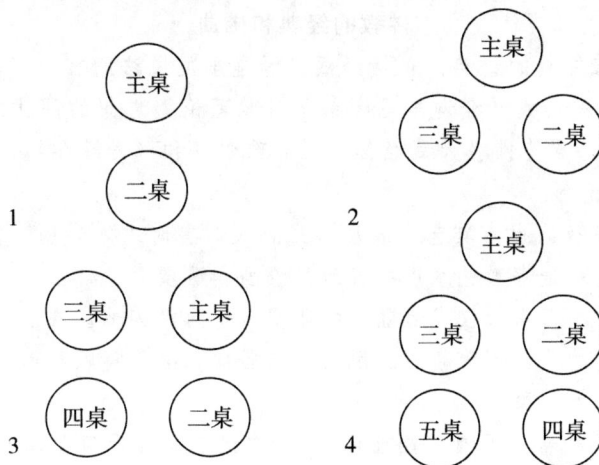

图6-5　多桌宴会桌次安排

6.2.4　佛教的主要节日

1）世界佛陀日

世界佛陀日即"哈舍会节"，又称"维莎迦节"。"世界佛教徒联谊会"1954年规定，公历5月间的月圆日为"世界佛陀日"，即把佛的诞辰、成道、涅槃合并在一起的节日。每到这时，一些佛教盛行的国家会举行全国性的大规模庆祝活动。

2）佛诞节

佛诞节又称浴佛节，是纪念佛教创始人释迦牟尼（佛陀）诞生的节日。因为对佛陀的生日说法不一，所以世界各国佛诞节的时间也不相同。我国汉族地区的佛教徒以农历四月初八为佛诞日；藏族佛教徒以农历四月十五为"萨噶达瓦节"（佛诞节）；傣族佛教徒则在清明后十天举行"泼水节"（浴佛节）。日本在明治维新以后改用公历4月8日为佛诞节，又称"花节"。据说释迦牟尼诞生时，有九条龙吐出香水浴其身，因此在这一日，佛教徒要以香水灌洗释迦牟尼像，称为浴佛，故佛诞节又称浴佛节。

3）佛成道节

佛成道节是纪念释迦牟尼成佛的节日。相传释迦牟尼在12月8日悟道成佛，这一天即佛成道节。后世佛教取意牧女献乳糜供佛的传说，每逢佛成道日，煮粥供佛。我国汉族地区，每逢农历十二月初八（腊八），要以大米及果实煮粥供佛，并逐渐演化为吃"腊八粥"的民俗。世界各国佛寺及僧众每逢此日都要举行以诵经为中心的纪念活动。

4）涅槃节

涅槃节是纪念释迦牟尼逝世的节日。相传释迦牟尼80岁时在拘尸那城跋提河边婆罗双树间，结束最后一次传法，于2月15日逝世。佛教称死为涅槃（修行所达到的最后的精神境界），所以，纪念释迦牟尼逝世的日子称为涅槃节。由于南北佛教对释迦牟尼逝世年月的说法不一，所以过节的具体日期不尽相同。中国、朝鲜、日本等国家的大乘佛教，一般以每年农历二月十五为涅槃节。每年此日，各佛教寺院都要悬挂佛祖图像，举行涅槃法会，诵《遗教经》等。

同步业务6-3

佛教的经典和佛曲

大乘佛教和小乘佛教的经典，包括经藏（释迦牟尼说法的言论汇集）、律藏（佛教戒律和规章制度汇集）、论藏（释迦牟尼大弟子对其理论、思想的阐述的汇集），故称三藏经，或称"大藏经"。藏传佛教大藏经称为《甘珠尔》和《丹珠尔》。《甘珠尔》意为佛语部；《丹珠尔》意为论部。

佛教作为一种宗教，也有其艺术表现形式。人们有时进入寺庙，能听见梵曲或佛曲，能看见佛像雕塑，这就是佛教艺术中的音乐、绘画和雕塑。

佛曲是佛教徒在举行宗教仪式时歌咏的曲调。我国汉族地区佛曲的发展是由梵呗开始的。梵呗是模仿印度的曲调创为新声，用汉语来唱歌。由于隋朝与西域交通的发展，西域的佛家音乐也随之传入中原。

陈旸所撰《乐书》卷159有"胡曲调"，其中记录唐代乐府曲调有"普光佛曲"、"弥勒佛曲"、"日光明佛曲"、"阿弥陀佛曲"、"观音佛曲"等，共26曲。自从元朝南北曲调盛行之后，佛教的歌赞也全采用南北曲调。现在通行的佛教音乐中所用的南北曲调近200曲。一般用六句赞，曲调是"华严会"。

资料来源　江岩，晓怡.名刹文化[M].北京：中国经济出版社，1995.国家旅游局人事劳动教育司.导游基础知识[M].北京：旅游教育出版社，1999.

同步思考6-1

少林寺的商业化倾向

近年来，少林寺成立了少林实业公司，下属机构有：（1）寺院：空相寺（达摩和尚圆寂地）、青龙山慈云寺；（2）其他组织和机构有：易筋经研究会、少林文化研究所、中华禅诗研究会、少林书画院、少林影视公司、少林文化学院、《禅露》杂志社、少林慈善福利基金会、少林弟子联谊会等。少林寺方丈释永信对少林寺进行了商业化经营与推广，举办了"少林武僧全球巡演"，海选中国"功夫之星"，拉动了旅游业，也为当地经济发展做出了巨大贡献。2015年2月28日，少林寺在澳大利亚投资约2.97亿澳元兴建包括寺庙、寄宿制功夫学院、四星级酒店和高尔夫球场在内的综合体项目获得了新南威尔士州政府及肖尔黑文市政厅的批准。当地政府认为该项目可以促进当地旅游，拉动就业，但寺庙的商业化运作及其可能对当地环境产生的潜在影响，引起了国内外的又一波争议。

资料来源　鲍捷，苏静.澳城市批准少林寺投资建分寺[N].环球时报，2015-03-02.有改动.

问题： 反对少林寺商业化运作的一方认为释永信是"政治和尚"、"少林寺CEO"，其做法违背佛教教义，你怎么看？

理解要点： 北京大学中文系教授张颐武的看法可作参考：佛教文化是中华文化的一部分，只要不过分商业化，推广佛教文化没有什么可争议的。这种现象全球都有，如台湾的佛光山、慈济都曾经营了很多年，在全球都有扩张，运作得很好，也避免了铜臭气。佛家文化也要传播，也需要影响力，需要良性的循环。只要它们不是有害的团体，不宣传邪教、暴力、练武健身、修身养性，都是正常的行为。只要目的积极，能产生文化上的沟通，合乎规范、合乎本地法律，海外华人、世界不同种族、背景的人对此都有兴趣，大家也都乐观其成，没有什么可以非议的。张颐武表示，少林寺走向西方，也是增强中国全球软实力的一种尝试，是否成功还待观察。

职业道德与企业伦理6-1

小导游带"土豪团"出游新、马、泰

背景与情境： 某省是能源大省。改革开放以来，大煤矿、小铁矿生意兴隆，矿主们一时暴富。当地人说："一下子冒出来很多'土豪'！"这些人有钱、"任性"。金元旅行社是当地一个矿主投资成立的，刚开业不久，工作人员多不具备旅行社工作经验。小张是当地刚毕业的高中生，没经过正规培训就当了领队兼导游。旅行社让他带这些"土豪"出游新加坡、马来西亚、泰国。第一次出国的他甭提多兴奋了，自称是"土豪团周游列国"。旅行社老板交代小张：大家都是第一次出国，要让他们吃好、住好、玩好，为金元旅行社创出牌子！相关部门虽然在他们出行前对其进行了培训，但他们多年养成的说粗话、喜欢大声议论、不讲卫生的习惯一时改不过来，小张也认为这些都是小事，农民出身的土豪哪有那么多讲究，把他们服侍好，替旅行社赚了钱就行。所以，一路上"状况"不断，特别是到了泰国以后，进寺庙参观像在家乡赶庙会一样，小张和土豪们都高兴得忘乎所以：坐在大殿门槛上啃猪肉香肠、吃牛肉方便面；指着小和尚大声评论；在菩提树上刻写"×××到此一游"；一位土豪夫人还插队进厕所，弄脏了蹲位又不听劝说，甚至把纸巾扔进冲厕所的蓄水池里……这一切，引起当地人的极大反感，当地人说："中国人有钱没教养！"

资料来源　根据媒体相关报道和见闻编写.

问题： 小张认为这些行为是由习惯引起的，都是小事，但在国外，却成了有损国格的大事。你认为金元旅行社的企业理念和小张的职业道德素养存在哪些问题，应如何改进？

分析提示： 首先，金元旅行社不具备开业资质，其经营理念是只要服侍好顾客，让他

们吃好、住好、玩好，自己赚了钱就行，对旅游法规、交际礼仪全然不顾。小张既不具备职业素养，职业道德也存在较大问题。金元旅行社应停业整顿，小张应进行专业培训。其次，应按照国家旅游法规对金元旅行社、小张及该团人员的不文明行为进行通报、追责。最后，要把这件事作为各级政府及相关职能部门进行宣传、教育的重要内容，并加强旅行社组团出游前礼仪的培训，飞机、车、船上也要放置旅游交际礼仪方面的宣传资料。

6.2.5 佛教的名山名寺

佛教的名山甚多，除观音菩萨道场普陀山、普贤菩萨道场峨眉山、地藏王菩萨道场九华山、文殊菩萨道场五台山四座最著名的以外，尚有浙江天童山，陕西终南山、太白山，江苏栖霞山、灵山、虎丘山，甘肃麦积山、鸣沙山，河南龙门山，辽宁千山，香港大屿山等等。

著名佛教寺庙则有浙江天台国清寺、杭州灵隐寺、宁波天童寺，上海龙华寺、玉佛寺，江苏苏州寒山寺、镇江金山寺、扬州大明寺，河南登封少林寺、洛阳白马寺，北京潭柘寺、碧云寺、雍和宫，山西太原双塔寺、大同华严寺，青海塔尔寺，云南大理崇圣寺，陕西慈恩寺，天津独乐寺，河北承德外八庙中的一些佛寺，甘肃炳灵寺、敦煌莫高窟千佛洞，湖北归元寺，西藏大昭寺、布达拉宫等等。

这些佛教名山、名寺都是著名的旅游景点。

6.3 伊斯兰教礼仪

伊斯兰教是公元7世纪阿拉伯半岛麦加人穆罕默德（公元570—632年）创立的一神教，主要分布在西亚、中亚、南亚和东南亚地区。伊斯兰教在发展过程中，形成了逊尼和什叶两大教派，确立了以"六大信仰"为中心的基本教义，并对穆斯林规定了严格的制度和礼仪规范。

6.3.1 伊斯兰教起源

伊斯兰意为"顺服"，指顺服唯一的神安拉的旨意。教徒称"穆斯林"，意为"归信者"。公元7世纪的阿拉伯半岛，东西商道改变，加上外族入侵，社会经济遭到破坏，又由于盛行多神崇拜和部落混乱，整个半岛四分五裂，危机四伏，阿拉伯氏族贵族摆脱危机、发展经济和实现政治统一的愿望越来越强烈。正是在这种情况下，穆罕默德顺应形势，宣称得到安拉（汉译真主）的启示，要他在人间为安拉"传警告"、"报喜信"和"慈惠众生"，从而创立了伊斯兰教。公元631年，穆罕默德基本上统一了阿拉伯半岛，伊斯兰教成了阿拉伯半岛上占统治地位的宗教。

公元632年，穆罕默德死后，他的继承者（哈里发）不断向外扩张，形成横跨欧、亚、非三洲的阿拉伯大帝国。伊斯兰教也由一个地区的宗教发展成为世界性宗教。目前，全世界穆斯林有13亿人左右。

在中国，伊斯兰教又称清真教、回回教、回教、天方教等。该教于7世纪中叶传入中国，在回族、维吾尔族、哈萨克族、乌孜别克族、塔吉克族、塔塔尔族、柯尔克孜族、东乡族、撒拉族、保安族等10多个民族中流传，有信徒1 400多万人，主要分布于我国西北部的甘肃、宁夏、新疆、青海等省、自治区，其余散布在全国各地。中国伊斯兰教穆斯林，除新疆的塔吉克族有什叶派信徒外，绝大多数属于逊尼派。1953年成立了"中国伊斯兰教协会"。

6.3.2　伊斯兰教教义

伊斯兰教的基本教义就是信仰安拉是唯一的神。安拉，我国穆斯林称为"真主"，他是主宰一切的神。人的一切都是由安拉决定的，即所谓的"前定"，伊斯兰教教徒不仅无条件地信仰"安拉"，还要无条件地信仰安拉的使者——穆罕默德。

以基本教义为中心，形成了伊斯兰教的"六大信仰"：信安拉——信仰安拉是创造和主宰宇宙万物的唯一的神；信使者——信穆罕默德是安拉在人间的使者，传达神意，拯救世人；信天使——相信有许多天使，根据安拉的旨意，各司其职，人的一言一行，都有天使监视、汇报；信经典——《古兰经》是安拉降示的天经，是伊斯兰教的根本经典，同时也是立法、道德规范、思想学说的基础；信前定——相信现世的一切都是安拉的前定，人在现世的命运是安拉早就预定的；信后世——相信"灵魂不死"、"死后复活"、"末日审判"等。

6.3.3　伊斯兰教礼仪

1）称谓

伊斯兰教信徒称为"穆斯林"，无论在什么地方，信徒之间不分职位高低，都互称兄弟，或叫"朵斯提"（波斯语意为好友、教友）。对知己、朋友称"哈毕布"（阿拉伯语意为知心人、心爱者）。对贫穷的穆斯林，一般称做"乌巴力"（阿拉伯语意为可怜者）。在清真寺做礼拜的穆斯林，统称为"乡老"。对到麦加朝觐过的穆斯林，在其姓名前冠以"哈吉"（阿拉伯文的音译，意为朝觐者），这在穆斯林中是十分荣耀的称谓。对管理事务和办经学教育的穆斯林，称"管寺乡老"、"社头"、"学董"。对德高望重、有学识和有地位穆斯林长者，尊称为"筛海"、"握力"、"巴巴"和"阿林"等。

伊斯兰教对宗教职业者和具有伊斯兰教专业知识者，统称为"阿訇"。这是对伊斯兰教学者、宗教家和教师的尊称。在中国，在清真寺任教职，并主持清真寺教务的阿訇，被称做"教长"或"伊玛目"，其中的年长者被尊称为"阿訇老人家"。对主持清真女寺教务或教学的妇女，称做"师娘"。对在清真寺里求学的学生称"满拉"、"海里发"。

2）"五功"

伊斯兰教教规十分严格，每个穆斯林必须遵奉"五功"，以此表示对真主的诚心，以便赎罪进入天国。

（1）念功

念诵清真言："除了安拉，别无他神。穆罕默德，安拉使者。"

（2）拜功

每天晨、晌、晡、昏、宵要礼拜，共5次；每星期五要进行一次"主麻拜"；每年开斋节和宰牲节要进行节日礼拜。日常礼拜前要"小净"（洗脸、洗手等），主麻拜和节日礼拜前要"大净"（沐浴更衣），以示涤罪和保持身体、衣服的洁净。礼拜时要面向麦加大清真寺的克尔白（天房）依次完成七个不同的动作，即举两手于头的两旁，口诵"真主至大"；端立，置右手于左手之上，口诵《古兰经》首章；鞠躬，以手促膝，行鞠躬礼；直立并抬起双手，口诵"赞颂主者，主必闻之"；跪下，两手掌附地，叩首至鼻尖触地；跪坐；第二次叩首。从口诵《古兰经》首章开始的这一系列动作，构成一拜。礼拜一般由伊玛目率领集体举行，也可以单独举行。

（3）斋功

斋即斋戒，每年伊斯兰教历九月被定为"斋月"。斋月里，从每天破晓至日落，都必须严格把斋，戒除饮食、娱乐等活动。幼儿、旅行者、病人、孕妇和哺乳者可不守斋，但应以延缓补斋或施舍的办法罚赎。

（4）课功

课即天课，是阿拉伯语"扎卡特"的意译，本意是"洁净"，指通过完纳天课使自己的资财更加洁净。天课是伊斯兰教具有慈善性质的一种"施舍"，每个穆斯林要根据自己财产的多少交纳。我国穆斯林均为自愿捐奉。

（5）朝功

朝即朝觐。朝觐就是朝见圣地，这是真主的要求。今沙特阿拉伯境内的麦加是穆罕默德诞生地、伊斯兰教的摇篮和圣地。伊斯兰教规定，凡理智健全、身体健康、有经济能力者，无论男女，一生中都应前往麦加朝觐克尔白（天房）一次。"大朝"（亦称"正朝"）的朝觐时间为伊斯兰教历十二月八日至十二日。"大朝"之日为伊斯兰教的主要节日宰牲节（十二月十日，我国称"古尔邦"节）。朝觐要举行一系列烦琐的宗教仪式。朝觐过的穆斯林被尊称为"哈吉"。除朝觐季节外，任何时候个人都可单独去麦加朝觐，称为"小朝"或"副朝"。

3）饮食禁忌

伊斯兰教有严格的禁食制度，规定教徒要食清洁的食物，主要有：

禁酒——《古兰经》规定穆斯林不能饮酒。

禁食猪肉、自死动物肉及动物血液；禁食无鳞鱼（如鳗鱼、鳝鱼、鲇鱼、甲鱼等）。

禁食勒死、捶死、跌死等动物的肉。

禁食驴、骡、马、狗、虎、狼、豹、鹰、蛇等动物肉。

4）服饰禁忌

伊斯兰教把妇女头发列为羞体，必须遮盖起来，所以，穆斯林妇女要戴"盖头"，即一顶大帽子，把头发、耳朵、脖子都遮在里面，只露出脸部。妇女除了戴"盖头"外，一般还都要戴面纱等。

穆斯林的男子出于做礼拜叩头的需要，多戴无檐小帽。这种小帽又名"礼拜帽"或称"回回帽"。

5）葬仪

穆斯林死后实行"土葬"、"速葬"、"薄葬"，不用棺椁，用白巾裹尸，也不用任何陪葬物或殉葬品；主张三日必葬，入土为安；待葬期间不宴客、不披孝、不磕头、不鞠躬、不设祭品。举行殡礼时，由阿訇或地方长官或教长或至亲等，率众站立默祷，祈求安拉赦免亡人罪过，为亡人祈福。参加殡礼的人要对着亡人胸部，向西站立，不能站在亡人面前；尸体下土埋葬时头北脚南，面朝西，向着圣地"克尔白"，坟墓南北向、长方形。

同步业务6-4

中国伊斯兰教的"穿衣挂幛"

"穿衣挂幛"是中国伊斯兰教用语，指清真寺所设经堂大学学员毕业典礼仪式。在经堂大学教育中，学员需学习10年以上，学完规定的经训、教义、教法、语言等13本经典书籍，并具备讲经、独立宣教能力，品学兼优者经教长考核，达到阿訇资格，即可毕业。举行毕业仪式时，毕业学员穿上本寺坊教民赠送的绿袍，戴斯塔尔（缠头巾），邻近寺坊也送挂幛庆贺，故又称此仪式为"挂幛"。届时，开学阿訇或主持人讲话祝贺，毕业学员也要登台演讲"卧尔兹"（经义演讲），对寺坊的培养表示谢忱。已穿衣挂幛的学员，便具有了被其他寺坊聘请为开学阿訇的资格。

资料来源 http://www.mzb.com.cn.

6.3.4 伊斯兰教的主要节日

1）开斋节

开斋节是穆斯林的一个重大节日，我国新疆地区称肉孜节，时间是伊斯兰教历九月二十九日或十月一日。斋戒结束的前一天要寻看新月，见月的次日开斋；如未见月，开斋顺延，但一般不超过3天。节日期间，男女老少都要沐浴更衣，男人们涌向清真寺，妇女们在家做礼拜。然后探亲访友，举行礼会和庆祝活动。青年男女往往选择这一天举行婚礼，以增添欢乐气氛。

2）古尔邦节（宰牲节）

"古尔邦"是献身和牺牲的意思。传说先知易卜拉欣受安拉"启示"，要他宰杀其子伊斯玛仪勒，以考验他对安拉是否忠诚。当他遵命即将执行之际，安拉派天神送羊1只，命令以羊代替其子。据此，穆斯林逢伊斯兰教历十二月十日就宰牲献祭。

3）圣纪节

圣纪节又称圣忌节，相传穆罕默德的诞生日和逝世日都是伊斯兰教历三月十二日，不少国家习惯于将"圣纪"和"圣忌"合并纪念，称为"圣会"。节日的主要活动是念经、颂圣、宣讲穆罕默德的生平事迹等。

同步业务6-5

"清真"的含义

伊斯兰教传入我国以后，直至元朝以前，在汉文的记载和称呼上，都以"清"、"真"、"净"、"觉"一类词汇来概括和表达伊斯兰教的教义和内容。到元末明初之际，统称伊斯兰教为"清真教"，称伊斯兰教举行宗教活动的场所为"清真寺"。据清初的伊斯兰教学者解释，"清"是指真主（安拉）"超然无染，无所不在，无始无终"；"真"是指真主（安拉）"永存常在，至高无上，唯一至尊，靡所比拟"。我国的穆斯林还把口念"清真言"，作为五功之一——念功。

资料来源 陈本林.涉外知识大全[M].上海：上海人民出版社，1989.

同步案例6-1

女排姑娘的照片惹非议

背景与情境：20世纪80年代，中国女排在国际大赛中获得了三连冠，一家对外的画报用女排姑娘的照片作封面，照片上的女排姑娘都穿运动短裤。阿拉伯文版也采用了该封面，结果有些伊斯兰国家提出了非议。

资料来源 佚名.他们为什么要提出非议[N].新民晚报，1996-11-02.

问题：这些伊斯兰国家为什么要提出非议？

分析提示：伊斯兰教认为男子从肚脐至膝盖，妇女从头至脚都是羞体，外人禁止观看别人的羞体，违者犯禁。因此，穆斯林妇女除了穿不露羞体的衣服外，还必须戴盖头和面纱，这项规定至今在有些伊斯兰国家（如沙特阿拉伯、伊朗等）仍然施行。

6.4 基督教礼仪

基督教为世界第一大宗教，包括天主教、东正教、新教以及一些较小的派别。基督教的教义、礼仪习俗和节日在今天的欧洲、美洲、大洋洲等国家和地区的人民生活、交往中，有着重要影响。

6.4.1 基督教起源

基督教起源于公元1世纪初罗马帝国统治下的巴勒斯坦地区。当时犹太人由于反抗罗马帝国统治，屡次起义而遭到残酷镇压，于是在巴勒斯坦和小亚细亚等地区出现了一些传教者，他们说有一位救世主（就是耶稣）奉天父（上帝）之命前来拯救世人。初期的基督教徒大多是贫民和奴隶，对统治者极端仇恨。公元2—3世纪间，分散在各地的社团开始走向统一，教会逐渐形成。基督教亦由于中上层人士的加入并逐渐取得领导权而改变了早期的性质。早期的基督教反映了当时的奴隶和贫民对奴隶制度的憎恶，但又主张今生要忍耐、顺服，把希望寄托于来世。3世纪中期，基督教为罗马皇帝所镇压，被称为"教难时期"。公元313年，罗马皇帝君士坦丁大帝颁发了《米兰敕令》，承认基督教的合法地位。公元325年，召开帝国全境基督教主教会议（尼亚西会议），对基督教从政治上、组织上和思想上加以控制。公元392年，罗马皇帝狄奥多西一世正式承认基督教为罗马帝国国教。

随着欧洲人开辟新航路和向外开拓殖民地，基督教势力逐渐蔓延至全世界，现有教徒20亿人之多，是世界第一大宗教。公元635年（唐太宗贞观九年），基督教由波斯传入中国。1502年（明万历十年）天主教由耶稣会传教士利玛窦传入中国。鸦片战争前后，新教各派陆续传入中国。

6.4.2 三大教派及其教职

公元395年，罗马帝国分裂为东、西两部，基督教会形成西部的罗马和东部的君士坦丁堡两个中心。1054年，东、西基督教会正式分裂，东部教会称正教会（东正教），西部教会称公教会（天主教）。16世纪，在欧洲宗教改革运动中，又产生了代表新兴资产阶级利益、脱离罗马教廷的"抗议派"，即基督新教。自此，基督教分成天主教、东正教、基督新教三大派。

1）天主教

天主教亦称罗马公教，除信奉天主和耶稣基督外，还尊奉玛利亚为圣母。最高宗教领袖是罗马教皇，其终身任职。教廷在梵蒂冈。教皇任命红衣主教，红衣主教一般担任罗马教廷和各国教会的重要职务，并有选举和被选举为教皇的权利。再下面的神职人员是主教、副主教、神父、修士和修女等。

2）东正教

东正教以君士坦丁堡（今土耳其伊斯坦布尔）为中心，自称"正教"，意为正统教会。教徒信奉上帝、基督和圣母，但不承认罗马教皇有高出其他主教的地位和权力，并允许主教以外的教士婚娶。东正教的神职，按教会行政职务高低次序排列为牧首、都主教、大主教、主教、修士大司祭、修士司祭、修士辅祭等。

3）基督新教

基督新教在我国被学术界称为新教，宗教界译为基督教，民间则称为耶稣教。基督新教不承认罗马教皇的权威，不尊圣母玛利亚为神，对基督教义、仪式、教会管理方式做了一些改革，允许教士婚娶。基督新教的教职为牧师，另有实习牧师、传道员等神职人员。卫理公会有主教；加尔文教派有长老；圣公会的教职有坎特伯雷大主教、大主教、主教、会长（牧师）、会吏（实习牧师）。

同步业务6-6

中国著名的基督教教堂

（1）著名的天主教教堂

其包括：①北京南堂。它是北京最古老的天主教堂。明万历三十三年（公元1605年），意大利传教士利玛窦始建堂于此，现为中国天主教北京主教座堂。②北京北堂，又称西什库教堂。③上海徐家汇天主堂。它是上海地区最大的天主教教堂，现为中国天主教上海教区主教座堂。④天津市老西开教堂（包括天主教总堂和大教堂）。

（2）著名的东正教教堂

其包括：①黑龙江哈尔滨圣母守护教堂；②上海新乐路东正教堂。

（3）著名的基督教（新教）教堂

其包括：①北京崇文门教堂；②上海国际礼拜堂，是上海地区最大的基督教教堂；③沐恩堂，为上海基督教三自爱国运动委员会所在地。

资料来源　上海市旅游事业管理委员会.导游基础知识[M].上海：东方出版中心，2005.

6.4.3　基督教教义

基督教的教义是信奉上帝（天主）创造并主宰世界，认为人类从始祖亚当和夏娃开始就犯了罪，并在罪中受苦，只有信仰上帝及其儿子耶稣基督才能获救。因此，基督教各派一般都信奉下列基本信条：

1）信奉上帝

上帝是天地主宰，是天地万物的唯一创造者。上帝本位具有三个位格，即"圣父"、"圣子"、"圣灵"，三位一体，"同受敬拜，同受尊荣"。

2）信始祖原罪

人类始祖亚当和夏娃因违反上帝的禁令，偷吃伊甸园中"知善恶树"的果子，犯下了"原罪"，所以后来世人一出生就是罪人，世上一切罪恶和苦难都根源于此。

3）信基督救赎

世人无法自己救自己，因此上帝派圣子耶稣降临人世。基督为赎世人之罪，甘愿自己被钉死在十字架上，以自己的血来洗刷世人的罪过。所以，世人要想赎罪，要想灵魂得救，就要信仰、祈求耶稣。

4）信灵魂不灭、末日审判

基督教认为人死后灵魂不灭，总有一日现世将最后终结，所有世人都得接受上帝的最后审判（即末日审判），善者升天堂，恶者下地狱。

同步业务6-7

基督教的"十条诫命"

基督教的十条诫命包括：①除耶和华上帝以外，不可敬拜别的神；②不可敬拜偶像；③不可妄称上帝的名；④当纪念安息日，守为圣日；⑤当孝敬父母；⑥不可杀人；⑦不可奸淫；⑧不可偷盗；⑨不可作假见证陷害人；⑩不可贪恋别人的财物。

以上10条戒条是犹太教和基督教的教规及道德准则，前4条着重讲人与上帝的关系，属于宗教信条；后6条侧重讲人与人的关系，系为人处世之道。

资料来源 http://www.jidunet.cn.

6.4.4 基督教礼仪

1）称谓

信徒之间可称平信徒，指平常、普通的信徒，与教会神职人员相对而言。我国平信徒之间，习惯称"教友"。新教的教徒，可称兄弟姐妹（意为同是上帝的儿女），还可称同道（意为共同信奉耶稣所传的道）。

对教职人员，可按其教职称之，如某主教、某牧师、某神父、某长老等，以示尊敬。

对外国基督教徒，可以先生、女士、小姐、博士、主任等学衔或职衔称之，以示尊敬。

2）洗礼

基督教徒在入教仪式后，即受洗，可赦免入教者的"原罪"和"本罪"。现有两种洗礼仪式：点水礼，由主礼者（牧师或神父）给受洗者额上倾注少量的水，让其自然流下，此礼一般用于成人；浸水礼，由主礼者口诵规定的经文，引领受洗者全身浸入水中片刻，此礼一般用于婴幼儿。

3）礼拜

礼拜每周1次，通常于星期日在教堂举行，由牧师或神父主礼。礼拜的主要内容包括祈祷、读经、唱诗、讲道和祝福等项。

在礼拜时，教堂内常置有奉献箱，或传递收捐袋，信徒可随意投钱于其中，作为对上帝的奉献。

除每周1次礼拜外，还有圣餐礼拜（纪念耶稣受难，每月1次），追思礼拜（为纪念亡故者而举行），结婚礼拜，安葬礼拜，感恩礼拜等。

4）祈祷

祈祷亦称祷告，指向上帝和基督耶稣求告。其内容可以是认罪、感谢、祈求和赞美等。依个人的信仰习惯，有出声的口祷和不出声的默祷两种。个人单独进行的叫私祷，由主礼人主领的叫公祷。祈祷完毕，颂称"阿门"，意为"真诚"，表示"唯愿如此，允获所求"。

5）唱诗

唱诗即领唱或合唱赞颂、祈求、感谢上帝的赞美诗。这些赞美上帝的诗歌，大多有高音、中音、次中音、低音四部，要供四部合唱之用。

6）告解

告解俗称忏悔，是耶稣为赦免教徒在领洗后对上帝所犯错误的请罪，使他们重新得到恩宠而亲自定立的。忏悔时，教徒单独向神职人员告明其所犯罪行与过错，并表示悔改。神职人员对告解内容应予以保密。

7）终敷

教徒临终前，由神职人员为其敷擦"圣油"，赦免其一生罪过，以便安心去见上帝。

8）守斋

教徒每周五及圣诞节前夕（12月24日），只食素菜和鱼类，不食其他肉类。天主教还有禁食的规定，即在耶稣受难节和圣诞节前一天，只能吃一顿饱饭，其余两顿要吃半饱或更少。

9）婚配

教徒结婚可在教堂举行，请牧师或神父主礼，询问男女双方是否同意结为夫妇。在双方肯定回答后，主礼人诵念规定的祈祷经文，宣布他们为合法夫妻，并向新郎、新娘祝福。

6.4.5　基督教的主要节日

1）圣诞节

圣诞节是纪念耶稣基督诞生的日子，定在公历12月25日。圣诞节是全世界基督教徒最隆重的节日，也是欧美各民族一年之中最重要的节日。在圣诞节这一天，通常还举行各种形式的娱乐和庆祝活动。其主要有：

（1）圣诞夜

《圣经》中说耶稣是在夜里诞生的，因此圣诞节的庆祝活动实际上从前一日（即12月24日）的夜间就开始了，到半夜时分进入最高潮，这一夜就叫做圣诞夜。

（2）圣诞树

它是圣诞节的一种点缀品。每逢圣诞节，家家都要摆上一棵圣诞树以营造节日气氛。到了晚上，大家手挽手围着圣诞树欢歌起舞，迎接耶稣降临。

（3）圣诞老人

他是圣诞节节日活动中颇受欢迎的人物。圣诞老人的来历传说不一。他胖乎乎的，笑容满面，有着白眉毛、白胡子、红红的鼻子，身上穿着白领红袍，腰束黑皮带，脚蹬威武的大皮靴。每当圣诞来临，他就背着装满礼品的红包袱，坐着由两只驯鹿驾驶的雪橇来到人间，从烟囱进入有孩子的家庭，把礼品分给孩子们。在庆祝圣诞节的游艺活动中，往往有圣诞老人分送礼物的节目。

（4）圣诞蛋糕

这种节日蛋糕的式样要求新奇悦目，上面要用奶油或果酱浇成"圣诞快乐"字样，四周插上特制的圣诞蜡烛（点上后由主人吹熄）。它原是庆祝耶稣圣诞的，后来人们也用来庆祝生日，似有托福于上帝的意思。

2）复活节

复活节是基督教纪念耶稣复活的节日，是仅次于圣诞节的重大节日。根据《新约圣经》的记载，耶稣被钉死在十字架后第三天"复活"。公元325年，罗马教会决定把每年春分月圆后的第一个星期日（约在3月21日至4月25日之间）定为"复活节"。

在复活节这一天，各个国家和地区都有不同的庆祝方式，最普遍的是人们互赠复活彩蛋。古代，鸡蛋在西方象征多子多孙，后来基督徒们赋予了鸡蛋新的意义，它象征耶稣复活的坟墓，把鸡蛋染成红色，象征生活幸福。

3）圣灵降临节

据《新约圣经》记载，耶稣"复活"后第四十日"升天"，第五十日差遣"圣灵"降临；门徒领受圣灵后开始传教。据此，基督教会规定，每年复活节后第五十天为圣灵降临节，又称五旬节。

同步业务6-8

基督徒的用餐习惯

基督徒在饭前往往要祷告，同桌以信徒为主时，往往还有人领祷，站或坐都可；同桌以非信徒为主时，往往个人默祷。非基督徒在场时，应待祷告结束后一同用餐。基督徒也有守斋和忌食的。斋戒期间只食素菜和鱼类，忌一切肉食和酒。新教信徒忌食的只是一部分，有的教派信徒则忌猪、兔等动物的肉和鳝、蛇等爬行动物，也有少数信徒绝对素食。一般基督徒都不食动物血。忌酒的情况也不一样。

资料来源　赵景卓.服务礼仪[M].北京：中国财政经济出版社，1995.

同步思考6-2

十字架是怎样变为基督教信仰的标志的？

十字架，在拉丁文中译为Crux，是"叉子"的意思。它原是古罗马帝国用以处死奴隶和无公民权者的残酷刑具。这种刑具采用两根木料交叉制成，形状近似汉字"十"，因此汉文译为"十字架"。

资料来源　陈本林，等.涉外知识大全[M].2版.上海：上海人民出版社，1992.

问题：那么，十字架是怎样从刑具变为基督教信仰的标志的呢？

理解要点：当耶稣受到犹太教的祭司、贵族陷害和犹大的出卖，被罗马总督彼拉多判处死刑，并钉死在十字架上以后，耶稣的信徒们就以十字架作为本教派的信仰标志。基督教认为，耶稣是上帝的亲子，是替世人赎罪被钉在十字架上而死的，世人因而获得了拯救，故尊十字架为信仰的标志。

6.5　道教礼仪

道教是我国固有的一种宗教，在中国的封建社会里，道教与佛教并称为两大宗教。道教在发展过程中，融合了儒家、佛教的某些理论和教规、仪式，成为在理论、组织形式、教义教规等方面都非常完备并具有世界影响的一大宗教。道教对我国的政治、经济、哲学、文学艺术、音乐、化学、医学、药物学、养生学、气功学等方面都产生过深刻的影响。道教文化是中华传统文化的重要组成部分，这是它与其他三大宗教不同的地方。

6.5.1　道教起源

道教是中国土生土长的宗教，源于中国古代的巫术和秦汉时的神仙方术，又吸收了道家学说，形成于东汉晚期，相传为张道陵所创，奉先秦老聃（老子）为教主和最高天神。

东汉顺帝（公元 125—144 年）时，张道陵带领子孙以符禁咒之法行世，入道者需出五斗米，号"五斗米道"。早期道教经常被农民作为起义的一面旗帜。官方道教体系建立后，道教在理论和组织形式上逐渐完善。经唐、宋两代的发展，形成"全真道"、"正一道"两派。道教依据的经典是《道藏》，根本信仰是"道"生成宇宙，宇宙生成元气，元气构成天地，阴阳、四时、五行，由此而化生万物。总而言之，"道"乃天地万物之根源，又是万物演变的规律。

道教认为，上天有玉清、上清、太清三个仙境，是道教修行的最高境界，称为"三清"，故道观中设有三清殿。殿内供三清尊神，即"玉清元始天尊"、"上清灵宝天尊"、"太清道德天尊"（即太上老君）。它们是道教崇拜的最高天神。道观中还有三大官殿，内供天官、地官、水官，相传天官、地官、水官为尧、舜、禹。据说天官赐福，地官赦罪，水官解厄。此外，道教还信奉玉帝、王母娘娘、东岳大帝、骊山老母、城隍、土地、门神、灶君等，并把吕洞宾、汉钟离等八仙也拉入自己的系统。

6.5.2　道规

道规即道教要求道徒遵守的规则。

道教的主要道规是"三皈五戒"。三皈即皈道、皈经、皈师。其作用是：皈依道，常侍天尊，永脱轮回；皈依经，生生世世，得闻正法；皈依师，学以上乘，不入邪念。五戒是：一不杀生，二不偷盗，三不邪淫，四不妄语，五不酒肉。此外，还有"八戒"、"十戒"、"老君二十七戒"等，戒条最多者达 1 200 条。凡出家道士都要受戒，遵守道教。

6.5.3　道教礼仪

1）称谓

出家的道士，一般应尊称为"道长"。道士又称"黄冠"、"羽客"。女道士一般尊称为"道姑"，又可称"女冠"。此外，还可根据其职务尊称法师、炼师、宗师、方丈、监院、主持、知客。非宗教人员对道士可尊称"道长"或"法师"，前面也可冠以姓，如称"张道长"或"黄法师"等。

2）交往

道士不论是与同道还是与外客的接触，习惯于双方擎拳胸前，以拱手作揖为礼，向对方问好致敬，这是道教的传统礼仪。作揖致礼，是道教相沿迄今的一种古朴、诚挚、相互尊重和表示友谊的礼仪。后辈道徒遇到前辈道长，一般可行跪拜礼、半跪礼或鞠躬礼。非宗教人员遇到道士，过去行拱手礼，现在也可以随俗，握手问好。

3）诵经

诵经是道教的主要活动。道士每天要诵经两次，称早晚功课。早诵清净经，晚诵救苦经。

4）道场

道场是为善男信女祈福、禳灾、超度亡灵而设坛祭祷神灵的宗教场所。道教的斋醮道场分为祈祥道场和度亡道场。凡参加道场活动的信众，均要斋戒沐浴，诚心恳祷，服装整洁，随同跪拜。祈祥时默念"消灾延寿天尊"，度亡时默念"太乙救苦天尊"。

5）上殿

道士上殿，必须穿戴整洁。道士值殿，禁止谈笑，并要保持殿宇整洁。道士在道观内的饮食、起居和作息，均需执行各道观内的清规。如饭前念"供养经"，吃饭时不准讲话，碗筷不要有响声，饭后念"结斋经"。

外道进道观，必须先上殿进香和行礼，并且同知客道士对话。非道教徒参观道观时，礼拜上香可以随意，如果上香，上香礼为双手持香，过顶，插入香炉，鞠躬后退。一般信徒上香，可以跪拜，通常是三叩首。

6.5.4 道教的主要节日

1）老君圣诞

老君圣诞是纪念道教所奉教主老子诞生的日子。老子的生卒年月已不可考，道教关于老子的传记如《犹龙传》《混元圣纪》《太上老君年谱要略》等，都说老子生于殷武丁九年二月十五日。后世道观就于每年此日做道场，诵《道德真经》以纪念。

2）玉皇圣诞

玉皇圣诞是纪念道教所奉玉皇大帝的诞生日。道教各种典籍均称玉皇大帝生于丙午岁正月九日。后世道观遂于每年此日举行祭祀，以纪念玉皇诞辰。

3）蟠桃会

蟠桃会是神话中西王母以蟠桃宴请诸仙的盛会，相传夏历三月三日为西王母诞辰，是日西王母大开蟠桃会，诸仙都来为她上寿。道教每年于此日举行盛会，俗称蟠桃会。

4）吕祖诞辰

吕祖诞辰是纪念八仙之一的吕洞宾诞生的日子。相传唐德宗贞元十四年（公元798年）四月十四日巳时，众见一白鹤，自天而降，飞入吕洞宾母之房中，其时吕母正寐，亦梦此情此景，惊觉，遂生吕洞宾。后世道观根据这一传说以四月十四日为吕祖诞辰，并于每年此日举办斋醮以示纪念。

6.5.5 道教供奉的主要神仙

道教供奉的神团庞大而复杂，主要有尊神、神仙和护法神将三大类。

尊神主要指三清、四御、三官。三清是道教最高层神团，即玉清元始天尊、上清灵宝天尊、太清道德天尊（即太上老君）。四御是仅次于三清、辅佐三清的四位天帝。流行的说法指：玉皇大帝、紫微北极大帝、勾陈大帝、后土皇地祇（女神）。三官是指天官、地官、水官（尧、舜、禹三位上古帝王）。

仙有人仙、地仙、天仙和神仙之分。道教神仙的队伍十分庞大，最常见的神仙有真武大帝、文昌帝君、魁星、八仙、天妃娘娘（妈祖）等。

护法神将主要有关圣帝君、王灵官。道教称关圣帝具有治病除灾、驱邪避恶、招财进宝等法力。王灵官专门镇守道观山门，镇妖压魔。

6.5.6 道教的名山名观

由于道教供奉的神仙众多，因而认定的神仙境界、神仙居所也特别多。其总的称谓是"洞天福地"，分为"十大洞天"、"三十六小洞天"、"七十二福地"。这些洞天、福地都有道观或著名道士的修炼遗迹，如今很多都是旅游景点。如"十大洞天"的王屋山洞、青城山洞、赤城山洞、罗浮山洞、句曲山洞、括苍山洞等。"三十六小洞天"有东岳泰山洞、南岳衡山洞、西岳华山洞、北岳恒山洞、中岳嵩山洞、峨眉山洞、庐山洞、四明山洞、会稽山洞、武夷山洞、九嶷山洞、麻姑山洞、仙都山洞、青田山洞、钟山洞、天目山洞、桃源山洞、金华山洞等。"七十二福地"有丹霞洞、君山、焦源、烂柯山、龙虎山、灵山、毛公坛、鸡笼山、桐柏山、天柱山、张公洞、中条山、绵竹山、金城山、北邙山等。其中王岳、王屋山、龙虎山、终南山、鹤鸣山、青城山、峨眉山、窦山、茅山、武当山、武夷山、崂山都是著名的旅游景点。

著名的道教宫观有江西龙虎山的上清宫，是两代天师的道场和供祀神仙的所在；四川青城山的天师洞，相传为张道陵、孙思邈修炼之所；武当山金殿、紫霄宫和南岩石殿、上清宫，均为全国重点文物保护单位；西安八仙宫，古称八仙庵，八国联军侵入北京后，光绪皇帝与慈禧太后逃到西安，曾在此居住，遂改名为八仙宫；嵩山中岳庙；成都青羊宫，安史之乱期间，唐玄宗避难到四川曾在此居住；茅山元符宫、九霄万福宫；陕西户县重阳宫，全真道创始人王重阳死后葬于此，为全真道三大祖庭之一；北京白云观，全真道祖庭之一，为元代著名道士丘处机修行及埋葬之地，现为中国道教协会会址；山西芮城县永乐宫，相传为八仙之一吕洞宾的诞生地，有元代精美壁画960平方米，为国宝级之物。另外，苏州的玄妙观、南京的朝天宫、辽宁千山的无量观、湖北武昌的长春观、河南鹿邑县太清宫（相传为老子诞生地）、沈阳太清宫、山东崂山太清宫等也都是道教的重要圣地、旅游景点。

▶ 本章概要

□ 内容提要

本章介绍了世界三大宗教——佛教、伊斯兰教、基督教和我国道教的历史发展概况、教义、教制、礼仪和主要宗教节日，说明了各个宗教发生的原因、发展的共性因素及其在种族和区域方面的个性特征。

由于道教曾对我国政治、经济、文化艺术、医药、养生等方面产生过深刻影响，其众多文化遗存多半是国内著名旅游景点，所以本章对道教的名山、宫观也作了较为详细的介绍。

□ 主要概念和观念

▲ 主要概念

宗教　教义　四威仪　南无　佛诞节　道教

▲ 主要观念

纵观宗教发生和发展的总趋势，随着科技水平和社会文明程度越来越高，宗教的信徒将越来越少，宗教最终将自行消亡。

了解宗教的一般知识，特别是宗教的礼仪和禁忌，是做好旅游接待工作的重要保证。

□ 重点实务

僧俗共餐桌次（2桌）与座次的安排　导游带团游道观

▶ 基本训练

□ 知识训练

▲ 复习题

6.1　佛教发展分哪四个阶段？

6.2　佛教的三大标志是什么？

6.3　对佛教寺院里的住持、监院、知客等负责人应如何称呼？

6.4　"南无"如何读，是什么意思？

6.5　进入佛教寺院应注意什么？

6.6　佛教的重要节日有哪些？

6.7　伊斯兰教"六大信仰"、"五功"的内容有哪些？

6.8　基督教是怎样产生的？有哪些教派？

6.9　基督教的教义有哪些？

6.10　道教是如何产生的？有哪些著名道观？

▲　讨论题

6.1　旅游团里有一对维吾尔族夫妇，导游安排午饭时应该怎么办？

6.2　星期天几位同学相约去游玉佛寺，中午吃饭时大家拿出准备好的点心和熟菜，包括烤鸭、红肠、酱牛肉、面包，他们应该怎样用餐？

6.3　"十大洞天"、"三十六小洞天"、"七十二福地"分别指什么？

□　能力训练

▲　理解与评价

早在2008年2月，法国《查理周刊》（又译为《沙尔利周刊》）就从丹麦一家报纸上转载了一幅讽刺伊斯兰教先知穆罕默德的漫画，引起穆斯林社会的愤怒。2011年《查理周刊》又刊载了关于穆罕默德的漫画，再次引起巨大争议和伊斯兰国家的抗议。但《查理周刊》打着言论自由的旗号，我行我素。该刊主编沙博尼耶说："在法国我们什么事情都可以开玩笑，唯独伊斯兰教和伊斯兰主义不行，这真是个很恼人的事情。"2012年9月，《查理周刊》发表了数幅影射伊斯兰教先知穆罕默德的漫画，其中有一幅还是裸体的。2014年年底，该刊又发表了讽刺伊斯兰教的漫画，激起伊斯兰国家人民的强烈抗议。正是在这次抗议大潮中，2015年1月7日，设在巴黎的《查理周刊》总部遭遇恐怖袭击，造成包括主编沙博尼耶在内的漫画家、警察等12人死亡，10余人受伤。法国总统奥朗德及欧洲好几个国家的领导人都参加了巴黎举行的反恐大游行，法国单1月10日一天即有70多万人参加。

资料来源　根据媒体报道综合改写.

问题：西方世界认为《查理周刊》刊登讽刺伊斯兰教先知穆罕穆德的漫画是"言论自由"、"新闻自由"的体现，伊斯兰世界认为这是冒犯"先知"，不可饶恕。你如何理解双方的看法，如何评价这个事件？

▲　案例分析

泰国舆论呼吁惩罚不良僧侣

背景与情境： 泰国素来被称为"黄袍佛国"，但是接"连"的寺庙丑闻事件，正在打破佛教世界的平静。呼吁佛教改革或加重惩处措施的声音越来越大，政府与僧侣和佛教组织之间的关系也在变得紧张。

《曼谷邮报》网站近日发表文章称，过去6个月，不断有僧侣失当行为被爆出。最新的一起冲突发生在拉廊府，200多名当地百姓因法会封路导致交通堵塞，影响商业活动，成功迫使一场与法身寺有关的大型功德法会迁至他处。

不仅如此，僧侣腐败也让泰国民众感到震惊和失望。今年1月，泰国历史悠久、最负盛名的金山寺高级住持因挪用前任住持的火化费被开除僧籍；去年11月，披集府一座寺庙的住持用信众捐款炒股被开除僧籍；有的僧侣持有大量冰毒，有的僧侣喝酒醉驾……

资料来源　俞懿春.泰国舆论呼吁惩罚不良僧侣[N].环球时报，2015-03-03.

问题： 为什么泰国佛教高层会如此腐败，其行为的后果如何？

分析要求：（1）形成性要求：学生分析案例提出的问题，拟出《案例分析提纲》；小组讨论，形成小组《案例分析报告》；班级交流，相互点评和修订各组《案例分析报告》；在校园网的本课程平台上展出经过修订的各组《案例分析报告》，供学生相互借鉴。

（2）成果性要求：以经班级交流和教师点评的《案例分析报告》为最终成果。

▲　实训操练

6.1　实训项目：僧俗共餐桌次（2桌）与座次的安排

实训要求：将班级学生分成若干小组，以本章"重点实务"中的"僧俗共餐桌次（2桌）与座次的安排"作为操练项目，模拟佛寺知客与游客，体验寺庙食堂（斋房）桌次与座位的安排礼仪与方法。

实训步骤：

（1）班级学生分成若干小组，每组确定1人负责。

（2）各组学生结合本地佛寺食堂宴会的实际情况，参照本章相关内容，进行"僧俗共餐桌次（2桌）与座次的安排"的情境设计，并结合情境设计进行游客和知客僧的角色分工。

（3）各组学生以本章"实务教学"中"僧俗共餐桌次（2桌）与座次的安排"为业务规范，以"情境设计"中的"背景"为基本情节，进行角色操练，体验本项目模拟实训的全过程。

（4）各组学生交换分工，再次体验本项目模拟实训过程。

（5）各组学生记录本次模拟实训的主要情节，总结实训的成功经验、找出存在的问题及解决办法，在此基础上撰写《僧俗共餐桌次（2桌）与座次的安排实训报告》（以下简称《实训报告》）。

（6）在班级讨论交流，相互点评与修订各组的《实训报告》。

（7）在校园网的本课程平台上展出经过修订并附有教师点评的各组《实训报告》，供学生相互借鉴。

6.2　实训项目：导游带团游道观

实训要求：将班级学生分成若干小组，以本章"重点实务"中的"导游带团游道观"作为操练项目，模拟道观知客与导游，体验道教礼仪中的称谓、接待方法。

实训步骤：

（1）同6.1实训项目实训步骤（1）。

（2）各组学生结合本地旅行社导游带游客游览道观的实际情况，参照本章相关内容，进行"导游带团游道观"的情境设计，并结合情境设计进行导游、游客、知客的角色分工。

（3）各组学生以本章"重点实务"中导游带团游道观的"背景"为基本情节，进行角色操练，体验本项目模拟实训的全过程。

（4）同6.1实训步骤（4）。

（5）各组学生记录本次模拟实训的主要情节，总结实训的成功经验、找出存在的问题及解决办法，在此基础上撰写《"导游带团游道观"实训报告》（以下简称《实训报告》）。

（6）同6.1实训步骤（6）。

（7）同6.1实训步骤（7）。

□　善恶研判

背景与情境：王先生夫妇参加某旅行社的旅行团到某省旅游，在参观一座寺庙时，导游李小姐介绍说："这里的签很灵的，而且有大师解签，大家可以试一试，看看今后的健康和财气。如有问题，大师还可以帮您化解。"不少人信以为真，王先生夫妇和几位年长者都求了签，然后一个个被引入一间间小密室听大师解签，而且每个人都被动员出了香火钱，有的100元，有的200元。一位张先生抽到了下下签，大师为他化解消灾，让他出了500元。事后大家一交流，原来除张先生一人抽到下下签外，其他人抽的都是上上签。王先生疑惑地问："怎么这么多上上签啊？"一位没去求签的女士笑着说："不让你抽到上上签，出香火钱你能那么爽快吗？"看来，她也是上过当的。

资料来源　根据相关见闻编写．

问题：导游李小姐和"大师"们的做法有何不妥之处？

研判要求：（1）形成性要求：学生分析案例提出的问题，拟出《善恶研判提纲》；小组讨论，形成小组《善恶研判报告》；班级交流，相互点评和修订各组的《善恶研判报告》；在校园网的本课程平台上展出经过修订并附有教师点评的各组《善恶研判报告》，供学生相互借鉴。

（2）成果性要求：以经过班级交流和教师点评的《善恶研判报告》为最终成果。

第7章 国内部分民族和港澳台地区礼仪与禁忌

- ● **学习目标**
- 7.1 国内部分民族礼仪与禁忌
- 7.2 我国港澳台地区礼仪与禁忌
- ● **本章概要**
- ● **基本训练**

● **学习目标**

通过本章学习，应当达到以下目标：

职业知识：学习和把握国内部分民族的礼仪与禁忌、我国港澳台地区的礼仪与禁忌等理论与实务知识；掌握这些礼仪与禁忌在旅游服务中的应用，并能用其指导相关认知活动，规范相关技能活动。

职能能力：掌握国内部分民族及我国港澳台地区的礼仪与禁忌，能以这些知识点评旅游交际中不符合礼仪的行为；研究相关案例，培养在特定情境中分析问题的能力与评价力；通过这些知识应用的实训操练，训练相应专业技能。

职业道德：结合本章"职业道德与企业伦理"专栏和"基本训练"的"善恶研判"等教学内容，依照行业道德规范或标准，分析、评判本章相关业务情境中企业或其从业人员行为的善恶，强化其职业道德素质。

引例：中华民族是汉族和其他少数民族的大融合

背景与情境：中华民族的象征和图腾是龙，龙也被当今世界认为是中国的代表。然而，"中国龙"实际上并不是客观存在的，它是以黄帝和炎帝为首的华夏部落和其他各个部落在逐步结成大联盟的过程中形成的代表大联盟的标志：它的角是以鹿为图腾的部落的代表，它的胡须、身子、四爪、尾巴分别代表长须鲸、蟒蛇、苍鹰、白鲨各个部落……在数千年的历史发展中，黄河流域的华夏民族与周边各个民族逐渐融合，并向长江流域、珠江流域、西北、西南、东北迁徙发展，各地的少数民族也向中原地区流动。历史上有过三次大规模的南北方民族的迁徙、融合：

第一次民族大融合发生于魏晋南北朝时期。这一时期，民族迁徙出现了对流，即一部分汉族迁往周边，周边少数民族移居内地，南北方同时进行，而主要地区在北方。

第二次民族大融合发生于宋、辽、金、元时期。这次民族大融合的特点是不仅少数民族融合于汉族，而且大量的汉族融合于少数民族，主要在边疆地区进行。这一时期，几个政权并存，民族间战争不断，动荡的社会环境，带来了民族迁徙与人口掳掠，客观上推进了各民族的大融合进程。

第三次民族大融合发生在清代。17世纪中叶，满洲贵族入主中原，以八旗兵为主体的满族人分布全国各地，在200多年与汉人的共同生活中，入乡随俗，渐被同化。此外，清朝尤其是康、乾时期对边疆和少数民族实施的一系列政策，加强了各少数民族与内地的联系，尤以西藏、新疆最为突出。

这三次民族大融合，造就了现在中国的边疆和以汉民族为主体的中华民族。

资料来源 涂文学，张乐和.中国古代文化知识百题[M].北京：工人出版社，1988.有改动.

问题：为什么中华民族的所有人（包括港澳台胞和海外侨胞）都自称"炎黄子孙"？

分析提示：中华民族由上古华夏部落与其他各部落、汉族和各少数民族在几千年的历史长河中逐渐融合发展而成，都奉龙为标志，奉炎帝和黄帝为始祖，所以都自称龙的传人、炎黄子孙。不论是大陆地区的人民还是港澳台胞和海外华人，每年清明都有很多人到陕西黄帝陵和湖南炎帝陵祭祀。

我国自古以来就是一个统一的多民族国家，除汉族以外，全国还有55个少数民族。汉族人口最多，约占全国总人口的92%；少数民族人口虽然不多，但分布极广，居住区域约占全国总面积的50%~60%。我国统一的多民族国家的形成和发展，经历了一个漫长的历史过程。大约在100多万年前，远古的人类就已生活在祖国的大地上。云南元谋、陕西蓝田、北京周口店、广西柳江、安徽和县和辽宁金牛山等地都留下了他们的足迹。6 000~7 000年前，分布在中华大地各处的人类共同体陆续进入新石器时代。当时，中华民族先民的足迹已遍布祖国辽阔的大地。相传黄河流域黄帝与炎帝的部落联盟（称之为华夏）先后统一了太昊、少昊、蚩尤部落联盟和伏羲、女娲部落联盟，奠定了中华民族的发展基础。所以中华民族的后代尊奉黄帝、炎帝为始祖，自称炎黄子孙。嗣后，夏、商、周三代相继建立起多民族国家。华夏族在作为联系各族的纽带的过程中也得到进一步发展。自公元前221年，秦始皇在全国范围内确立了专制主义的中央集权制度，建立大一统的国家以后，在2 000多年的历史中，汉族和各少数民族进一步融合发展成以汉民族为主体，人口众多、分布广阔的中华民族。

　　我国各少数民族的人口相差很大,从百万以上到一万以下不等。人口百万以上的少数民族有壮族、回族、维吾尔族、彝族、苗族、满族、藏族、蒙古族、土家族、布依族、朝鲜族、侗族、瑶族、哈尼族、白族等。55个少数民族在中华人民共和国成立前分别停留在原始公社末期、奴隶制社会、封建农奴制及封建地主制阶段。其政治制度也不一致,除区县制度外,还有盟旗制、政教合一制、土司头人制及残存的原始民主制。宗教信仰差别很大,除佛教、伊斯兰教、基督教外,很多少数民族都保持着浓厚的原始自然崇拜和多神崇拜。每个少数民族的风俗习惯、礼仪禁忌都受上述经济、政治制度和宗教信仰的深刻影响。中华人民共和国的诞生为中华民族的进步和发展铺平了更加广阔的道路。党和政府制定了民族平等政策、民族团结政策、民族区域自治政策和各民族宗教信仰自由政策,正确解决了我国民族问题,使各个民族都得到了巨大发展和进步。

　　我国各民族在长期的历史发展过程中,在饮食、起居、节庆、婚姻、礼仪、禁忌等方面形成了各具本民族特点的风俗习惯。接待好各民族客人和港澳台地区的同胞,对加强民族团结、促进祖国统一,具有十分重要的意义。因此,在旅游接待与交际中,应贯彻党的民族政策,尊重他们的宗教信仰、礼俗和各种禁忌。

7.1　国内部分民族礼仪与禁忌

　　汉族是中国的主体民族,因此习惯上把汉族以外的其他民族称为少数民族。汉族和少数民族在共同创造了祖国光辉历史和灿烂文化的同时,形成了各具民族特色的岁时节庆、饮食习惯、礼仪习俗和为各民族所遵循的禁忌。

7.1.1　汉族

1）简介

　　汉族是我国人口最多的民族,遍布全国各省、市、自治区。其主要聚居在黄河、长江、珠江三大流域和松辽平原。汉族由古代华夏族和其他民族长期融合而成,占全国总人口的92%,人口有11亿多。汉语属汉藏语系汉语支,是我国的通用语言,也是国际上通用语言之一,使用人数最多。在6 000年前汉语已有文字,是世界上最古老的文字之一。汉语同我国境内的藏语、壮语、傣语、侗语、黎语、彝语、苗语、瑶语等,以及境外的泰语、缅甸语都是亲属语言。主要方言分北方话、吴语、湘语、赣语、客家话、闽南话、闽北话和粤语。现代汉民族的共同语言是以北京语音为标准音、以北方话为基础方言、以典范的现代白话文著作为语法规范的普通话。

　　汉族在长期的历史进程中与各兄弟民族之间有着广泛的政治、经济联系和文化交流,并吸收了他们的优良传统。1840年以后,中国逐渐沦为半殖民地半封建社会。为共同反对内外双重压迫,汉族和其他兄弟民族更紧密地结合起来,特别是1921年以后,在中国共产党的领导下,汉族人民和各兄弟民族人民一道,进行了坚决彻底的反帝、反封建的革命斗争,终于在1949年推翻了帝国主义、封建主义、官僚资本主义的反动统治,成立了中华人民共和国。在党的民族政策的正确指引下,汉族和各兄弟民族建立了平等、友爱、团结、互助的新型关系。

2）礼仪习俗

　　礼仪习俗是指形成于一个国家、地区、民族或某个社会群体内的成员之间的婚丧嫁娶、节庆寿诞、迎来送往等约定俗成的符合礼节的习惯和风俗。

（1）春节

春节是我国的农历年节，是以汉族为主体的中华民族最为隆重的节日。

当时间走过农历十二月三十日半夜十二点（子时）时，春节就到来了。在古代，这是一年的第一个早晨，所以也称做"元旦"。辛亥革命后，将公历1月1日称为新年、元旦，将农历正月初一改称春节，俗称"大年初一"。

关于"年"，传说它原是太古时候的一种怪兽，十分凶猛，每到寒冬将尽、新春来临之际，就出来掠食噬人。人们为了防御它，每到这时候，便聚在一起燃起篝火，投入一根根竹子，发出"噼噼啪啪"的爆裂声，吓"年"逃跑，大家平安无事，于是兴高采烈地互相表示祝贺，拿出丰盛的食物在一起吃。这样年复一年，便形成了一个欢乐的节日，称为"年"。

还有一种传说是，"年"有谷物成熟的意思，是预祝丰收喜庆的日子，后来又逐渐成了"岁"的代称。久而久之，农历新年成为我国各民族的重要节日。

从过去的"年"到现在的春节，形成了很多风俗习惯，最重要的是全家团圆、除夕守岁、贴春联、贴年画、放鞭炮、舞龙、舞狮、吃年糕等，其中尤以放鞭炮最为热闹。改革开放以后特别是进入21世纪以来，一些新的过年习俗逐渐形成，如千家万户共看春节晚会、短信、微信、网上拜年、抢红包等，而放鞭炮等对环境有污染的习俗逐渐被淡化。

> **职业道德与企业伦理7-1**
>
> ### 收费"新"招
>
> **背景与情境：** 2014年，国内旅游异常火爆，旅游人数已达36亿人次。现在国内游的价格往往不比境外游便宜，原因一是国内旅游景点门票收费高，动辄一二百元，有的景点还"大票套小票"，收了大门票，里面的具体景点还要收小门票；二是旅游大巴费用高。旅游大巴收费高的主要原因是高速公路的"买路钱"贵，而且高速公路收费还常出"新招"，重复收费或延长收费期。例如，2014年年末，京石高速公路收费年限到期，常跑这条路的旅行社刚想松口气，不料有关企业把京石高速加上一个"新"字，变成了"新京石高速"，这条路立刻"返老还童"，可以再收费22年。如此"死而复生"的收费"新"招，真让人哭笑不得，气不打一处来！
>
> **资料来源** 孙绍波.收费"新"招[N].新民晚报，2014-12-19.有改动.
>
> **问题：** 你如何评价这样的收费"新"招？
>
> **分析提示：** 企业的经营理念首先是讲诚信，不能弄虚作假，"大票套小票"、"重复收费"、"改头换面"、"增加一个字就想又收22年过路费"的做法都是不合理的，甚至是违法的行为，政府有关部门应予以查处。从职业道德上讲，这些企业的领导缺"德"，完全没有服务理念，只知道收钱。为了钱竟然不择手段，玩弄花招，到头来肯定会偷鸡不成蚀把米，自取其辱。

春节期间，食物也十分丰富。例如，北方蒸花糕、吃年糕，是希望生产和生活红红火火、步步高（"糕"与"高"谐音）；烧鱼放着不吃，象征天天富足，岁岁有余（"鱼"与"余"谐音）。总之，春节是一个迎新的节日、隆重的节日，也是一个欢乐的节日、幸福的节日。

（2）元宵节

每年的农历正月十五，称"上元"。根据我国民间的传统习惯，在一元复始、大地回春的第一个月圆之夜，家家户户亲人相聚，共同欢庆，因而这天叫"上元节"，又称"元宵节"或"灯节"。

元宵节之时，人们除了吃"元宵"（汤圆）外，还喜欢在夜里点灯、观灯和猜灯谜，因而元宵节也称"灯节"。这种富有民族风俗和生活情趣的活动，凝结着我国劳动人民的聪明智慧，是中华民族的艺术创举之一。

（3）清明节

"清明"是我国农历中的二十四节气之一。旧俗是在清明前一天（一说前两天），禁火寒食。这一风俗，据说是为了纪念春秋时代晋文公的贤臣介子推。晋文公下令每年到介子推被烧死的这一天，全国禁止烟火，家家吃干粮、吃冷饭、喝凉水，表示纪念。后来就把这一天叫寒食节，也称禁烟节。

当时，清明节前后，晋国百姓家家门上挂柳枝，人们还带上食品到介子推墓前野祭、扫墓，以表怀念。晋国为诸侯盟主，这些风俗很快也就传到了其他各国。从此以后，清明扫墓活动得到沿袭。

（4）端午节

农历五月五日是我国民间传统的端午节，又叫重午节、端阳节。在我国广大人民心中，这是纪念战国时期伟大爱国诗人屈原的节日。相传屈原于五月初五这天在湖南汨罗江抱石投水殉国。

端午节的主要习俗是龙舟竞渡、吃粽子。端午节时，有的人家还喜欢在门前挂菖蒲、白艾，洒或饮雄黄酒，另外还在衣襟前挂个香粉荷包。端午节的传说和习俗凝聚了我国人民的文明传统，使人民生活增添了绚丽的色彩。

（5）中秋节

每年的农历八月十五日，是我国传统的中秋节。"中秋"二字，按我国古历法的解释是：农历八月在秋季中间，叫"仲秋"；而八月十五日又在仲秋之中，称"中秋"。定八月十五日为节，就名为"中秋节"或"仲秋节"。

中秋之夜，月亮最亮、最圆，月色也最美丽。人们把月圆看做团圆的象征，因而也称八月十五日为"团圆节"。另外，中秋节之所以称为佳节，还在于有关月亮的种种美丽的神话和传说，我国古时就有赏月和祭月之风。祭拜月亮以未婚女子主祭，要写作和宣读祭文。对月焚香礼拜，祭月的主要物品是月饼和时鲜果蔬，如西瓜、苹果、石榴、梨、菱、藕、芋芳等，祭供后全家分食。由于月饼象征团圆，反映了人们对一家能够团圆的愿望，故又称它为"团圆饼"。

（6）重阳节

农历九月九日，是我国传统的"重阳节"。古代以"九"为阳数，九月九日，两阳相重，故名"重阳"，又称"重九"。重阳节的风俗甚多，主要有登高、插茱萸、饮菊花酒和赏菊。现在重阳节已成为敬老、尊老的一个重要节日。

3）禁忌

禁忌是属于风俗习惯的一类观念，这类观念是由人们对神圣的、不吉的、危险的事物有所顾忌所采取的态度而形成的。人们认为严格遵守禁忌，可以起到保护作用，反之则要受到严厉的惩罚。

汉族在长期的历史发展中，融合了各兄弟民族的优秀文化，也接受了某些生活习俗，形成了自己独特的禁忌和惯例。例如，喜庆日不穿白色衣服，认为人死后才披麻戴孝，穿白色衣服。

不能说"13点"，这是一句瞧不起他人的骂人话。

不能说某某人是"乌龟"，这等于骂他是个不中用的男子，连妻子有第三者也不闻不问。

有些地区有喜"8"厌"4"的习俗，因"4"与"死"同音；朋友间不能借"伞"，因"伞"与"散"同音；尤其是热恋中的男女，不能同吃一只"梨"，因"梨"与"离"谐音；不能给老人送钟，"钟"与"终"同音，有咒老人死亡之嫌。

同步思考7-1

问题：汉族成为中华民族的主体民族只是因为人多地广吗？

理解要点：汉族由古代华夏族和其他民族融合而来，在其发展过程中，又不断吸收各少数民族的成分，使自己更加壮大，是世界上人口最多的民族，主要聚居在黄河、长江、珠江三大流域和松辽平原。在边疆地区，则与少数民族交错杂居，另有数千万人散居世界各地。汉族已有5 000多年文字可考的历史，其发展经历过原始社会、奴隶社会、封建社会和半殖民地半封建社会，目前正处在社会主义初级阶段。农业、手工业素称发达；青铜器、丝织、陶瓷、建筑、绘画早负盛名；有许多伟大的思想家、科学家、发明家、政治家、军事家、文学家和艺术家；有丰富的思想学说和文化典籍；指南针、造纸、印刷术、火药等发明最早。在长期的历史进程中，汉族与各兄弟民族之间一直有着政治、经济联系和文化交流，并吸收了他们的优良传统。汉族有佛教、道教、基督新教等多种宗教信仰，盛行祖先崇拜。汉族的政治、经济和文化的发展一般都走在各兄弟民族的前面，在国家生活中起主导作用。

同步业务7-1

人生礼仪和"抓周"

人生礼仪是人在一生中几个重要阶段或日子举行的仪式和礼节，主要包括诞生礼仪、成年礼仪、婚姻礼仪和丧葬礼仪等。小孩出生后3天叫"喜三"（又称为"洗三"或"三朝洗儿"），一般要送红蛋给亲友，亲友也来送礼祝贺、看宝宝；另有吃满月酒、"抓周"及长大后的过生日等庆贺礼仪。

"抓周"是汉族人生礼仪之一，是预卜小孩前程的仪式。小孩周岁生日，可看做小孩诞生礼的最后一个高潮。届时在桌子上摆上文房四宝、糕点果品、玩具、银钱等物，让小孩坐在桌子中央，任他伸手去抓。人们相信，小孩抓到的第一件东西就预示了他日后的志趣。不管他抓到什么，在场的亲朋好友都要说祝福的话。

资料来源　吴忠军.中外民俗[M].大连：东北财经大学出版社，2015.

同步案例 7-1

汉族最具特色的民居建筑——四合院和土楼（碉楼）

背景与情境： 四合院是华北地区尤其是北京的传统住房样式。其主要特色有：（1）房屋和院落按南北纵轴线对称布置，大门多位于住宅东南角。（2）分内、外院，两院之间设"垂花门"，大型院落可由多个四合院组成。一般内院北面正房供长辈居住，东西厢房供晚辈居住；外院设厨房、杂屋和厕所等，周围以走廊连接。（3）住宅四周，由各房屋的后墙所封闭，一般不对外开窗，院内则栽植观赏花木或置放盆景。（4）室内设炕床取暖，内外地面铺方砖。

今天，四合院已成为北方民居的代表，深受中外旅游者的喜爱。

土楼是北方先民南迁到福建、广东后，因地制宜、依山傍水，用最古老的方法以沙石、黏土夯筑成的家族聚居建筑，有圆形、方形、方圆结合形等，结构巧妙，规模宏大，坚固美观。它与华侨回乡建造的碉楼同被誉为我国南方最具特色的民居建筑，也是"世界民居建筑的奇观"，引发了大批国内外游客和历史学、地理学、人类学、民俗学专家、学者的兴趣。

资料来源　吴忠军.中外民俗[M].大连：东北财经大学出版社，2015.章彩烈.中国建筑特色旅游[M].北京：对外经济贸易大学出版社，1997.

问题： 为什么说四合院和土楼（碉楼）是我国北方和南方最具特色的民居建筑？

分析提示： 北方的四合院和南方的土楼（碉楼）都是一个完整的建筑体系，不但结构精巧，而且能体现我国内外有别、长幼有序的传统人伦道德观念；每个四合院或土楼（碉楼）都对内开门、开窗，院内还种植花木、安置山石盆景，环境优美，既体现人与自然的和谐亲近，又安全方便，私密性强。它们是汉族传统道德文化和天人合一思想在建筑美学上的重要表现，是世界民居建筑的杰出代表。

7.1.2　藏族

1）简介

藏族是我国历史悠久的民族之一，主要分布在西藏，其余分布在青海、甘肃、四川、云南等地。藏族语言属汉藏语系藏缅语族藏语支。藏语方言差别很大，依地区划分为卫藏、康、安多三个方言。藏民主要从事农业和畜牧业，多信喇嘛教。1965年9月9日，西藏自治区建立。

2）礼貌礼节

（1）敬献哈达

"哈达"是一种丝织品，白色居多，释为仙女身上的飘带，以其洁白无瑕象征至高无上。敬献哈达是藏族人对客人最普遍而又最隆重的礼节。哈达按尺寸的长短可分为"那吹"（约3米）、"阿喜"（约2米）、"索喜"（约1米）。所献哈达越宽越长，表示礼节越隆重。对尊者、长辈献哈达时要双手举过头顶，身体略向前倾，将哈达捧到座前或足下；对平辈只要将哈达送到对方手中或腕上即可；对小辈或下属，则系在他们的颈上。不鞠躬或单手送都是不礼貌的。接受哈达的人通常与献哈达的人采取一样的姿势，并表示感谢。

（2）敬献青稞酒、酥油茶

客人到藏族家庭做客，主人会敬青稞酒三杯。无论客人会不会喝酒，都要用右手无名指蘸酒弹一下。如客人不喝不弹，主人会立即端起酒边唱边跳，前来劝酒。如客人酒量小，可只喝一口，就请添酒；连喝两口酒后，由主人添满杯，客人一饮而尽。这样，客人虽喝得不多，主人也会满意。按藏族规矩，主人敬献酥油茶时，客人不能拒绝，至少要喝三碗，喝得越多越受欢迎。客人告辞时，可多喝几口，但不能喝干，碗里一定要留下点漂酥油花的茶底。

（3）见面礼节

藏民在见面打招呼时，点头吐舌表示亲切问候，受礼者应微笑点头为礼。藏民见到长者、平辈有不同的鞠躬致礼方式。见到长者或尊敬的人，要脱帽弯腰，帽子拿在手上，接近于地面；见到平辈，头稍稍低下即可，帽子可以拿到胸前，这时的鞠躬只表示一种礼貌。在有些地区，合掌与鞠躬可同时并用，以表示尊敬。

在称呼方面，藏民一般对有地位的人尊称为"古呃"（意为"阁下"）；对于没有官职的男人尊称为"古学"（先生或足下）。"古学"为一种普通尊称。此外，还有更为普通的一种尊称，就是在对方名称后加"拉"。如称自己的老师为"格拉"，称自己的父母为"爸拉"、"妈拉"，称自己的哥哥为"阿角拉"，称自己的姐姐为"阿甲拉"等。

3）禁忌

行人凡碰到寺庙、金塔、嘛尼堆和龙树时，都必须下马，并遵守从左边绕行的规定。信仰本教的人则从右边绕行。

进入寺庙时，忌讳戴眼镜、吸烟、摸佛像、翻经书、敲钟鼓。进入寺庙要肃静，必须就座时，身子要端正，切忌坐活佛的座位。

不许在寺院附近砍伐树木、大声喧哗；不准在附近的水域捕鱼、钓鱼，不准在附近打猎和随便杀生。

不准用单手接、递物品；主人倒茶时，客人需用双手把茶碗向前倾斜，以示敬意。

不得在藏民拴牛、拴马和圈羊的地方大小便。

不得动手摸弄藏民的头发和帽子。

不得用有藏文的纸当手纸或擦东西。

进入藏民帐房后，男的坐左边，女的坐右边，不能坐错位置或混杂而坐。

藏民家里有病人或妇女生育，门前都有标记，外人见到标记切勿进入。

藏民一般不吃鱼、虾、蟹等水产品，忌食驴、骡、狗等的肉，昌都、甘肃南部、青海等部分地区还不吃鸡和鸡蛋。

同步业务 7-2

藏族的命名习惯

藏族给小孩命名有许多种方式：向活佛求取名字，活佛将自己名字中的两个字加在婴儿名字中，如"旦增曲杰"活佛可为小孩命名为"旦增多杰"或"罗桑旦增"等；请家中长者或乡里有名望的长者命名，不带任何宗教色彩，如"措姆"（大海）、"那日"（黑蛋）等；以自然界的事物命名，如"达娃"（月亮）、"白玛"（莲花）等；以小孩的出生日期命名，如"朗嘎"（三十日）、"次吉"（初一）等；以星期为小孩命名，如"米玛"（星期二）、"巴桑"（星期五）等；根据父母的意愿给小孩命名，如希望小孩长寿便起名"次仁"、"次旦"；想要男孩，便给女孩起名"布赤"（带男孩来）等。藏族人的名字多为四个字，有些两个字的名字为四个字的缩写，如"单曲"为"单增曲扎"的简缩。藏族人名有些男女通用，但有些不能混用，卓玛、卓嘎、拉姆、拉珍、桑姆、旺姆只用于女性，贡布、顿珠、旺杰、占堆只用于男性。如果名字相重，则分别用地名、处所、年龄、外貌、生理特征、性别及职业来区分。

资料来源　http://www.china-ganzi.cn.

7.1.3　蒙古族

1) 简介

蒙古族主要居住在内蒙古自治区，其余分布在辽宁、吉林、黑龙江、甘肃、青海、新疆等地。蒙古语属阿尔泰语系蒙古语族，分内蒙古、卫拉特、巴尔虎布利亚特三种方言。蒙古族人多信仰喇嘛教。蒙古族长期以来主要从事畜牧业，也从事半农半牧业和农业。内蒙古自治区于1947年成立。

2) 礼貌礼节

蒙古族传统礼节主要有献哈达、递鼻烟壶、装烟和请安等，现今又增加了鞠躬礼和握手礼。

蒙古族热情好客，在请客人进入蒙古包时，总是立于门外西侧，右手放在胸部微微躬身，左手指门，请客人先行。

客人就座后，主人按浅茶满酒的礼俗热情献上奶茶和美酒，并把哈达托着献给客人。

招待客人的佳宴有手抓羊肉和全羊席。接待贵宾或喜庆节日要摆全羊席，最隆重的招待是请客人吃羊头和羊尾巴。

送客时，主人要送至蒙古包外或本地边界。如骑马，主人还要扶客人上马，并说"再见"或"祝一路平安"等。当目送客人走出一段后，主人才返回住处。

3) 禁忌

送任何礼品，都要成双成对。送接礼品、敬茶斟酒均要用双手，以示尊重；不应用单手，更不能用左手。

进蒙古包以前，要将马鞭子放在门外，如带入蒙古包内，会被看做是对主人的不敬。进门要从左边进，进入蒙古包后在主人陪同下坐在右边，离开蒙古包时也要走原来的路线。

出蒙古包后，不要立即上马或上车，要走一段路。到别人家里做客，不要自己动手，需等候招待。

锅灶不许用脚踩碰，烤火时，不要从火盆上跨过去；也不要在火盆上烤脚、鞋、袜、裤子等，否则等于侮辱灶神。

见到蒙古包前挂有红布条或缚绳子等记号时，表示这家有病人或产妇，来访者就不应进去。

牧区的蒙民一般不食鱼、虾等海味和鸡、鸭的内脏及肥猪肉，也不爱吃青菜和糖、醋、过辣及带汤汁的菜肴。

同步业务7-3

蒙古族的那达慕大会

那达慕大会是蒙古族一年一度最盛大的节日，一般在农历七八月举行。"那达慕"是蒙古语的音译，是游戏娱乐的意思，原指蒙古族传统的"男子三竞技"——摔跤、赛马和射箭。随着时代的发展，那达慕逐渐演变成今天包括多种文化娱乐内容的盛大庆典活动。每到这个时候，牧民们不分男女老幼，都穿上节日盛装，骑马、坐车从四面八方赶来。大会上，有既惊险又精彩的赛马、射箭，还有各种棋艺比赛和各式各样的歌舞表演。最精彩的可以说是蒙古式摔跤了。摔跤场上，两队挑选出来的摔跤手依次站好。他们穿着镶有闪闪发光的铜钉的黑色摔跤衣和肥大的摔跤裤，脚穿长筒皮靴，一个个威风凛凛，强壮有力。

每年的那达慕大会都会吸引周围各个民族来参加，也吸引了海内外的客人到此观光旅游。

资料来源 http://zhidao.baidu.com.

7.1.4　回族

1）简介

回族是一个人口较多、分布较广的民族。宁夏回族自治区集中居住着全国约1/3的回族人口，其余散居于全国各地，有大分散、小集中的特点。回族习惯于以汉语作为本民族的共同语言。既受阿拉伯、波斯等传统文化的影响，又吸收汉族文化，是回族文化的特色，但在共同的心理心态、经济生活、宗教信仰和风俗习惯等方面，回族仍表现出自己的民族特色。

2）礼貌礼节

尊敬长者；讲究卫生，室内洁净，饭前、便后要洗手。

阿訇是清真寺主持教务的人，极受穆斯林及回族人的尊敬。当他们在祈祷时，千万不要打扰他们。

3）禁忌

严格禁止用食物开玩笑；不能用忌讳的东西作比喻，如不能说某某东西像血一样红。

禁止在背后诽谤他人或议论他人的短处。

外出必须戴帽，严禁露顶。

平时谈话忌带"猪"字或同音字。居室内忌放猪皮、猪鬃等制品。

不吃猪肉、狗肉、驴肉、骡肉和自死的动物；不吃动物的血和无鳞的鱼；不吃非回民屠宰的牲畜，非清真店制作的点心和罐头等也不食用。

忌用左手递送物品。

7.1.5　维吾尔族

1）简介

维吾尔族主要居住在新疆维吾尔自治区，少数分布在湖南桃源、常德等县。语言属阿尔泰语系突厥语族西匈语支，有本民族文字。居民多信奉伊斯兰教。

2）礼貌礼节

维吾尔族是一个热情好客、崇尚礼仪的民族，十分重视礼貌。在路上遇到尊长或朋友，或平时待人接物时，习惯将右手按在胸部中央，然后把身体向前倾30度，并连声道"您好"。

尊敬长者，无论走路、谈话还是吃饭等，均以长者为先。

家里来了客人，全家都自觉地跑来欢迎，然后女主人用盘子把茶水端上来敬客，以示尊敬。

讲究卫生，常喜欢在自来水龙头下直接冲洗手、脸。到维吾尔族家里做客，进门前和用餐前女主人都会用水壶给客人冲洗双手，一般洗三次。习惯一人专用茶杯，住宿期间也不换。当第一次泡茶时，需当着本人面，将茶杯消毒后再使用。

3）禁忌

禁吃猪、狗、驴、骆驼和鸽肉，在南疆还禁食马肉，自死的牲畜一律不吃。另外，不吃芹菜、豆腐和虾，炒菜时忌用酱油。吃饭时不能随便拨弄盘中食物，不要剩食物在碗中。

衣忌短小，最忌在户外着短裤。

睡觉时忌头东脚西或者四肢平伸仰卧。

屋内就座时应跪坐，忌双腿直伸、脚掌朝人，也不可当着客人和主人的面吐痰、擤鼻涕等。

同步业务7-4

维吾尔族文化

维吾尔族男子穿的长袍称为"裕祥"；女子穿连衣裙，喜爱戴耳环、手镯、项链。维吾尔族妇女以长发为美，未婚少女都梳十几条发辫，婚后一般改为两条。维吾尔族能歌善舞，舞蹈轻巧优美，以旋转快速和多变著称。伴奏乐器有数十种之多，包括弹拨、吹奏和打击乐器。"都他尔"和"热瓦甫"是最常用的独奏和合奏乐器，加上用手指敲击的羊皮鼓"达甫"，民族特色浓厚。维吾尔族有许多民间故事、寓言、笑话、诗歌和谚语，并多以口头文字形式代代相传。《阿凡提的故事》更是家喻户晓。《福乐智慧》、《突厥语大词典》是研究古代维吾尔族历史、文化和语言的重要著作。维吾尔族人民信仰伊斯兰教，清真寺遍布城乡。

资料来源 丁守和.中国文化辞典[M].广州：广东人民出版社，1989.

同步案例7-2

尊重少数民族禁忌

背景与情境：随心所欲，盲目好客，是很多人的通病。小王大学毕业了，非常高兴，在家里让妈妈做了几个菜请同学吃饭，共同庆祝。其中有一位是新疆来的买买提同学，维吾尔族，大学四年，一直恪守本民族的饮食禁忌。小王虽然也准备了酱牛肉和羊肉火锅，但考虑到买买提已经在广州找到了工作，加上喝了一点酒，就有点头脑发热，一再劝买买提尝一尝酒，吃一点猪肉笋片。小王说："啊呀，买买提，你以后在广州工作、找对象，怎么可能一点酒不喝，只吃牛羊肉；喝一点不要紧，我有一些回族朋友都喝；尝一点猪肉，不比牛羊肉差！"对于小王的劝说，买买提一句话也不说，只吃了点牛肉，羊肉火锅动也没动，因为他发现汤锅里有豆腐和虾。

资料来源 佚名.尊重少数民族禁忌[N].新民晚报，2015-01-11.有改动.

问题：小王的"热情"劝说错在哪里？

分析提示：回族、维吾尔族都禁吃猪肉和喝酒，小王的热情劝说是不尊重买买提的行为。幸好他们是好同学，否则会伤害感情甚至造成纠纷。在任何场合，都要尊重少数民族同志的风俗习惯和饮食禁忌，模范地执行党和国家的民族政策。

7.1.6　壮族

1）简介

壮族是我国人口最多的少数民族。全国壮族人口 90%以上聚集于广西壮族自治区，其余分布在云南文山、湖南江华、广东连山和贵州从江等地。壮族有本民族的语言文字，壮语属汉藏语系壮侗语族壮傣语支，分南北两种方言。壮族历史悠久，文化灿烂，信仰多神教，以巨石、老树、高山、土地等自然物为崇拜对象，崇拜祖先占有重要地位。至今，大部分地区都还供奉着"天地亲师"神位。有的壮族人还信奉佛教。

2）礼貌礼节

客人来访时，必由主人出面热情招待，让座递烟，双手捧上香茶。茶不能太满，否则视为不礼貌。

有客人在家时，不得高声讲话，进出要从客人身后绕行。与客人共餐，要两脚落地，与肩同宽，切不可跷起二郎腿。

客人告辞时，主人会将另留的鸡肉和客人盘中的剩余肉用菜叶包好，让客人兜着带回去，给亲人品尝，客人绝不能拒绝。

用餐时，菜要一次夹起。

尊重老人，办事多听老人的意见；窄路相逢，主动给老人让路；赴宴做客，让上座给老人，要将鸡头等上等菜留给老人。

3）禁忌

壮族一般不吃青蛙肉；有的地区青年妇女不吃牛肉和狗肉；有的地区忌吃青菜，认为吃了田里会长满乱草。

正月初一到初三不可出村拜年，认为会将鬼神带进家中。

妇女生小孩头三天（有的是头七天），外人不得入宅。

门口挂有草帽、青竹子或贴张红纸，暗示外人不得入内。如不知道，贸然闯进，主人必端上酒及狗肉等食物，来人应当吃掉，主人才会满意。

行商外出忌碗破，新婚出嫁忌打雷。

7.1.7　朝鲜族

1）简介

朝鲜族主要居住在东北三省，其中以吉林省最多，占 60%以上。朝鲜族最为集中的聚居区是延边朝鲜族自治州和长白朝鲜族自治县。朝鲜族在我国少数民族中是物质生活较好、文化水平较高的民族之一。朝鲜族地区是我国北方著名的"水稻之乡"，也是我国主要烟叶产区之一。朝鲜族有自己的文字，语言属阿尔泰语系。朝鲜族的原始宗教是图腾崇拜、始祖崇拜，信仰过土俗神，部分人信仰佛教和基督教。

2）礼貌礼节

朝鲜族素有热情好客的优良传统。家中如有来客，家庭成员都要起立让座，躬身相迎，热情接待，往往倾其所有为客人准备饭菜，让客人吃饱、吃好。主人在整个用餐过程中要一直奉陪客人到底，在客人吃好之前，主人不能先于客人放筷。遇有稀客、贵客，主人必以酒相待。

尊老爱幼是朝鲜族又一优良传统。朝鲜族非常重视家庭礼节，晚辈对长辈格外尊重。用餐时，一般老少不同席，老人要单独设席；等待老人举匙后，全家方能用餐。年轻人不能在长辈面前喝酒、抽烟，平时对老人说话要用尊称。老人因事外出或远行时，全家人都要鞠躬相送。路途中遇见老人，也要摘帽点头问安并让路。

3）禁忌

朝鲜族不喜欢吃鸭、羊、鹅、肥猪肉和河鱼。虽喜欢吃狗肉，但在婚丧及佳节禁止杀狗和食狗肉。严禁同宗、表亲通婚。

陪客用餐时，主人绝不可以先把匙子放在桌上，否则被视为严重失礼。

7.1.8 满族

1）简介

满族历史悠久，满族统治者曾统治中国达295年。满族主要居住在东北三省，其余散居于内蒙古、河北、新疆、宁夏、甘肃和山东等省以及北京、西安、广州、杭州等大中城市。满族有自己的语言文字，语言属阿尔泰语系满-通古斯语族满语支。满族信仰萨满教，还敬神信佛，敬观音、如来、太上老君等。

2）礼貌礼节

满族人讲究礼貌，注重礼节。平时相见都要行请安礼。遇见长辈，要请安以后才能讲话，以示尊敬。过去晚辈对长辈是三天一小礼，五天一大礼。小礼是请安问候；大礼是"打千儿"，即单腿跪。男人"打千儿"要哈腰，左膝前屈，右腿略弯，右手沿膝下垂；女人"打千儿"要双手扶膝下蹲。满族最隆重的礼节是抱见礼，就是抱腰接面礼。一般亲友相见，不分男女均行此礼，以表示亲昵。

3）禁忌

满族忌讳杀狗，忌讳戴狗皮帽子或狗皮袖头，因为传说中狗对满族有过大功。

满族家里有人去世，送葬之后就不能在家哭泣，否则，会认为不吉利。

7.1.9 彝族

1）简介

彝族主要居住在川、滇、黔、桂四省区，四川凉山彝族自治州是全国最大的彝族聚居区。彝族有自己的语言和文字，彝语属汉藏语系藏缅语族彝语支。彝族人信仰多神教，崇拜祖先。

2）礼貌礼节

彝族人性格耿直、朴实、豪爽，热情好客，惯以酒待客。彝族传统节日中最为隆重的要算"火把节"，每年农历元月二十四日前后举行，历时三天。

3）禁忌

彝族人大年初一忌讳很多，如不许扫地，认为会把财气扫走；不许泼水，否则一年四季雨水多；不许串门、拜年，否则凶神恶鬼会到处乱窜，惹祸招灾。

彝族人在田里劳动时忌闻雷声，认为如不立即回家，将会颗粒无收。

7.1.10 苗族

1）简介

苗族主要居住在贵州、云南、湖南、四川等省，尤以贵州省最为集中。苗语属汉藏语系苗瑶语族苗语支，没有统一文字。苗族崇拜多种鬼神，以自然崇拜和祖先崇拜最为突出。

2）礼貌礼节

苗族接待客人很讲究真诚、热情，鄙视浮华和虚伪。苗家接待客人时，男女主人都穿上节日服装，男主人还要到村寨外路旁去迎接，甚至摆下酒席，恭迎客人光临。客人到家门口时，男主人以唱歌形式叫门，告知女主人贵客已经临门，女主人唱着歌开门迎客。在招待客人的宴会上，主人有敬酒、分菜和添饭等礼节。苗家以鸡、鸭为待客的佳肴，而且视其心、肝为最珍贵。

3）禁忌

苗族不喜欢别的民族称他们为"苗子"，而喜欢他们的自称"蒙"。

苗族忌食狗肉，禁止杀狗、打狗。

苗族祖先神位所在的地方不让人坐，也不许人在家里或在夜间吹口哨。

苗族禁止已婚妇女再穿蓑衣，否则认为会触犯祖宗，招致大祸。

7.1.11 哈萨克族

1）简介

哈萨克族主要分布在新疆、甘肃、青海等地区，70%以上居住在新疆伊犁哈萨克自治州、哈密地区的巴里坤哈萨克自治县和木垒哈萨克自治县。哈萨克族是一个拥有悠久历史的游牧民族。哈萨克语属于阿尔泰语系突厥语族；有本民族文字，哈萨克文以阿拉伯字母为基础，1959年又设计了以拉丁字母为基础的新文字方案；哈萨克族的音乐、舞蹈有鲜明的民族风格。其居民信奉伊斯兰教。

2）礼貌礼节

哈萨克族是一个热情好客的民族，对拜访和投宿的客人，不管相识与否，都会热情接待，太阳落山后必定留客住宿，客人通常被安置在毡房正面的上方。

哈萨克族有许多特有的礼俗。例如，见面时，或右手抚胸躬身，或握手致意，说一声"夹斯克么"（哈语"身体好"）。去哈萨克族人家做客，进门时应让年纪大的主人在先。哈萨克族人讲究坐席的安排，一般左边是客座，主人在右侧就座。坐定后，主人招待吃喝，客人得听从安排，至少要尝一下，否则就是对主人的不尊重。

哈萨克族人招待客人十分殷勤，通常要宰羊。吃手抓羊肉时，主人会将羊头献给客人。吃东西之前，主人一般都会提一把阿不都壶（一种长颈铜壶）请客人洗手。洗手时只洗三次，洗完后不要甩水，要用毛巾擦干。

哈萨克族人对老人特别尊重，不论是吃饭、喝茶还是说话、走路，都要对老人礼让。

3）禁忌

哈萨克族人忌当着主人的面数羊、马的数目；忌跨越拴着牲口的绳子；忌赞美他们的牲口和小孩肥胖，认为这对牲口和孩子不吉利。在哈萨克族人家里做客，客人忌坐床上，坐毡子上时要么盘腿，要么跪坐，不可将两腿伸出去，严禁坐在装有食物的贮存器具上；绝对不可跨过进餐用的餐巾；吃饭时忌讳摘帽子。此外，忌讳客人在门口下马，更忌讳骑快马到门口下马，因为这意味着报送丧事或有其他不吉利的消息。

7.1.12　傣族

1）简介

傣族散居在云南省境内，集中居住在西双版纳和德宏两州。傣族语言属汉藏语系壮侗语族壮傣语支。傣族主要信仰小乘佛教。傣族有丰富的历史传说、宗教经典和文学史诗。结构别致、造型优雅的佛寺和佛塔建筑，工艺精美、图案丰富多彩的傣锦，优美的孔雀舞，动听的象鼓和铓锣，欢乐的泼水节，都体现了傣族独特的民族风格和民族文化。

2）礼貌礼节

傣族人民讲究礼貌、说话和气，吵架的情况很少发生。尊老爱幼、团结互助是傣族的传统美德。老人很受尊敬，晚辈从长辈面前经过，要弯腰细步，以示对长者的尊敬。傣族人家庭关系十分和谐，邻里之间互相照顾。傣族人热情好客，会盛情款待来投宿的过往客人，有的家庭还备有专门招待客人的被褥，比自己用的还漂亮。

3）禁忌

傣族的禁忌大多跟他们的宗教信仰密切相关。

佛寺是神圣的地方，平时俗人不能进入，若必须进入，则要将鞋脱在外边。在佛寺内不许触摸佛像、法器等；不许敲寺内的铓锣和鼓；不许跟僧侣攀谈、嬉笑，更不许触摸僧侣的身躯和头部；不可摸小和尚的头顶，走路时禁止踩僧侣的影子。

忌讳外人赶牛、骑马、挑担子或蓬头散发地进入寨子；不能赶着猪通过寨与寨之间的桥梁；也不许将本寨的牛马拴在别寨的桩上；在祭村寨神时，禁止出入寨子。

客人进入傣家竹楼必须将鞋脱在外边；火塘里边的位置是老人专座，客人不能坐；客人不能进入主人的卧室。忌讳坐在火塘上方及跨越火塘。

晾晒衣服时，上衣晒在高处，裤子和裙子要晒在下方。衣服不能用来当枕头。忌讳在家中吹口哨、剪指甲。

7.1.13　土家族

1）简介

土家族主要分布在湖南、湖北、四川等地。土家族语言属于汉藏语系藏缅语族，接近彝语支；没有本民族文字，使用汉文，部分人兼通苗语。宗教信仰以民间宗教（信鬼神、崇拜祖先）为主。土家族主要从事农业。其手工刺绣编织精细，土花被面尤为著名。

2）礼貌礼节

土家族人热情好客，有客人来，常常以糖开水招待客人。逢年过节到土家族人家里做客时，热情的主人会拿出几个雪白的糍粑去烤，烤得两面金黄开花的时候，就拿出来几吹几拍，往里面灌进白糖或蜂糖，双手捧给客人，以示待客之真诚。土家族人还有相互帮助的优良传统，在日常生活与交往中，人们互敬互爱，一家有事，全体帮忙。

3）禁忌

土家族人不许小孩和未上学的人吃鸡爪子、猪鼻子、猪尾巴。禁止未婚男女（包括儿童）吃猪蹄叉，据说吃了将来就会找不到对象；即使结了婚，也会被吃过的猪蹄叉叉开，即有离婚之意。

吃饭时，不许端着碗站在他人背后，认为这样是在吃别人的背，别人会因此而"背时（食）"（意即运气不好）。

土家族的姑娘和产妇不能坐在堂屋的门槛上；不能扛着锄头、穿着蓑衣或担着空水桶进屋；不能脚踏火炕和三脚架；遇戒日不动土，吉日不能说不吉利的话；客人不能与少妇坐在一起；祭神时忌闻猫叫，死者停灵的地方不能让猫出现。

同步思考 7-2

问题：土家族女儿为什么要"哭嫁"？

理解要点：土家族姑娘在出嫁前三天就要开始哭嫁，有时还有新娘的姐妹一道陪哭。过去哭嫁的一个重要内容是控诉包办婚姻的不幸。今天哭嫁是为了感谢父母、告别姐妹，表达对家乡和亲人的深情。哭嫁的名目繁多，甚至桌子、凳子、筷子、菜肴、茶、酒等都在哭的范围内。哭完之后，新娘面对丰盛的酒菜也不能吃喝，立即上轿出发到夫家。"哭嫁"是土家族婚姻习俗的特色之一。

7.1.14 白族

1）简介

白族主要分布于云南省大理白族自治州，该州白族人口占白族总人口的80%，其余散居于昆明、元江、丽江、兰坪等地，四川和贵州也有零星分布。白语属汉藏语系藏缅语族白语支。由于长期与汉族交流融合，白语中汉字词汇达50%～60%。白族人通晓汉语，也使用汉文。白族人大多信仰佛教，也有少数人信仰道教。白族在科学、文化方面成就辉煌。

2）礼貌礼节

白族人民性格开朗，敬老爱幼，睦邻友好，热情好客。白族的家庭成员之间，辈分极其严格，子女尊敬和服从父母。在亲属称谓中，称丈夫为"拨"，称妻子为"巫"，称女儿为"庸"，其他称谓与汉族相同。

3）禁忌

过去的白族人民在生产和生活方面有很多禁忌。剑川的白族人，正月初一不能动刀和泼水，否则被认为破了财神，发不了财；妇女这天不能到别人家拜年，否则人家会认为不吉利。火把节这天，忌讳女婿回家过节，女婿到岳父家过节被认为是不祥之兆。新娘未过门，孕妇不得进入新房，不然会认为新娘婚后不能生儿育女。碧江的白族人，忌讳太阳落山时扫地，也忌讳客人或家里人刚出家门时扫地，认为会把出门的人"扫死"。保山一带的白族人，过年忌讳用刀。

同步案例 7-3

靠旅游业发家致富

背景与情境：我国西南地区是苗、彝、瑶、侗、壮等少数民族的聚居地。西南地区山水秀丽，但山高水急、地狭林深，交通十分不便，所以长期以来经济落后，少数民族同胞生活艰苦。改革开放以后，不少年轻人都到大城市打工，家乡的贫穷落后面貌一时很难改变。近年来，随着国内经济的繁荣，城市居民收入越来越高，国内旅游业蒸蒸日上，拥有秀丽山水的西南少数民族地区成了旅游者向往的地方，很多外出打工的青年看到商机，纷纷回家办起了家庭旅馆、餐厅，为游客提供方便。有的还兼当导游、销售当地土特产，生意兴隆，很快便发家致富了，一栋栋具有民族特色的精美土楼、木屋拔地而起……昔日的穷乡僻壤正日新月异地发生变化。

问题：少数民族地区的旅游开发要注意哪些问题？

分析提示：少数民族地区的旅游开发，对于振兴当地经济、改善少数民族居民生活，有着显著作用。但必须注意的是：第一，要作全面规划，不能一哄而起，破坏生态环境，要留住青山绿水；第二，不能因为商业开发而破坏少数民族的生活习惯、风俗、礼仪、禁忌；第三，交通建设要跟上，必要的基本设施要跟上；第四，环境卫生、食品卫生要严格把关，保证游客的安全、健康、舒适。只有这样，少数民族地区的旅游业才能更快更好地发展，国内旅游业才能进一步繁荣昌盛。

7.1.15　瑶族

1）简介

瑶族分布在广西、湖南、云南、广东、贵州和江西的西南角，其中广西的瑶族人口占瑶族总数的一半以上。瑶族有本民族语言，没有本民族文字。瑶族将近有一半人说的话属汉藏语系苗瑶语族瑶语支，有2/5的人说的话接近苗语，有少数人说的话接近侗语，一般都会说汉语。瑶族人民信奉多神，崇拜祖先。

2）礼貌礼节

瑶族人民热情好客，不管相识还是不相识的客人，只要进入瑶族村寨，走进哪家，主人都会热情招待。款待客人时，杀生不能让客人发觉，待煮好端上来才让客人知道。这时客人一定要吃，否则被认为是看不起主人。老人和客人每吃完一碗饭都由妇女代为盛饭，不能让老人和客人自己去盛饭。席间饮酒互相敬杯，以示友好和尊敬。进餐完毕，要双手举筷说一声"慢吃"，表示敬意。给客人东西吃要双手捧上，表示尊敬。

瑶族人民具有淳朴敦厚的道德观念，人与人之间重信用、守诺言，并始终保持着一种团结互助、尊老爱幼、一家有事全寨相帮的良好风尚。

3）禁忌

大年初一不能吵嘴、打架，否则全年不吉利；男女对唱山歌时，双方需各在一方，忌同坐一条凳子，否则就对不住女方的老人家；雨天忌穿草鞋进堂屋。

订婚时，媒人在去说亲的路上忌遇人扛犁、拉锯、天打雷。结婚当天，天打雷不下雨、办喜事的用具被打破（破了犹如夫妻不团圆），这些都是不祥之兆。此外，结婚时还忌赌钱。

同步业务7-5

瑶族的"歌堂节"

歌堂节是瑶族青年男女谈情说爱、唱歌求偶的节日。按传统习惯，每三至五年举行一次，一般在农历十月十六日举行，历时三天、九天不等。节日到来之前，各家各户都得事先通知远近的亲友前来观光。节日之夜，男女青年围着篝火，对唱情歌，以歌传情，歌长情深，通宵达旦才罢休。节日期间，人们穿着新衣裳，戴上新头巾，插上锦鸡毛；街头巷尾，熙熙攘攘，好不热闹。"要歌堂"开始，即把祖公的牌位从庙中抬出来巡游、拜祭。后面伴随有锣鼓和腰鼓队，燃放土铜炮。当中老年人抬着祖公神像巡游街巷时，广场上聚集着一群群女青年，男青年则两个一对、三个一伙，对着年轻姑娘唱起歌来。唱歌的青年，有时达八九十对。小伙子一支又一支地唱，姑娘们仔细地打量着唱歌的小伙子，暗暗地选择心爱的人。小伙子们尽情地唱，求得姑娘的欢心，白天在歌堂上认识后，晚上便可独自向姑娘们唱歌求爱。节日期间，每户人家做二十至三十斤的糯米糍粑，招待亲戚朋友。每户还出若干水酒（七斤左右），供人们任意饮用。

资料来源　http://www.zh5000.com.

7.1.16　侗族

1）简介

侗族主要分布在福建泉州、湖南、广西等地。侗语属汉藏语系壮侗语族侗水语支。中华人民共和国成立以前，侗族没有本民族文字，一直通用汉文；中华人民共和国成立以后，1958年设计了拉丁字母形式的文字。侗族崇拜祖先，信仰鬼神，特别尊崇"圣母"。

2）礼貌礼节

侗族人待人讲究礼仪。在路上遇见人，不论是本民族的还是其他民族的，不论是早已相识的还是素昧平生，都要主动寒暄几句。根据对方的年龄、性别，分别称呼为"贡"（老爷爷）、"撒"（老奶奶）、"普"（大伯）、"媒"（大婶）、"包"（哥）、"且"（姐）。每个称呼前面都冠上"阿"字，以示恭敬或亲昵。如客人从前面走来，侗族青年打招呼后静立路旁，等客人过去再走；如客人从后而来，年轻人一定让客人走前面，然后自己才走。

侗族人十分好客，来访者即使素不相识，也会受到热情招待。客人一进屋，全家老少就主动起身让座。客人吃得酒足饭饱，主人才高兴。无论到哪一家，凡是请你喝油茶，就是对你的最大尊敬，把你当成贵宾一样来招待。如果你讲客气或不喝，就是对主人的不恭。

敬老爱幼是侗族人民的美德，年轻人见了老年人要起立让座，在路上相遇要主动打招呼、让路。

侗族人从小就注意道德修养的培养，有些侗家人会做了凳子安放在井边和凉亭里，供行人来坐。凡拣到东西，或放在鼓楼里，或"喊寨"，问谁家丢了东西，找人认领。

3）禁忌

寨内举行禳灾等祭祀期间，忌外人入寨，标志是用斑茅草打四个结，结成十字形，挂在寨两头；小孩生下三天内，忌生人来家；生小猪、小牛也要"忌门"；正月初一忌吃青菜；有虹时不挑水。

7.2　我国港澳台地区礼仪与禁忌

在我国香港、澳门和台湾地区生活的居民，95%以上是炎黄子孙，是我们的骨肉同胞。作为中华民族大家庭中的一员，他们的语言文字、风俗习惯、礼俗禁忌、道德伦理规范等与大陆基本相同。

7.2.1　港澳台地区简介

香港、澳门、台湾自古以来就是中国领土不可分割的一部分。1840年以后，西方帝国主义列强凭借其坚船利炮，强迫腐败无能的清政府签订了一系列不平等条约，香港、澳门分别被英国和葡萄牙强占。台湾被日本霸占多年之后于1945年重归中国版图，1949年又与祖国大陆长期隔离。

香港包括香港岛、九龙和新界，总面积为1 076平方公里，位于珠江出海口东侧，是中国通往世界的南大门，素有"东方之珠"的美称。人口约678万，中国人占98%。按照"一国两制"的构想，香港于1997年7月1日顺利回归祖国。江泽民主席在中英香港政权交接仪式上庄严宣告：中国政府对香港恢复行使主权。香港特别行政区首任行政长官为董建华。香港回归17年来，作为世界著名的自由港、购物中心、旅游城市，经济持续发展，旅游事业更加繁荣。2014年，香港接待世界各地游客2 000多万，80%以上是中国内地游客。开放内地居民赴港自由行后，一方面对香港经济起了很大的促进作用，另一方面也给香港居民带来了一些不便。目前，香港第三任特首梁振英正与中央有关部门协商趋利避害的措施。

澳门古称"蠔镜"，包括澳门半岛和氹仔、路环两个离岛，总面积为23.5平方公里，位于珠江口西南。人口44万，98%为中国人。1985年5月，中国政府和葡萄牙政府就举行谈判解决澳门问题达成协议。从1986年6月至1987年3月，中葡双方代表在北京举行了四轮谈判。1999年4月，由200名澳门永久性居民组成的澳门特别行政区第一届政府推选委员会成立。5月15日，何厚铧当选第一任行政长官。1999年12月20日，澳门回到祖国拥抱，这是"一国两制"、实现祖国统一大业的又一重要成果，是中华民族的又一盛事。澳门回归祖国，标志着外国人占据和统治中国领土的历史彻底结束。澳门回归15年来，经济快速发展，各项事业繁荣昌盛，居民生活水平大幅提升，充分证明了"一国两制"方针的伟大和正确。澳门特别行政区现任行政长官是崔世安。

台湾是中国的第一大岛，位于祖国东南沿海的大陆架上，西隔台湾海峡与福建相望。台湾省总面积36 000平方公里，包括台湾本岛、21个附属岛屿、澎湖列岛以及目前为台湾当局控制的福建省的金门、马祖等岛屿。人口2 300万，绝大多数是汉族和高山族同胞。

台湾问题不同于香港、澳门，是国内战争遗留下来的问题，其本质是中国的内政问题，应由中国人民自己来解决，不容许外国干涉。1979年元旦，全国人大常委会发表了《告台湾同胞书》，郑重宣布了关于台湾回归祖国、实现国家统一的大政方针；1981年8月26日，邓小平在会见台湾、香港知名人士傅朝枢时进一步阐述了中央政府对台湾的政策；1983年6月，邓小平在会见美国新泽西州西东大学教授杨立宇时，进一步提出了关于台湾与大陆和平统一的构想，即题为《中国大陆和台湾和平统一的设想》的谈话（后来被称为"邓六条"）；1984年2月，邓小平在会见美国乔治城大学战略与国际问题研究中心代表团时，再次明确使用了"一国两制"的提法，香港问题和澳门问题的成功解决，是"一国两制"构想的重大胜利。

"一国两制"构想的提出并付诸实践，使海峡两岸的关系有了重大进展。1993年4月，"海协会"会长汪道涵和"海基会"会长辜振甫在新加坡举行了"汪辜会谈"，取得了积极成果，也产生了广泛影响。在两岸关系发展的同时，台湾岛内的分裂倾向也在发展，同时外国反华势力也在进一步利用台湾问题对中国进行牵制与遏制。

根据台湾局势、两岸关系和国际形势的发展变化，1995年1月30日时任中共中央总书记、国家主席江泽民发表了题为《为促进祖国统一大业的完成而继续奋斗》的重要讲话，进一步阐述了邓小平关于"和平统一、一国两制"思想精髓，提出了现阶段发展两岸关系、推动祖国和平统一进程的八项主张。这八项主张是"一国两制"构想的具体化，是系统阐述中国共产党和中国政府对台政策的纲领性文件。2005年3月14日针对陈水扁的"台独"主张，第十届全国人大第三次会议通过了《反国家分裂法》，给予"台独"势力严重警告。2008年国民党执政后，两岸关系得到巨大改善，不但实现了"三通"，还协商签订了多项合作协议，大陆2014年到台湾旅游人数达到400多万人次，对台湾的经济发展起着越来越大的作用，两岸和平发展已是大势所趋。

7.2.2 港澳台地区礼仪

我国香港、澳门、台湾地区通行的礼节为握手礼，此外还保留较多的如拱手、抱拳、鞠躬等中国传统礼节。因有些同胞信奉佛教，故也有见人行"合十礼"和呼"阿弥陀佛"的。港澳台同胞还流行叩指礼，当他们接受别人为其献茶、敬烟、斟酒、布菜或端饭时，立即用略弯曲的食指、拇指、中指三个手指撮合在一起，指尖轻轻叩打桌面，以示谢意。港澳台同胞一般比较勤勉、守时。与他们谈话入正题前要说些客套话。交往时要注意做到不能使他们觉得丢了面子，要多表示一些对他们的热情友好和真诚欢迎。

7.2.3 港澳台地区饮食习惯

港澳台同胞的饮食习惯基本上与大陆居民相同。许多人回大陆探亲访友、旅游观光时喜欢吃家乡饭菜、各种点心和各地传统的风味小吃，一般喜欢品尝有特色的名菜、名点，爱喝"茅台"、"西凤"、"五粮液"等名酒，以及"龙井"、"铁观音"等名茶。

7.2.4 港澳台地区的禁忌

港澳台同胞尤其是上了年纪的老一辈忌说不吉利的话，喜欢讨口彩，特别是香港人有喜"8"厌"4"的习惯，因为广东话中"4"与"死"同音，因此，人们避免用"4"来做标志，送礼品也不送4种，在遇到非说"4"不可时，就用"两双"来代替。逢年过节，香港人习惯说"恭喜发财"，而不愿说"新年快乐"和"节日快乐"，因为"快乐"的谐音为"快落"，而人们过年过节特别忌讳"落"字。由于长期受西方的影响，外国人的一些禁忌他们也同样忌讳，如忌"13"、"星期五"，忌讳别人打听年龄、婚姻状况、家庭住址、经济收入等等。

在台湾，忌把扇子赠人，因有送扇不相见的说法。也忌把伞、手巾、刀剪、甜果赠人。台湾话"伞"与"散"同音；手巾在台湾是给吊丧者的留念，意为让吊丧者与死者断绝往来，故有"送巾断根"之俗语；刀剪是伤人的利器，含有"一刀两断"之意；甜果是民间逢年过节祭祖拜神之物，以甜果送人会使对方有不祥之感。在香港，忌送茉莉花和梅花给商人，因"茉莉"与"没利"谐音，"梅"与"霉"同音。

同步案例 7-4

澳门的博彩业

背景与情境：以博彩业著称的澳门，与美国的拉斯维加斯和摩洛哥蒙地卡罗并称世界三大赌城，被冠誉为"东方拉斯维加斯"。博彩业带动了旅游业，它也成为澳门四大经济支柱之一和外汇主要来源。

澳门的博彩业主要有幸运博彩、跑狗、跑马、白鸽票（彩票）等，营业收入十分可观。澳门的赌场与美国的拉斯维加斯大西洋城相比，虽然其建筑、设施和繁华程度都较为逊色，但这里的一些赌客所下的赌注却大得惊人，通常情况下他们在几张赌台上的豪赌额就占赌场总收入的半数。近年来，澳门特区政府大力转变经济结构，努力改变过分依赖博彩业的情况。

资料来源　http：//www.chinanews.com.cn.

问题：澳门博彩业的繁荣能否长久维持？

分析提示：澳门的博彩业已有较长历史，也带动了旅游业的发展，但其高度繁荣并一业独大的现象是近十余年才有的。在内地转变经济结构、大力发展现代服务业的带动下，澳门其他产业也有了较大发展。中央政府开展反腐斗争以来，到澳门豪赌的人明显减少。在社会主义国家，澳门虽是特别行政区，但长期维持博彩业一业独大的局面也是不现实的。目前，澳门正大力发展教育、旅游、金融、高科技等产业，一个新的繁荣稳定、安居乐业的澳门正在出现。

同步业务7-6

香港的新年节庆活动

农历新年是中国人最重视的节日。除了合家团圆、拜访亲友等必不可少的内容外，香港的春节特色项目还有：

年宵花市：农历新年前数天在多区举行，其中一年一度的维多利亚公园年宵花市最热闹，出售桃花、菊花、水仙花等各种贺岁鲜花及其他商品。

花车巡游：大年初一，在市内举行。每年的巡游表演都有来自世界各地的花车，以及显示不同地区文化和风情的巡游队伍，组合成多姿多彩的大型表演，庆贺新年繁荣丰盛。

烟花汇演：大年初二，在维多利亚海面举行。海港两岸和高层建筑临海的一面，都成了最好的观赏位置。

资料来源　http：//www.fj.xinhuanet.com.

同步业务7-7

台湾人庆寿

台湾同胞喜欢过生日。男女成人后，每逢生日，都由家人准备素面、香烛等举行简单的庆祝仪式。凡是女儿已经出嫁者，寿庆比较隆重，女婿必须亲自前往拜寿。一般从50岁起开始称寿，60岁为下寿，70岁为中寿，80岁为上寿，90岁为耆寿，百岁为期颐。每到寿期，由子孙发起庆祝，邀请亲朋，颇为隆重。

资料来源　吴忠军.中外民俗[M].大连：东北财经大学出版社，2015.

本章概要

□　内容提要

本章简要阐述了中华民族的组成，国内部分民族的礼仪与禁忌，我国港澳台地区的礼仪与禁忌；对国内少数民族地区和港澳台地区的基本情况以及旅游业发展状况也作了简要介绍。

　□　主要概念和观念
　▲　主要概念

中华民族　礼仪习俗　禁忌

　▲　主要观念

中华民族是以华夏族为主体的汉族融合各少数民族而形成的一个人口众多、分布广阔的民族，港澳台地区绝大多数人是汉族和高山族，都是中华民族的组成部分。

春节是我国的农历年节，是以汉族为主体的中华民族最为隆重的节日。

　□　重点实务

中秋节祭月　入住藏民家庭旅馆

基本训练

　□　知识训练
　▲　复习题

7.1　中华民族是怎样形成的？

7.2　清明节为什么又叫寒食节？

7.3　敬献哈达应注意什么礼仪？

7.4　瑶族的"歌堂节"有哪些活动？

7.5　蒙古族有哪些禁忌？

7.6　港澳台地区有哪些禁忌？

　▲　讨论题

7.1　我国少数民族自治区有哪几个？

7.2　有人说各民族的"禁忌"都是古代迷信的残留，在科技发达的今天应予以教育改变，你怎么看？

7.3　有专家认为，为了留住青山绿水、留住乡愁，少数民族地区应限制发展旅游业，这个说法有道理吗？

　□　能力训练
　▲　理解与评价

很多贪官都热衷于烧香拜佛，有时会大笔捐款，想祈求菩萨保佑他侥幸过关，罪行不被发现。正在北京参加政协会议的中国佛教协会副会长、上海玉佛寺方丈觉醒法师接受记者采访时说："贪、嗔、痴是佛家三毒，贪虽为人的本性，但终难逃惩罚。祈求菩萨保佑，不仅是对佛教的无知，更是对菩萨的亵渎，一旦违法犯罪，切忌逃避隐藏，而应发露忏悔，及时投案自首，洗心革面。"觉醒法师还强调，官员是政府和民众沟通的桥梁、纽带，更应当成为社会的表率，严于律己，自觉遵纪守法。

资料来源　江跃中，潘高峰.贪官烧香拜佛求不出事没有用[N].新民晚报，2015-03-13.

问题：如何理解贪官求神拜佛的行为？你对觉醒法师的"劝诫"如何评价？

　▲　案例分析

不尊重民族习俗引起纠纷

背景与情境：一次，在去昆明的旅游团中，导游小姐向游客介绍了有关少数民族的风俗习惯和禁忌。其中，讲到摩梭人实行走婚制，一般没有父亲，只有舅舅。家庭地位最高的是外祖母，其次是母亲和舅舅，如母系社会一般。因此，游客不能像通常一样摸着小孩的头问："小朋友，你的父亲呢？"这样会激怒他们的。

到了民俗文化村，一位客人在摩梭人的院落里，一边看着图片，一边自问："他们真的没有父亲吗？"没有人答应。这位客人又转向文化村的讲解员："他们真的不知道自己的父亲吗？"这位讲解员哭了，激动地说："你才没有父亲呢。"这位客人原本是位县长，从来没有人这样跟他说话，气得要打这位讲解员，被其他客人劝解下来，结果闹得很不愉快。

资料来源　陈刚平，周晓梅.旅游社交礼仪[M].北京：旅游教育出版社，2000.

问题：这位县长为什么会有这样的行为？

分析要求：（1）形成性要求：学生分析案例提出的问题，拟出《案例分析提纲》；小组讨论，形成小组《案例分析报告》；班级交流，相互点评和修订各组的《案例分析报告》；在校园网的本课程平台上展出经过修订的各组《案例分析报告》，供学生相互借鉴。

（2）成果性要求：以经班级交流和教师点评的《案例分析报告》为最终成果。

▲　实训操练

7.1　实训项目：中秋节祭月

实训要求：将班级学生分成若干小组，以本章"重点实务"中的"中秋节祭月"作为操作项目，模拟主祭、陪祭、观众，体验中秋节祭月的礼仪。

实训步骤：

（1）将班级学生分成若干实训小组，每组确定1人负责。

（2）各组学生结合本地居民中秋节活动的实际情况，参照本章"同步案例"进行祭月活动的情境设计，并结合情境设计进行主祭、陪祭、观众的角色分工。

（3）各组以本章"实务教学"中的"中秋节祭月活动"为业务规范，以"情境设计"中的"背景"为基本情节，进行角色操练，体验本项目模拟实训过程。

（4）各组学生交换分工，再次体验本项目模拟实训过程。

（5）各组学生记录本次模拟实训的主要情节，总结实训操练的成功经验、找出存在的问题及解决办法，在此基础上撰写《"中秋节祭月"实训报告》（以下简称《实训报告》）。

（6）在班级讨论交流，相互点评与修订各组的《实训报告》

（7）在校园网的本课程平台上展出经过修订并附有教师点评的各组《实训报告》，供学生相互借鉴。

7.2　实训项目：入住藏民家庭旅馆

实训要求：将班级学生分成若干小组，以本章"重点实务"中的"入住藏民家庭旅馆作为操练项目，模拟藏民、游客，体验藏民接待客人的礼仪与禁忌。

实训步骤：

（1）同7.1实训步骤（1）。

（2）各组学生结合本地旅行社组团到藏族地区旅游的实际情况，参照本章"同步案例"，进行到藏民家庭旅馆住宿的情境设计，并结合情境设计进行藏民和游客的角色分工。

（3）各组以本章"实务教学"中"藏族的礼仪与禁忌"为业务规范，以"情境设计"中的"背景"为基本情节，进行角色操练，体验本项目模拟实训的全过程。

（4）同7.1实训步骤（4）。

（5）同 7.1 实训项目的实训步骤（5），撰写《"入住藏民家庭旅馆，体验藏族礼仪、禁忌"实训报告》（以下简称《实训报告》）。

（6）同 7.1 实训步骤（6）。

（7）同 7.1 实训步骤（7）。

□ 善恶研判

陆客在台"被栽赃"引发议论

台湾联合新闻网 12 日报道称，去年 10 月，来自大陆深圳的一家 7 口到台湾旅游。路过"国道 5 号"石碇休息站时，碰到一名台湾女子在洗手间弄丢包包，正巧看见女性陆客从洗手间走出来，就怀疑对方偷了自己的包包，要求检查其随身行李，结果没有找到。该台湾女子随即找丈夫及友人"帮忙"，接着双方起了冲突。从日前曝光的录像画面可以看到，两名穿黑色 T 恤的年轻男子对着陆客大骂，其中一人称大陆观光客咬伤了他老婆的手臂，又一直大喊"我老婆皮包内有 5 万多元"。现场一片混乱，台湾男子还挥舞手臂大吼："谁咬我老婆，谁？是不是你咬我老婆？"有陆客回答"不知道"。该男子持续叫嚣："你凭什么咬我老婆？嘴巴给我张开！嘴巴给我张开！"台湾女子也十分嚣张跋扈，甚至冷言嘲讽说："知道你们是大陆人，大陆人好了不起哦，钱多嘛。"

联合新闻网称，其实遗失的包包当时已被拿到服务台，随后广播播放失物招领，但因双方情绪激动而没有听见。虽然双方最后以和解收场，但陆客回到大陆后在论坛上发文称，在石碇服务区遭台湾黑社会胁迫，高龄父母、老婆被打伤，他的手臂也被扯伤；不过到了警局，对方竟然拿出"骨折"验伤单。台湾警方说，如果双方互控伤害，属于刑事犯罪，陆客必须留在台湾等司法诉讼完毕才能回大陆。发文者说，为了不延误行程，只得作罢，但对台湾的印象已大打折扣，"面对野蛮的台湾暴徒，我们孤立少援，我投鼠忌器，被羞辱不敢反驳，被打连一句道歉、一分赔偿都没有"。

该文章刊登后，有大陆网友直接把台湾称为"鬼岛"；还有网友留言嘲讽说，亲眼见到台湾"最美丽的风景"，更亲身体验到了台湾"浓浓的人情味"，也算是不虚此行了。不过，也有一些人质疑这种说法有失偏颇。台湾"国道"警察九队回应称，当天警员赶到现场时，台湾人这一边的确在大声咆哮，警方先避免双方有肢体碰触，之后再带回警局处理。一名训佐无奈地说，全案是件大乌龙，服务区早就广播有人捡到皮包等待认领，但台湾人这边没听见，还到处去诬赖人。其实，陆客在台被殴及遭诬陷并非头一遭。去年 10 月底，有网友爆料 101 美食街有妈妈让小孩当街尿尿，媒体跟进大幅报道，"不过真相很难堪，当事人是台湾人，且这名妈妈是在帮小孩换裤子，不是让小孩便溺"。还有河南女陆客来台 8 天 7 夜，花了两万多新台币，却带伤而回。她疑似因不跟团、未采购等问题，与台籍导游和司机起了冲突，遭两名司机痛殴。就在 3 月 11 日又有媒体爆料称，高雄六合夜市街头有男女当街便溺，虽未与他们交谈，但"从行径上看，对方是陆客"。该则新闻引起台湾网友热烈讨论，不少人直言，在确定身份前就下定论，有失客观。

资料来源　孙诚.陆客在台"被栽赃"引发议论[N].环球时报，2015-03-13.

问题：你对本案中的事件有什么看法？请从双方当事人、台湾警察和媒体几方面的表现加以评判。

研判要求：（1）形成性要求：学生分析案例提出的问题，拟出《善恶研判提纲》；小组讨论，形成小组《善恶研判报告》；班级交流，相互点评和修订各组的《善恶研判报告》；在校园网的本课程平台上展出经过修订并附有教师点评的各组《善恶研判报告》，供学生相互借鉴。

（2）成果性要求：以经过班级交流和教师点评的《善恶研判报告》为最终成果。

第8章　国外主要旅游目的地礼仪与禁忌

● **学习目标**

通过本章学习，应当达到以下目标：

职业知识：学习和把握国外主要旅游目的地（即亚洲、美洲、大洋洲、欧洲、非洲主要国家）的礼仪与禁忌等理论与实务知识；掌握这些礼仪与禁忌在旅游服务中的应用，并能用其指导相关认知活动，规范相关技能活动。

职业能力：掌握亚洲、美洲、大洋洲、欧洲、非洲主要旅游目的地国家的礼仪与禁忌，能以这些知识点评旅游交际中不符合礼仪的行为；研究相关案例，培养在特定情境中分析问题的能力与评价力；通过这些知识的实训操练，训练相应专业技能。

职业道德：结合本章"职业道德与企业伦理"专栏和"基本训练"的"善恶研判"等教学内容，依照行业道德规范或标准，分析、评判本章相关业务情境中企业或其从业人员行为的善恶，强化其职业道德素质。

引例：赠送礼品的风波

背景与情境：国内某家专门接待外国游客的旅行社，有一次在接待来华的意大利游客时准备送每人一件小礼品。于是，该旅行社订购了一批纯丝手帕，是杭州制作的，还是名厂名牌，每条手帕上都绣着花草图案，十分美观大方。手帕装在特制的纸盒内，盒上印有旅行社社徽，是很像样的小礼品。中国丝织品闻名于世，估计会受到客人的喜欢。

旅游接待人员带着盒装的纯丝手帕，到机场迎接来自意大利的游客。欢迎词热情、得体，在车上他代表旅行社赠送给每位游客两盒包装甚好的手帕作为礼品。

没想到车上一片哗然，议论纷纷，游客都是一副很不高兴的样子，特别是一位夫人，大声叫喊，极为气愤，还有些伤感。旅游接待人员心慌了，他弄不懂：好心好意送人家礼物，不但得不到感谢，怎么还出现了这般景象呢。

资料来源　王连义.怎样做好导游工作[M].北京：中国旅游出版社，1993.略有改动.

问题：这家旅行社做错了什么，惹得这些意大利游客很不高兴？

分析提示：这家旅行社犯了主观主义的错误，他们不了解意大利的礼仪与禁忌，送了不能送的礼品。

在意大利等西方一些国家，亲朋好友相聚一段时间告别时才赠送手帕，取意为"擦掉惜别的眼泪"。在本案例中，意大利游客刚刚踏上盼望已久的中国大地，准备开始愉快的旅行，你就让人家"擦掉离别的眼泪"，人家当然不高兴，肯定要议论纷纷。那位大声叫喊而又气愤的夫人，是因为她所拿到的手帕上面还绣着菊花图案。菊花在中国是高雅的花卉，但在意大利则是用来祭奠亡灵的。人家怎么能不愤怒呢？因此，在旅游接待与交际场合中，必须了解并尊重外国人的风俗习惯，这样才能受到他们的欢迎与肯定，做好接待工作。

在旅游行业，习惯上把来华旅游的宾客的国家称为旅游客源国，来华旅游人数多、影响大的国家就是主要客源国。我国游客去的国家或地区称为旅游目的国或地区。

20世纪80年代，我国刚刚改革开放，发达国家游客纷纷来华旅游。美国、日本等成为我国的主要客源国；30多年后的今天，我国接待的亚洲、美洲、大洋洲、欧洲、非洲的游客越来越多，我国已成为世界第二大旅游目的地；同时，我国也成了世界出境游人数最多和旅游消费最多的国家。2014年我国出国出境游人数达到了1.15亿人次，不但日本、韩国、新加坡、马来西亚、泰国、美国和欧洲各国、埃及、南非等地的中国游客络绎不绝，就连过去中国人很少知晓的帕劳等国都因中国游客"爆满"而感到接待困难。大量中国人出游，由于对目的地国家的礼仪、生活习惯、禁忌不了解，闹出很多笑话。也有个别"有钱"、"任性"的游客的不文明行为，引起一些国家居民的不满，影响了我国的形象。因此，不论是接待国外游客还是到国外旅游，都必须了解相关国家的基本概况、饮食起居、风俗习惯和禁忌。掌握这些知识，不仅能提高旅游接待人员的接待能力，而且能与各国、各民族保持友好往来，树立我国在国际上的良好形象。目前，与我国旅游往来最密切的国家分布在四个地区五大洲，每个国家的民族、宗教信仰、礼仪习俗各有不同，以下几点是需要我们掌握、理解和记忆的：

第一，宗教信仰对习俗、礼节有很大影响。国家不同、民族不同，而宗教信仰如果相同，其习俗、礼节就有许多相近或相同之处。

第二，习俗、礼节与民族、种族有关。同一民族的人虽然生活在不同的国家，但其习俗、礼节往往相似。

第三，语言对习俗、礼节有很大影响。使用同一语种或语言的人，其习俗、礼节往往类似或相同。

第四，习俗、礼节有同化现象。各民族混合居住地区人们的习俗、礼节往往互相仿效、互相融会，逐渐同化。

在学习、了解各国、各民族礼仪时，要根据以上特点去加以概括总结，做到触类旁通。任何礼仪、礼节都是以尊重别人、礼貌待人为基础的，尽管其具体的表现形式不同，但这一点是相通的。

8.1　亚洲主要国家的礼仪与禁忌

亚洲是世界第一大洲，位于东半球，有40多个国家和地区。亚洲是世界三大宗教的发源地，现在亚洲国家绝大多数的居民都信奉佛教，其次是伊斯兰教，也有一部分信奉基督教。亚洲地区的主要国家日本、韩国、印度、泰国、新加坡、菲律宾、印度尼西亚等都是来华游客多、接待中国游客更多的国家。在历史上，亚洲国家之间交往频繁，关系密切，因此相互间影响很大，各民族的文化风俗、礼仪、禁忌有相近之处。

8.1.1　日本

1）简介

日本是亚洲东部的一个群岛国家，面积37.78万平方千米，人口12 748万，是世界人口密度最大的国家之一。民族主要是大和族，仅在北海道有2万多阿伊努人；居民主要信奉神道教和佛教，少数信奉基督教和天主教；首都东京，国歌为《君之代》，国花为樱花，日语为国语，货币名称为日元。1972年9月29日同中国建交。日本原是中国的主要客源国，现在已成为中国游客出游的主要目的地之一。据携程网数据显示，2014年赴日本旅游的人数同比增长接近200%。2015年春节期间，大量中国游客的"爆买"形成了日本的"购物狂潮"，对个人消费长期萎靡不振的日本而言，大大提升了其经济，有的酒店房价涨到平时的3倍，中国游客被日本媒体称为"救世主"。2015年1—3月，持旅游签证进入日本的中国旅客达到69万人次，几乎达到2014年的全年水平。

2）礼貌礼节

日本是一个注重礼仪的国家。见面一般都互致问候，脱帽鞠躬，表情诚恳、亲切。初次见面，互相鞠躬，交换名片，一般不握手。见面时常说"拜托您了"、"请多关照"等话。日本人一般不用香烟待客，如客人要吸烟，应先征得主人的同意。"不给别人添麻烦"是日本人的生活准则。在公共场所很少有人大声喧哗或吵闹。在一般场合，日本人谈话声音很轻，很少大笑，特别是女性，即使是遇到很高兴的事往往也是用手掩嘴轻轻微笑，否则就被认为是失态、少教养的行为。日本人注重衣着，平时总是穿得大方整洁。在正式场合，一般穿和服和西装。即使在一般场合，穿背心或赤脚也是失礼的。

3）饮食习惯

日本人早餐喜欢喝热牛奶、吃面包和稀饭等。午餐和晚餐吃米饭，副食品主要是蔬菜和海鲜。日本人爱吃鱼，还有吃生鱼片的习惯。每逢喜事，日本人爱吃红豆饭，不加任何调料，只在碗里撒一些芝麻盐，清香适口。"便当"和"寿司"在日本是最受欢迎的两种传统方便食品。"便当"就是盒饭；"寿司"是人们在逢年过节时才吃的"四喜饭"，一般用米饭团配海鲜、紫菜、蔬菜或水果制成。

日本人喜欢吃清淡、油腻少、味鲜带甜的菜肴，喜欢吃中国的广东菜、北京菜、上海菜，不喜欢吃羊肉、肥猪肉和猪内脏；喜欢喝中国的绍兴酒、茅台酒等。

4）禁忌

（1）送礼时，忌送玻璃、陶瓷等易碎物品和梳子，因为梳子日语的发音与"苦死"相同；也不可将有狐狸、獾、菊花等图案的物品送人。交往中，严禁用 4、6、9、42 等不吉利的数字或赠送带有这些数字的礼品。

（2）忌绿色，认为是不祥之兆。

（3）忌荷花图案，认为是妖花。

（4）讨厌金银眼的猫，认为看到这种猫的人要倒霉。

（5）忌"八筷"，即用筷时不可舔筷、迷筷、移筷、扭筷、剔筷、插筷、跨筷、掏筷。

同步思考 8-1

问题：日本的"七五三"是什么节？

理解要点：每年 11 月 15 日，3 岁和 5 岁的男孩、3 岁和 7 岁的女孩都要穿上鲜艳的和服去参拜神社，以此保佑他（她）们在成长的道路上一帆风顺。日本人认为奇数是吉利的数字，故从中选了这三个年龄，并称之为"七五三"节。

资料来源　未名天日语网·日本七五三节（http：//www.pkusky.com）.

8.1.2　韩国

1）简介

韩国位于亚洲东北部、朝鲜半岛南部，与我国山东半岛隔海相望，面积 9.9 万平方千米，人口 5 500 万，全国为单一的民族朝鲜族；通用朝鲜语；居民多信奉佛教和基督教；首都首尔（旧称汉城）；国歌为《爱国歌》；国花为木槿花；货币名称为韩元。1992年 8 月 24 日同中国建交。韩国也是我国的主要客源国，现在也成了中国游客蜂拥而入的旅游目的地。2014 年中国赴韩旅游人数同比增长超过 200%，全年突破 600 万人次。单 2015年春节期间就有 13 万中国游客去韩国。首尔的各大百货商店销售额大幅上升。在韩国，从大公司高管到小摊贩，为了接待中国游客，都在突击学习中文。

2）礼貌礼节

韩国人讲究礼貌，待客热情。晚辈见长辈、下级见上级规矩很严格：握手时，应把左手轻置于右手腕处，躬身相握，以示恭敬；与长辈同坐时，要挺胸端坐。若想抽烟，需征求在场的长辈同意。在公共场所不大声说话，颇为稳重有礼。

在韩国，女士对男士也十分尊重，双方见面时，女士先向男士行鞠躬礼，致意问候。男女同坐时，男士位于上座，女士则位于下座。

如应邀去韩国人家里做客，按习惯要带一束鲜花或一份小礼物，并用双手奉上。进入室内时，将鞋子脱下留在门口是不可疏忽的礼仪。

3）饮食习惯

韩国人的主食为米饭，爱吃辣椒、泡菜。酱是韩国各种菜汤的基本作料。韩国人喜欢吃牛肉、精猪肉、鸡和海味，不爱吃羊肉、鸭和肥猪肉；最爱吃的是"炖汤"，这是用辣椒酱配以豆腐、鱼片、泡菜或其他肉类和蔬菜等烹制而成的。此外，韩国人也爱吃用腊肉调成的生拌凉菜。

4）禁忌

韩国人忌讳的数字是"4"。"4"在朝鲜语中的发音、拼音与"死"字完全相同，许多楼房的编号严忌"4"，军队、医院、餐馆等也不用"4"编号。在饮茶或饮酒时，主人总是以1、2、5、7的数字来敬酒、布茶。

韩国人不以食品作为礼物。同韩国人交谈，要避免议论有关社会政治等方面的话题，也不要批评他们的政府。

同步业务 8-1

韩国的商务礼俗

前往韩国进行商务访问的最适宜时间是每年的 2—6 月、9 月、11 月和 12 月上旬，尽量避开多节的 10 月以及 7 月到 8 月中旬、12 月中下旬。

与不了解的韩国商务人士来往，通常要有一位双方都尊敬的第三者介绍，否则不容易得到对方的信赖。为了介绍方便，要准备好名片，中英文或韩文均可，但要避免在名片上使用日文。到公司拜会，必须事先约好。会谈的时间最好安排在上午 10 点到 11 点之间，下午 2 点或 3 点也可。

韩国商人不喜欢直接说或听到"不"字，所以常用"是"字表达，有时是否定的意思。在商务交往中，韩国人比较敏感，也比较看重感情，只要感觉对方稍有不尊，生意就会告吹。韩国人重视业务中的接待，宴请一般在饭店举行。吃饭时所有的菜要一次性上齐。

资料来源　葛道顺，卢娟.公关交际礼仪[M].重庆：西南师范大学出版社，1999.

8.1.3　印度

1）简介

印度是南亚次大陆的大国，面积 298 万平方千米，人口 12.59 亿（2013 年），列世界第二位。居民大多信奉印度教，其次为伊斯兰教、基督教、锡克教和佛教等；首都新德里；国歌为《人民的意志》；国花为荷花；印地语为国语，英语为官方语言；货币名称为卢比。1950 年 4 月 1 日同中国建交。近年来，中印两国交往频繁。2014 年中国国家主席习近平应印度总理莫迪的邀请访问印度，进一步增进了两国的友谊。近年来，中国人到印度旅游的人越来越多。

2）礼貌礼节

印度是一个东西方文化共存的国家，有的印度人见到外国人会用英语问候"您好"，有的则用传统的佛教手势——双手合十。男人相见或分别时，有时也握手，但不能和印度妇女握手。晚辈为表示对长辈的尊敬，常在行礼时弯腰摸长者的脚。妻子送丈夫出远门，最高的礼节是摸脚跟和吻脚。

印度人迎接贵客时，主人常献上花环，套在客人的颈上。花环的大小、长短视客人的身份而异。献给贵宾的花环既粗又长，超过膝盖。给一般客人的花环仅及胸前。

印度人如同意对方的意见并非点头称是，而是将头向左摆动，不同意则点头。

3）饮食习惯

印度人以米饭为主食，也喜欢吃印度烙饼。副食有鸡、鸭、鱼、虾、蛋及蔬菜。印度人特别爱吃马铃薯（土豆），认为它是菜中佳品。印度人口味清淡，不喜油腻，不吃菇类、笋类及木耳。咖喱是饭菜离不开的调料。印度人吃素食者较多，等级越高，食荤越少。

4）禁忌

印度教徒奉牛为神圣之物，忌食牛肉。一般人忌穿牛皮鞋和使用牛皮箱。信奉伊斯兰教的印度人不吃猪肉。

印度人忌用澡盆给孩子洗澡，认为那是"死水"，是不人道的行为。

印度人不喜欢龟和鹤的图案。

印度人崇拜蛇，认为杀蛇是触犯神明的行为。

同步思考8-2

问题：印度妇女在两眉中间涂饰彩色的圆点有什么意义？

理解要点：许多印度妇女在她们的额部靠近两眉中间涂饰一个彩色的圆点，印度人称为"贡姆贡姆"，我国称为"吉祥痣"。在印度教里，"吉祥痣"表示女子的婚嫁状况，现在已成为印度女士美容化妆的组成部分。其颜色以红色居多，但亦有黄、绿、紫等色，视衣着和肤色而定。

8.1.4 泰国

1）简介

泰国位于亚洲中南半岛中部，盛产大象，尤以白象最为珍贵，泰国人敬之如神，故泰国有"白象国"之称。泰国国土面积51.31万平方千米，人口6 300多万；佛教为国教；僧人身穿黄衣，故泰国又有"黄衣国"之称；首都曼谷；国花为睡莲；泰语为国语；货币名称为泰铢。1975年7月1日同中国建交。泰国、马来西亚、新加坡是我国游客最早出境游目的地，多年来，热度不减。2014年我国到泰国旅游的人数同比增长也超过200%。2015年春节期间赴泰旅游人数，泰国媒体报道达到30万人，为泰国创造了44亿元人民币的收入。

2）礼貌礼节

泰国人见面时不握手，而是双手合十为礼。双手抬得越高，越表示对客人的尊重。如晚辈向长辈行礼时，双手合十要举过前额，长辈合十回礼时双手不必高过前胸。泰国人一般用名字来称呼对方，如"建国先生"、"秀兰女士"等。

在泰国，如有长辈在座，晚辈只能坐在地上，或者蹲跪，以免高于长辈头部，否则被视为对长辈极大的不尊。给长者递东西必须用双手；给一般人递东西要用右手，表示尊敬；如不得已用左手时，要说一声"请原谅，左手"。

3）饮食习惯

泰国人的主食为大米，副食主要是鱼和蔬菜。早餐多吃西餐，午餐和晚餐爱吃中国的广东菜和四川菜。泰国人特别喜爱吃辣椒，不喜欢酱油，不爱吃牛肉和红烧的菜肴，也不习惯放糖。泰国人特别喜欢喝啤酒，也爱喝白兰地对苏打水；喝咖啡、红茶时，爱吃小蛋糕和小点心；饭后有吃苹果、鸭梨等习惯，但不吃香蕉。

4）禁忌

泰国人睡觉时忌头向西方，因为日落西方象征死亡。

泰国人忌用手触摸头部，认为头颅是智慧所在，神圣不可侵犯。

忌踩踏泰国人房屋的门槛，认为门槛下住着善神。

买佛饰时，严忌用购买之类的词语，而必须用"求租"或"尊敬"之类的词语。

严禁用左手与别人相握，并忌讳用左手传递东西。

脚被认为是低下的，忌把脚伸到别人面前。就座时，最忌跷腿，把鞋底对着别人被认为是把别人踩在脚底下，是一种侮辱性的举止。

忌用红笔签名，因人死后用红笔将其姓氏写在棺木上。

同步业务8-2

泰国合十礼的四种规格

在泰国人的生活中，佛处于至高无上的地位。目前，泰国人所行的合十礼大致可以分为四种：其一，双手举于胸前，多用于长辈向晚辈还礼；其二，双手举到鼻下，一般在平辈相见时使用；其三，双手举到前额之下，仅用于晚辈向长辈行礼；其四，双手举过头顶，只用于平民拜见泰王之时。

资料来源　章洁.现代酒店（饭店）礼仪礼貌服务标准[M].北京：蓝天出版社，2004.

8.1.5　新加坡

1）简介

新加坡是马来半岛南端的小国，面积641平方千米，风景优美，气候宜人，有"花园城市"之称；人口543万（2013年），华人占3/4，其余为印度人、巴基斯坦人、斯里兰卡人和欧洲人；首都新加坡；国歌为《前进吧，新加坡！》；国花为兰花；马来语为国语，英语、华语、泰米尔语为官方语言；货币名称为新加坡元。1990年10月2日同中国建交。新加坡独立后就是中国游客热衷的旅游目的地，也是中国游客前往西亚、南亚、欧洲旅游的中转地。

2）礼貌礼节

新加坡人十分讲究礼貌礼节。他们的礼貌口号是"真诚微笑"，生活信条是"人人讲礼貌，生活更美好"。在新加坡，华人见面时作揖、鞠躬或握手。印度血统的人仍保持印度的礼节和习俗。马来血统、巴基斯坦血统的人则按伊斯兰教的礼节行事。新加坡人崇尚尊老敬贤，父母或长辈讲话时不能插嘴。

3）饮食习惯

新加坡人的主食为米饭、包子，不吃馒头。副食主要为鱼、虾等海鲜，如炒鱼片、炒虾仁等。不信佛教的人喜欢吃咖喱牛肉。新加坡人爱吃桃子、荔枝、梨等水果；下午爱吃点心；早餐喜欢吃西餐，午餐和晚餐偏爱中国的广东菜。

4）禁忌

新加坡人忌讳黑色和黄色；忌用宗教词句和象征性标志。

数字上忌讳4、7、8、13、37和69。

忌乌龟图案，认为乌龟是不祥的动物。

忌说"恭喜发财"之类的话，认为这有教唆他人发"横财"和"不义之财"的意思。大年初一忌扫地，认为这一天扫地会把好运气扫走。

8.1.6　印度尼西亚

1）简介

印度尼西亚位于亚洲东南部，地跨赤道，面积190.5万平方千米，由13 700多个大小岛屿组成，有"千岛之国"之称；人口2.48亿，有100多个民族，爪哇族占总人口的47%；全国89%的居民信奉伊斯兰教，其余信奉基督教、天主教、印度教、佛教及原始拜物教；首都雅加达；国歌为《伟大的印度尼西亚》；国花为茉莉花；印尼语为国语，英语是第二语言；货币名称为印尼盾。1950年4月13日同中国建交。印度尼西亚的热带海洋风光使其成为中国游客向往的旅游目的地，近年来到印度尼西亚旅游的中国人越来越多，两国政界、商界的交往也越来越频繁。

2）礼貌礼节

与印度尼西亚人见面时可以握手，也可以点头示意。宾主初次见面一般要交换名片。

印度尼西亚人懂礼貌、重深交、讲旧情，老朋友在一起可以推心置腹，但绝不讲别人的坏话。

印度尼西亚人十分尊重老人和妇女，遇到行动不便的长者时都能主动上前搀扶。

由于多数人信奉伊斯兰教，在递送物品时，都要用右手而不能用左手，也不用双手。

3）饮食习惯

印度尼西亚人爱吃大米饭，早餐一般喜欢吃西餐；副食主要是牛、羊、鱼、鸡之类的肉与内脏；爱吃中国菜，如香酥鸭、宫宝鸡丁、虾酱牛肉、咖喱羊肉、炸大虾、青椒肉片等；爱饮红茶、葡萄酒、香槟酒、汽水等。

4）禁忌

印度尼西亚人忌食猪肉，忌饮烈性酒，也不吃带骨、带汁的菜和鱼肚等。

爪哇人忌夜间吹口哨，认为会招来游荡的幽灵或挨打。

在印度尼西亚人家里切莫抚摸小孩的头，否则对方一定会翻脸相向。

印度尼西亚人忌讳乌龟，认为乌龟给人以"丑陋"、"污辱"等极坏的印象。

8.1.7　菲律宾

1）简介

菲律宾位于太平洋西部，面积30万平方千米，人口7 858万，主要民族是马来族，占总人口的85%以上，华裔菲籍人50多万；大多数人信奉天主教，少数人信奉伊斯兰教；首都马尼拉；国歌为《菲律宾民族进行曲》；国花是被称为"桑巴吉塔"的茉莉花；菲律宾语（原称他加禄语）为国语，英语为通用语言；货币名称为菲律宾比索。1975年6月9日同中国建交。

2）礼貌礼节

菲律宾人日常见面无论男女都握手，男人之间有时也拍肩膀。菲律宾人十分尊重妇女与老人。遇见长辈时，要吻长辈的手背，或者拿起长者的右手碰自己的前额，以示尊敬。若有长辈在场，不能将双脚交叉跷起或分开。若有女子在座，男子更要稳重规矩。菲律宾人热情好客，常把茉莉花串成花环，套在宾客的脖子上，以示尊敬。

3）饮食习惯

菲律宾人的主食是大米和玉米，副食主要是肉类、海鲜和蔬菜。其口味特点是：烹调受西班牙菜的影响，使用香辣调味品颇多。菲律宾人最喜欢喝啤酒。

4）禁忌

菲律宾人忌讳"13"，认为"13"是凶神，是厄运和灾难的象征。

伊斯兰教徒忌讳猪，禁食猪肉和使用猪制品，也不喝牛奶和烈性酒。

菲律宾人忌用左手取食或传递物品。

菲律宾马来族人忌用手摸他们的头部和背部，认为触摸头部不尊敬，触摸背部会给人带来厄运。

颜色上忌茶色和红色。

忌谈政治、宗教等敏感性话题。

同步案例 8-1

休闲服"惹了祸"

背景与情境： 某旅游团在泰国海滨旅游城市芭提雅旅游时，导游告诉他们，这里是度假胜地，可以穿休闲服装。第二天游览曼谷大皇宫时，有些人也穿了休闲服。其中有一位苏小姐，穿着没有后带的拖鞋式凉鞋，被拦在外面；还有一位王女士穿着健美裤（贴身的），也没能进去，十分懊恼和尴尬。

资料来源 陈刚平，周晓梅.旅游社交礼仪[M].北京：旅游教育出版社，2000.有改动.

问题： 苏小姐和王女士为什么没能进入大皇宫参观游览？

分析提示： 本书第二章曾经讲过，穿着打扮要注意国际通用的"TPO"原则，要顾及时间、地点、场合并与之相适应。

泰国的芭提雅是一个"海上乐园"，是闻名世界的旅游胜地，有"东方夏威夷"之称。一般游客穿舒适的休闲装是得体的。曼谷大皇宫则是庄严的场所，理应穿得正规些。但苏小姐和王女士不懂得穿着的礼仪和泰国人的习俗，是她们的休闲服"惹了祸"，不能跟大家一起进入大皇宫参观游览。

8.2 美洲、大洋洲主要国家的礼仪与禁忌

美洲地区的美国、加拿大、墨西哥、巴西等国，大多信奉天主教或基督教，其饮食习惯以西餐为主，比较讲究食品的营养和卫生。美国是世界第一旅游大国，是中国的第二大客源国。大洋洲是世界第七大洲，由澳大利亚、新西兰等许多岛屿组成。澳大利亚拥有世界珍稀动物袋鼠、鸵鸟、鸭嘴兽和黑天鹅。

8.2.1 美国

1）简介

美国的全称是美利坚合众国，位于北美洲中部，面积937.26万平方千米，人口3.15亿（2013年）。美国是一个多民族的移民国家，80%以上是欧洲移民的后裔，12.1%为黑人，还有墨西哥人、阿拉伯人、印第安人和华人，有"民族熔炉"之称；50%的居民信奉基督教和天主教，其他人信奉犹太教和东正教；首都华盛顿；国歌为《星条旗永不落》；国花

为玫瑰花；英语为国语；货币名称为美元。1979年1月1日同中国建交。美国人来华旅游的很多，近年来中国赴美国留学的学生较多，去旅游的人更多。2014年美国放宽了入境签证的条件，2015年春节中国赴美旅游人数同比增长200%。中美成为游客互访最多的两大国家。

2）礼貌礼节

美国人举止大方，以不拘礼节著称。初次见面时，常直呼对方的名字，不一定以握手为礼。有时只是笑一笑，说一声"嘿"或"哈喽"。在分手时也不一定跟人道别或握手，而是向大家挥挥手，或者说声"明天见"、"再见"。

美国人讲话时礼貌用语很多，如"对不起"、"请原谅"、"谢谢"、"请"等，显得很有教养。美国人崇尚"女士第一"，在社会生活中"女士优先"是文明礼貌的体现。美国人喜好和善于写信，他们在接到礼物、应邀参加宴会、得到朋友的帮助时，都要写信致谢，显得很有礼貌。

3）饮食习惯

美国人的口味特点是咸中带甜，喜欢清淡，多数吃西餐，也爱吃中国的川菜和粤菜，还喜欢吃中国北方的甜面酱和南方的蚝油、海鲜酱等。美国人喜爱的中国菜品有糖醋鱼、咕咾肉、炸牛排、炸仔鸡、炸鱼、拔丝苹果等。美国人爱喝冰水、矿泉水、可口可乐、啤酒等，平时把威士忌、白兰地等酒类当茶喝。

4）禁忌

美国人对"13"这个数字最为忌讳；讨厌蝙蝠，认为是凶神恶煞的象征；也忌讳黑色的猫，认为黑色的猫会给人带来厄运。

美国人忌讳穿着睡衣出门或会客，因为他们认为穿睡衣会客等于没有穿衣服，是一种没有礼貌的行为。

美国人十分重视隐私权，最忌讳打听别人的私事。

同步思考8-3

问题：为什么把美国称为"山姆大叔"？

理解要点："山姆大叔"成为美国的绰号，要追溯到19世纪初美英第二次战争的时候。一位名叫山姆·威尔逊的肉类罐头厂老板，是纽约州特罗伊城一位可信赖的公民，以诚实、见识广和幽默而闻名，朋友们都称他为"山姆大叔"。

战争开始的时候，山姆既向部队提供肉食，也成了一个政治活动家，成为特罗伊地区军队食品供应的检查官。战争开始不久，一批政府官员访问了特罗伊城的威尔逊工厂。有位官员向一个工人打听，肉罐头上"U.S."两个字母代表什么？实际上它指的是美利坚合众国政府，由于"大叔"（uncle）和"山姆"（Sam）两个英文单词的第一个字母也是"U"和"S"，于是大家开玩笑地说，"U.S."这两个缩写字母代表他们的老板山姆·威尔逊。就这样，"山姆大叔"便成了美利坚合众国的绰号。

到19世纪末，由于美国著名漫画家们的努力，把"山姆大叔"描绘成一个有山羊胡子的瘦长老人。这样，"山姆大叔"便成了这个国家的象征。

同步案例8-2

美国老先生很"倔"

背景与情境： 北京大学的合唱团到美国纽约参加世界大学生声乐合唱比赛，获得了第一名。这一天，合唱团的女生们心情愉快地外出游览，当她们乘坐在城市公交车上时，每个人都有一个座位，心情更加舒畅，她们欣赏着车窗外掠过的美丽风景，并对向自己投来友好目光的每一位乘客微笑着问候。中途上来一位60多岁的先生，几位女同学按照中国传统的做法，都站起来让座，这位先生非常礼貌地向女生们问好，并请所有给他让座的女生们就座。其中有一位女生坚持让这位先生就座，没想到这位先生非但不坐，而且十分生气，甚至恼怒了。这位女生想不通，美国老头为什么这样倔？

资料来源　薛群慧，邓永进，庄新成.现代旅游接待礼仪[M].北京：北京大学出版社，2006.

问题： 你能帮这位女生解开这个疑问吗？

分析提示： 礼仪具有差异性或适应性。女大学生的做法在中国是应该被赞美的，但在美国人看来是不可接受的。美国人同西方许多国家的人一样，奉行的是"女士优先"的礼仪原则。"女士优先"的原则要求尊重、照顾、体谅、关心、保护女士，而且对所有的女士都要一视同仁，因为他们将女士视为"人类的母亲"。对女士处处给予优惠，就是对"人类的母亲"表达感恩之情。如果女士向男士让座，在男士看来，这无疑是对自己的人格侮辱。

8.2.2　加拿大

1）简介

加拿大位于北美洲北半部，面积997.6万平方千米，人口3 500多万，大部分是欧洲英法等国移民的后裔。居民大部分信奉天主教与基督教，首都渥太华，国花为枫叶，英语和法语为官方语言，货币名称为加元。1970年10月31日同中国建交。加拿大与中国2015年3月8日签订了10年期的旅游签证协议，是西方第一个与中国签订这样协议的国家。加拿大是中国游客青睐的目的地，也是中国移民较多的国家。

2）礼貌礼节

加拿大人相见和分别时通常是握手。加拿大人讲究实事求是，与他们交往不必过于自谦，不然会被误认为虚伪和无能。加拿大人热情好客，讲究礼貌，遵守时间。交往中，他们的衣着、待人接物都比较正统。公务时间加拿大人很注意个人仪表与卫生，因此他们希望所遇到的客人也能如此。如果被邀请到加拿大人家做客，送点鲜花被认为是一种受人尊重的礼节。

3）饮食习惯

加拿大人的饮食习惯与英、美、法等国家的人相似，口味偏重甜酸，喜欢清淡；爱吃炸鱼虾、煎牛排和羊排、鸡鸭肉、糖醋鱼、咕咾肉等；早餐爱吃西餐，晚餐爱喝水、果汁、可口可乐、啤酒、威士忌、葡萄酒、香槟酒等。

4）禁忌

交谈时忌讳谈及死亡、灾难、性等方面的话题，也不要就魁北克的独立问题随便表态，更不要对加拿大分成法语区和英语区两部分的问题发表意见。

加拿大人忌食各种动物的内脏，也不爱吃肥肉。

忌送白色的百合花，因为加拿大人只有在葬礼上才使用这种花；一般也不喜欢黑色和紫色。

同步业务 8-3

加拿大人的价值观

加拿大人的价值观和生活方式会影响每个新来者。乐观地讲，加拿大是一个民主和充满活力的国家，加拿大人都努力工作以改善他们的生活，大部分人对未来充满信心和希望。

谦让（compromise）和合作（cooperation）：大多数加拿大人都理解谦让的价值。在一个像加拿大这样人种和文化复杂的社会里，宽容和不计小的矛盾对大家愉快、和平地生活在一起十分重要。

接纳（acceptance）、忍耐（tolerance）和尊重（respect）：大多数加拿大人要求别人公正地对待他们及其家庭，他们也能公正地对待他人，不管他们的种族和文化背景如何。

种族平等：加拿大法律奉行所有种族平等政策。在现实生活中，有些人可能会告诉你说加拿大没有种族主义，有些人也许会说加拿大种族主义严重。实际情况可能是介于两者之间。一些加拿大人也许使你感到不受欢迎，但大多数加拿大人是公正的，他们能接纳和尊重所有愿意接纳和尊重别人的人。

雄心（ambition）和坚韧不拔（perseverance）：加拿大人相信一份努力一份回报。加拿大是一个经济稳定的国家，但失业和贫穷仍存在并可能发生在任何人身上。每个人得为工作而竞争、为成功而努力工作。

个人主义（individualism）：加拿大人相信每个人都得为自己的成功和失败负责。加拿大人允许每个人按其希望的方式生活，只要不影响他人。

资料来源　http://www.canadameet.com.

8.2.3　墨西哥

1）简介

墨西哥合众国位于北美洲西南部，面积 196.72 万平方千米，人口 1.18 亿（2013 年），绝大多数是印欧混血人种。89%的居民信奉天主教，3.5%的居民信奉基督教；首都墨西哥城；国花为仙人掌；西班牙语为官方语言；货币名称为墨西哥比索。1972 年 2 月 14 日同中国建交。

2）礼貌礼节

墨西哥人以热情好客著称。对老人和妇女十分尊重。平时见面以握手为礼，如遇朋友还要拥抱亲吻。女士之间见面时亲吻一下面颊。在墨西哥，除上层官方人士外，一般都不说英语。因此，如果与墨西哥人交往，能用西班牙语与之交流会被看做是一种礼貌。

3）饮食习惯

墨西哥人口味清淡，喜欢咸中带甜酸味，烹调以煎、炒、炸为主。大多数人吃西餐，也爱吃中国的粤菜。早餐爱喝牛奶、各种水果汁和吃烤面包；爱喝冰水、矿泉水、可口可乐、啤酒、威士忌和白兰地等。

4）禁忌

墨西哥人忌黄色花和红色花，认为黄色花意味着死亡，红色花会给人带来晦气；也忌菊花，认为它是"妖花"，只有在人死后才拿它放在灵前用来祭奠。

墨西哥人忌送手帕和刀剪，因为手帕与眼泪联系在一起，刀剪是友谊破裂的象征。

交谈时，墨西哥人不喜欢听别人说他们受到美国的影响而取得进步，更不喜欢听到别人对墨西哥不平等和贫困的社会状况加以评论。

8.2.4　巴西

1）简介

巴西位于南美洲东部，东濒大西洋，面积854.74万平方千米，是拉丁美洲面积最大的国家，人口2.01亿。88.7%的居民信奉天主教，首都巴西利亚，国花为毛蟹爪兰，葡萄牙语为官方语言，货币名称为克鲁赛罗。1974年8月15日同中国建交。

2）礼貌礼节

洗澡是巴西印第安人生活中的重要内容之一，他们对宾客最尊敬的礼节是请宾客同主人一起跳进河里洗澡，洗澡次数越多，表示越尊贵。这样，一天往往洗澡十多次。

巴西人在接受别人的礼品时，总是当面打开礼品包装，然后致谢，把礼品收下。

拿到礼品后，要把包装纸剪掉一点，因为他们认为包装纸是关乎运气的，剪掉一点就不会把别人的好运气带走。

3）饮食习惯

巴西人以欧式西菜为主，也吃中餐；以牛、羊、猪肉和水产品为主，煎、炸、烤、烩的菜较多；爱吃中国的干烧鱼、糖醋鳜鱼、辣子鸡丁、炒里脊、黄瓜余里脊肉汤；早上喝红茶，面包要现烤；午、晚餐要喝咖啡，喜食甜点心，爱吃香蕉，平时爱喝葡萄酒。

4）禁忌

巴西人忌棕黄色，认为是"凶祸"的象征，人死去好比黄叶落下。

巴西人送礼不送手帕，认为会引起吵架。

同步案例8-3

一切真的"OK"了吗

背景与情境："当时我知道我犯了一个大错，可是一点也不明白这到底是怎么回事。"一位来自新泽西的年轻计算机销售商在回忆他的第一次海外销售经历时这样说。

那件事发生在公司参加巴西里约热内卢举办的计算机应用设备展览会上，当时一切正常，充满成功的希望。他扫视了一下在座的各位客户，明白这笔生意已经敲定了。于是他很高兴地向他的拉丁顾客举起了一只手，并做了一个典型的美国"OK"手势，拇指与食指组成一个圈，其他的手指指向上面。顿时，商务洽谈室的和睦气氛僵住了，就像原本阳光灿烂的晴空突然变得冰雪交加，一切死一般的寂静，只有冷漠的目光和他的翻译的尴尬笑容。宣布小憩一下后，他被翻译请到洽谈室外进行了紧急"洗脑"，他这才明白问题所在。经及时真诚的道歉总算挽救了这次生意，但每当谈起此事，他的脸就变得像巴西的落日余晖一样红。

资料来源　一文.一切真的"OK"了吗[J].中国会展·参展商，2004（14）.

问题：本案例对你有何启示？

分析提示："OK"这个手势语在不同国家有不同寓意。在巴西，这个手势几乎与在美国向人伸出中指所表达的骂人的意思是一样的。在与他人交往时，运用手势语可使自己的情感表达更直接、更简洁、更富有吸引力，但前提是必须了解每个动作在不同国家与场合的确切含义，正确使用，否则效果会适得其反。

8.2.5　澳大利亚

1）简介

澳大利亚联邦位于太平洋西南部和印度洋之间，面积 768.2 万平方千米，人口 2 400 多万，95%的居民是英国及其他欧洲国家移民的后裔，土著人有 16 万多，华人和华侨约 50 万。98%的居民信奉基督教，其余信奉犹太教、佛教与伊斯兰教，首都堪培拉，国歌为《前进，美丽的澳大利亚》，国花为金合欢花，通用英语，货币名称为澳元。1972 年 12 月 21 日同中国建交。澳大利亚是近年来与中国职教界合作较多的国家，中国人移居澳大利亚有日趋增加的趋势。澳大利亚广阔的草原、美丽的海洋风光也是中国游客十分喜爱的。

2）礼貌礼节

澳大利亚人见面时行握手礼，握手时非常热烈，彼此称呼名字，表示亲热。关系亲密的男性相见时可亲热地拍打对方的后背，女性密友相逢常行亲吻礼。

澳大利亚人真诚、踏实，与人交谈时不喜欢自夸与吹嘘，且交谈的语气平和，声音高低适度，不喜欢转弯抹角、拖泥带水。女性较保守，接触时宜谨慎。

3）饮食习惯

澳大利亚人的口味与英国人大致相同，菜要清淡，对中国菜很感兴趣；爱吃各种煎蛋、炒蛋、火腿、虾、鱼、牛肉等，不爱吃辣味的食物。

4）禁忌

信奉基督教的澳大利亚人忌讳数字"13"。

谈话时忌谈工会、宗教与个人问题，也不能谈澳大利亚土人社会与现代人社会的关系以及袋鼠数量的控制等敏感话题。

8.2.6　新西兰

1）简介

新西兰位于太平洋西南部，面积 27.1 万平方千米，人口 447 万，其中 86%是英国移民的后裔，9%是毛利人，5%是其他民族。居民主要信奉基督教，首都惠灵顿，国歌为《上帝保护新西兰》，国花为银蕨，通用英语，货币名称为新西兰元。1972 年 12 月 22 日同中国建交。近年来新中关系日益密切，其较为宽松的移民政策为中国人移居新西兰创造了条件，赴新旅游的人也越来越多。

2）礼貌礼节

新西兰人见面和分别时都握手。和女士相见，要等对方先伸出手来再握手。有的新西兰人行鞠躬、昂首礼。对于与自己身份相同的人，在称呼姓氏时应冠以"先生"、"夫人"或"小姐"，但熟人间可直呼对方名字，这样更为亲切。

新西兰的毛利人善歌舞、讲礼仪，当远方客人来访时，致以"碰鼻礼"，碰鼻次数越多、时间越长，说明礼遇越高。

3）饮食习惯

新西兰人的饮食习惯与英国人相仿，喜欢吃西餐，特别爱喝啤酒。

4）禁忌

新西兰人受宗教信仰的影响，也有西方人通常都有的忌讳。此外，在交谈时，不能把新西兰和澳大利亚混为一谈。他们也不愿谈及种族问题。

同步案例8-4

毛利人的传统欢迎仪式

背景与情境：中国国家主席习近平和夫人彭丽媛2014年11月20日访问了新西兰，新西兰总督迈特帕里用隆重的毛利人传统仪式欢迎习主席和夫人。习近平夫妇到达总督府前的大草坪时，受到毛利族男女长者的热情迎接。他们分别向习近平和彭丽媛行"碰鼻礼"。毛利族人整齐列队，表演挑战仪式，这是毛利族最古老的迎宾礼。5名勇士赤膊光足，身系草裙，一边挥舞长矛，一边吆喝，并不时吐出舌头。为首的勇士走到习近平面前，将一把剑投在地上，习近平俯身拾起。迈特帕里说，这是习近平第三次访问新西兰，按照毛利族人习俗，客人来3次就是一家人。习近平说，中国也有句俗话：一回生，二回熟，三回是朋友。

问题：新西兰为什么以毛利人的传统仪式欢迎习主席夫妇，给予他们最高礼遇？

分析提示：习近平主席强调，中新关系具有开创性、示范性意义，中新两国签署的一系列合作协议，充分展示了两国务实合作的广度和深度，中新关系已经成为中国同发达国家发展互利合作关系的典范。新西兰媒体则说，习主席是一个新型领袖，"代表了中国今天的国际形象——高大、强壮、自信，以及强大的气场"。

8.3　欧洲主要国家的礼仪与禁忌

欧洲国家众多，人口相当密集，民族较多，语言各不相同。习惯上，人们把欧洲分为东、西、南、北、中五个区域。欧洲大部分国家工业发达，国民生活水平高，每年吸引世界各地游客到欧洲观光游览，同时，大量的欧洲游客也涌向世界各地，是世界上最大的客源地区。对我国居民来说，欧洲的主要旅游目的地有英国、法国、德国、意大利、俄罗斯、西班牙、瑞士、瑞典等。

8.3.1　英国

1）简介

英国的全称是大不列颠及北爱尔兰联合王国，位于欧洲西部、大西洋的不列颠群岛上，面积24.3万平方千米，人口6 305万，其中英格兰人占80%以上，其余为苏格兰人、威尔士人和爱尔兰人等。居民绝大部分信奉基督教，只有少部分人信奉天主教；首都伦敦；国歌为《神佑女王》；国花为蔷薇花；英语为国语；货币名称为英镑。1954年6月17日同中国建立代办级外交关系，1972年3月13日升格为大使级外交关系。英国过去是欧洲国家中申领旅游签证比较困难的国家，近一两年放宽以后，中国赴英旅游人数迅速上升。中国游客的巨额消费使英国政府和人民看到了巨大商机。2015年羊年春节，英国为了吸引中国游客，举行了各类庆祝活动，从王室、政府到企业、民间，给景点起中国名字、发行羊年生肖纪念币、花车巡游、舞龙舞狮……英国媒体称"庆中国春节，英国蛮拼的"。中国游客每人每次在英国的消费达到 2 508 英镑，远高于其他访英游客消费的平均数 640 英镑。

2）礼貌礼节

英国人十分注重礼貌礼节。初次相识，一般都要握手，而平时相见则很少握手，只彼此寒暄几句，或对变化无常的天气略加评论，有时只是举一下帽子略示致意而已。在称呼方面，英国人一般对初识的人根据不同情况采取不同的称呼方式，对地位较高或年龄较大的男女，称为"Sir"（先生）或"Madam"（夫人），而不带姓，这是正式并带有敬意的称呼。一般情况下则使用"Mr."（先生）、"Mrs."（夫人）或"Miss"（小姐），并带上对方的姓。

英国人在日常交谈中，常使用"请"、"谢谢"、"对不起"等礼貌用语，即使家庭成员之间也是如此。英国男子崇尚绅士风度，"女士优先"是在社交场合必须遵循的原则。在社交中，英国人很注意服饰打扮，什么场合穿什么衣服都有讲究。

3）饮食习惯

英国人口味清淡，不大喜欢吃辣的。早餐喜欢吃麦片、三明治、奶油点心、煮鸡蛋、果汁或牛奶；午、晚餐以牛肉、鸡肉为主，也吃猪、羊、鱼肉。

英国人每餐都要吃水果，午、晚餐爱喝咖啡，夏天吃各种水果冻、冰淇淋，冬天则吃隔水蒸的布丁。

英国人爱喝茶，早晨喝红茶，午后4时左右喝午茶；还喜欢喝冰过的威士忌、苏打水，也喝葡萄酒和香槟酒，很少喝啤酒。

4）禁忌

绝大多数英国人忌讳数字"13"，认为这个数字不吉利。

忌问别人的私事，如职业、收入、婚姻、存款、女士的年龄等，也不要问别人属于哪个党派。

吃饭时忌刀叉与水杯相碰，如果碰响后不及时中止，英国人认为将会带来不幸。

忌用大象、孔雀图案，英国人认为大象是蠢笨的象征，孔雀是淫鸟、祸鸟，连孔雀开屏也被认为是自我炫耀的表现。同时，忌用人像作服饰图案和商品的装潢。

忌送百合花，认为百合花意味着死亡。

8.3.2　法国

1）简介

法兰西共和国位于欧洲大陆的西部，面积55.2万平方千米，人口6 582万，其中法兰西人约占94%。绝大多数居民信奉天主教，首都巴黎，国歌为《马赛曲》，国花为鸢尾花，法语为国语，货币名称为欧元。1964年1月27日同中国建交。法国既是中国的主要客源国，也是中国人欧洲游的主要目的地。近年来中法友好，两国人民往来频繁，法国十分看好中国的旅游市场。法国《费加罗报》评论称，在中国，过去出国旅游是少数富豪的专利，现在已是中产阶层的普遍选择，未来15年内中国出境游人数可能达到"每年5亿人次"。

2）礼貌礼节

法国人性格开朗，具有良好的社交风范。通行握手礼，不论什么场合都要握手，但男女见面时，男士要待女士先伸手后才能与之相握。

法国人十分注重谈话的礼貌，与人交谈时，态度要热情大方，语气自然和蔼。听别人讲话时，眼睛应平视对方，不轻易打断对方的话。

对女士谦恭礼貌是法国人的传统，尤其是在公共场合和社交场合，男士要严格遵循"女士优先"的原则。

3）饮食习惯

法国人早餐一般喜欢吃面包、黄油、牛奶、浓咖啡等；午餐喜欢吃炖牛肉、炖鸡、炖鱼、焖龙虾等；晚餐很讲究，多吃肥嫩的猪、牛、羊肉和鸡、鱼、虾、海鲜，但忌食无鳞鱼。也爱吃新鲜蔬菜和冷盘。

法国人的口味特点喜肥浓、鲜嫩，配料爱用大蒜头、丁香、香草、洋葱、芹菜、胡萝卜等。在调味上，用酒较重。

法国人爱喝啤酒、葡萄酒、苹果酒、牛奶、咖啡、红茶等；喜食清汤及酥食点心；爱吃各种水果。

4）禁忌

法国人交谈时忌问别人的隐私。

忌菊花，因为人们通常把黄色的菊花放在墓前吊唁死者。

忌墨绿色，因第二次世界大战期间德国纳粹的军服是墨绿色。

忌黑桃图案，认为不吉祥；也忌仙鹤图案，认为仙鹤是蠢汉和淫妇的代称。

忌送香水和化妆品给女士，认为有过分亲热或图谋不轨之嫌。

8.3.3 德国

1）简介

德意志联邦共和国位于中欧西部，面积35.7万平方千米，人口8 253万，绝大多数是德意志人。居民中信奉基督教的人约占一半，另有约46%的人信奉天主教；首都柏林；国歌为《德意志之歌》；国花为矢车菊；德语为国语；货币名称为欧元。1972年10月11日同中国建交。德国是中国在欧洲关系最为密切的商业伙伴、职业教育合作伙伴和旅游交往伙伴。

2）礼貌礼节

德国人待人接物严肃拘谨，即使是对亲朋好友、熟人，见面时一般也行握手礼，只有夫妻和情侣见面时才行拥抱、亲吻礼。称呼时要称头衔，不喜欢直呼姓名。接电话时要首先将姓名告诉对方。宴会上，一般男士要坐在女士和职位高的人的左侧，女士离开和返回餐桌时，男士要起立，以示礼貌。

3）饮食习惯

德国人早餐简单，一般只吃面包，喝咖啡。午餐是主餐，喜欢吃土豆、鸡蛋、牛肉和瘦猪肉，不大吃羊肉、鱼虾、海味和动物内脏。主食是面包、蛋糕，也吃面条、米饭。德国人口味清淡，喜酸甜，不吃辣。晚餐一般吃冷餐。德国人特别爱喝啤酒，还喜欢吃甜点心和各种水果。

4）禁忌

德国人最禁忌的符号是纳粹党的标志"卐"。

德国人忌讳茶色、红色、深蓝色和黑色包装的物品。

德国人忌吃核桃、忌送玫瑰花。

同步业务8-4

守纪律、讲整洁的德国人

德国人非常注重规则和纪律，干什么都十分认真。凡是有明文规定的，德国人都会自觉遵守；凡是明确禁止的，德国人绝不会去碰它。在一些人的眼中，许多情况下，德国人近乎呆板，缺乏灵活性，甚至有点儿不通人情。但细细想来，这种"不灵活"甚为有益。没有纪律，何来秩序？没有规矩，何有认真？

德国人很讲究清洁和整齐，不仅注意保持自己生活的小环境的清洁和整齐，而且也十分重视大环境的清洁和整齐。在德国，无论是公园、街道，还是影剧院或者其他公共场合，到处都收拾得干干净净、整整齐齐。德国人也很重视服装穿戴。工作时就穿工作服，下班回到家里虽可以穿得随便些，但只要有客来访或外出活动，就一定会穿戴整齐。看戏、听歌剧时，女士要穿长裙，男士要穿礼服，至少要穿深色的服装。参加社会活动或正式宴会更是如此。

资料来源　http://www.gotoworld.net.

职业道德与企业伦理8-1

背景与情境： 20多年前，中国在全球制造业产出中占比不足3%，如今份额已近25%。全球80%的空调、70%的手机、60%的鞋类都是中国制造的。现在美国开始了"第三次工业革命"，德国启动了"工业4.0战略"，我国也提出了"力争2045年建成工业强国"并首先在2025年成为制造业强国的目标。

但是，中国现在面临劳动力成本激增、国际贸易壁垒增多带来的"自相残杀"、"无序竞争"、"创新力不足"等问题。从业者的职业道德、企业的经营管理都过分看重金钱和职称，这成为2025年制造业强国目标的"拦路虎"。如何突破这些"拦路虎"？全国人大代表、上海市总工会主席、上海电气液压气动有限公司总工艺师李斌接受记者采访时感慨地说："我很怀念我年轻时车间里那种热火朝天的工作场景，没补贴照样加班，遇上棘手的难题，大家一起研究到深夜，然后把瓦楞纸板箱拆开，铺在地上睡觉……如今这样的场景已经很少见了。"他还说，在欧洲一些国家，制造业技术人员普遍有30年左右的工龄，基本上每个人都有一门绝活，都是靠年份磨出来的。制造业强国离不开忠于自己专业的职业化技术工人队伍。针对现在不少技术人员搞科研创新为了出成果挣钱、跳槽、评职称等不良倾向，他认为，用重奖的办法鼓励创新并非长久之计，拿钱刺激只是一时起作用，创新要有长久的动力、要有精神支撑、要有职业道德、要有信仰保证。中国人既不懒也不笨，现在唯一缺的是当年"两弹一星"功勋们那种不畏艰苦、执著的精神。

为此，李斌等人建议，职业教育的课程设置和人才培养模式要有新思路，要加强学生素质特别是职业道德教育，企业要"君子爱财，取之有道"，要注重商德伦理，在社会上营造"技术为尊"的生态环境。

资料来源　叶辰亮.中国制造2025需"两弹一星"精神[N].文汇报，2015-03-15.佚名.中国版"4.0"蓝图出炉[N].文汇报，2015-03-15.佚名.制造业闯关面临六只"拦路虎"[N].文汇报，2015-03-15.有改动.

问题： 你对李斌等人的意见和建议有何看法？

分析提示：第一，李斌等人的意见反映了当前我国技术人员职业道德和企业伦理等方面存在的实际问题；第二，我国制造业与发达国家制造业的差距在"质"不在"量"，而"质"的差距主要是人的差距，人的差距主要是缺"两弹一星"功勋们那种不畏艰苦、执著的精神；第三，要战胜"拦路虎"，要从抓职业教育、抓职业道德和企业伦理入手。

8.3.4 意大利

1）简介

意大利共和国大部分国土位于欧洲南部亚平宁半岛上，还包括西西里岛和撒丁岛等，面积30.12万平方千米，人口6 105万，主要是意大利人，90%以上的居民信奉天主教。首都罗马；国歌为《马梅利之歌》；国花为雏菊、玫瑰，民间公认紫罗兰；意大利语为官方语言；货币名称为欧元。1970年11月6日同中国建交。意大利是南欧旅游线上的明珠，人文景观十分丰富，自然风光亦很迷人，中国去意大利旅游的人数近年来正在迅速增长。

2）礼貌礼节

意大利人热情、爽快，同事见面常行握手礼，熟人、友人之间见面还行拥抱礼，男女之间见面通常贴面颊。谈话时习惯保持40厘米左右的礼节性距离。对长者、有地位和不太熟悉的人，需称呼其姓，并冠以"先生"、"太太"、"小姐"和荣誉职称。

3）饮食习惯

意大利人喜欢吃通心粉、馄饨、葱卷等面食。菜肴特点是味浓、香，尤以原汁原味闻名。烹调以炒、煎、炸、红焖著称。爱吃牛、羊、猪肉和鸡、鸭、鱼虾等。饭后爱吃苹果、葡萄、橄榄等。

酒是意大利人离不开的饮料，尤爱葡萄酒，甚至在喝咖啡时也要掺一些酒。

4）禁忌

意大利人普遍忌讳菊花，他们视菊花为墓地之花。

意大利人不喜欢谈论美国的橄榄球和美国政治。

8.3.5 西班牙

1）简介

西班牙位于欧洲西南部的伊比利亚半岛上，面积50.6万平方千米，人口4 651万，主要是西班牙人。94%的居民信奉天主教，首都马德里，国歌为《列戈颂歌》，国花为石榴花，西班牙语为官方语言，货币名称为欧元。1973年3月9日同中国建交。西班牙与中国的旅游交往，比欧洲其他国家晚，近年来才纳入南欧旅游线路，由于有较多人文景观与自然景观，中国游客数量上升也很快。

2）礼貌礼节

西班牙人相见时握手和拥抱同样普遍，朋友间通常是男性相互抱肩膀，女性轻轻搂抱并吻双颊。在西班牙，人们经常需要交换名片，这是一种有礼貌的表示。交谈时，只称呼姓，绝不会加上其母亲家族的姓，但写信时必须加上。对于约会，西班牙人只有在看斗牛时才准时到达。

西班牙人有利用午休会友的习惯，故午休时间较长。他们喜欢谈论政治、体育和旅行。西班牙人喜欢夜生活，他们同朋友通电话谈心或聊天最合适的时间是晚上12：00至凌晨1：00之间。

3）饮食习惯

西班牙人喜食鸡、鱼、虾及水果、蔬菜。有的喜生食圆葱、西红柿和辣椒，口味偏厚重浓郁，爱饮啤酒和葡萄酒。

西班牙人喜爱美食，一年 12 个月，月月有大饱口福的节日：1 月 17 日为口福节，当日夜晚人们围坐在篝火边，依次吃软米饭、鳗鱼馅饼、香肠面包等，一直吃到天亮；2 月的狂欢节，要吃奶蜜面包卷和薄烧饼；3 月的烹调节，要吃蜗牛佳肴；4 月的复活节，要吃烧小猪、羊肉；5 月的苹果节，要尽情吃苹果；6 月的拉萨卡节，在广场的篝火旁吃烤牛肉；7 月的葡萄节，可畅饮葡萄酒；8 月的螃蟹节，要吃螃蟹；9 月的鲜果节，要品尝各类水果；10 月 15 日是全国的烹调日；11 月的丰收节和 12 月的除夕等，更是大吃特吃。

4）禁忌

在西班牙，不能送给亲友菊花和大丽花，因为它们与死亡有关。

谈话时西班牙人不喜欢谈论宗教、家庭和工作。

8.3.6　俄罗斯

1）简介

俄罗斯联邦位于欧洲东部和亚洲北部，面积 1 709.8 万平方千米，人口 1.52 亿，80% 以上是俄罗斯人。主要宗教为东正教，首都莫斯科，国花为向日葵，俄语为官方语言，货币名称为卢布。1991 年 12 月，苏联解体，俄罗斯联邦宣告独立。我国改革开放以来，俄罗斯人来中国经商、旅游的多起来了，他们活动的范围以东北地区为主，到海南岛度假的也不少。中国游客去俄罗斯旅游近年来比较热门的是莫斯科、圣彼得堡（加上我国国内的新疆）线，或莫斯科、圣彼得堡加上北欧国家线，东北地区则是俄罗斯远东城市符拉迪沃斯托克（海参崴）等。俄罗斯广大的东、中部地方很多旅游城市、景点尚未开发，发展潜力巨大。

2）礼貌礼节

俄罗斯人性格开朗、豪放，有修养，见面时总是先问好，再握手致意，朋友间则拥抱和亲吻面颊。称呼俄罗斯人要称其本人名和父名，不能只称其姓。俄罗斯人尊重女性，在社交场合，男性要帮助女性拉门、脱大衣，餐桌上要为女性分菜等。男士外出活动时，十分注重仪容仪表，一定要把胡子刮净。

3）饮食习惯

俄罗斯人以面包为主食，以肉、鱼、禽、蛋和蔬菜为副食；喜食牛、羊肉，爱吃带酸味的食品；口味较咸，油脂较重。俄罗斯人早餐简单，几片黑面包、一杯酸奶即可；午、晚餐较讲究，爱吃红烧牛肉、烤羊肉串、红烩鸡等；对青菜、黄瓜、西红柿、土豆、萝卜、洋葱、水果等特别喜爱。

俄罗斯人爱喝酒，酒量很大，特别爱喝烈性酒如伏特加等。

4）禁忌

俄罗斯人忌黑色，认为它是不吉利的颜色；忌讳兔子，认为兔子胆小无能；还忌问女子的年龄和衣饰价格；不能在背后议论他人，更不能说他们小气。

8.3.7　波兰

1）简介

波兰共和国位于中欧东北部，面积 31.2 万平方千米，人口 3 862 万。98% 为波兰人，绝大多数居民信奉天主教，首都华沙，国歌为《波兰没有灭亡》，国花为三色堇（即蝴蝶花），波兰语为国语，货币名称为兹罗提。1949年10月7日同中国建交。波兰与罗马尼亚、捷克斯洛伐克属于东欧国家，作为旅游目的地，是近几年才发展起来的，这些国家都保留着古老的建筑、淳朴的民风，旅游价格相对低廉。对于去过了中、西、南欧的人来说，东欧这几个国家是很值得仔细品味、游览的。

2）礼貌礼节

波兰人无论是在正式还是非正式的宴请中都要敬酒。到波兰人家中做客，如果只是短暂的拜访，可以给女主人带上一束花，在交给女主人之前，要把花的包装纸去掉。但不能送红玫瑰，因为红玫瑰代表浪漫的爱情。对于约会，一定要事先做好安排。波兰女士十分重视吻手礼，沿袭至今。许多女士可以不要求丈夫分担家务，但却要求不断地吻她们的手。

3）饮食习惯

波兰人以西餐为主，也喜欢中国菜。口味清淡，不喜过分油腻。喜欢吃烤、煮、烩的菜，一般要用黄油做。肉类以猪、牛肉为主，也吃鸡、鸭、鱼、蛋等。不爱吃海味、酸黄瓜及清蒸的食品。酒量一般较大，特别爱吃水果，常饮咖啡、牛奶、红茶、啤酒、葡萄酒等。

4）禁忌

波兰人忌食猪、牛、羊的内脏（肝除外）。天主教规定每星期五不吃猪肉，吃饭时座位忌单数，尤忌13人同桌共餐。

8.3.8 罗马尼亚

1）简介

罗马尼亚位于巴尔干半岛北部，面积23.8万平方千米，人口2 239万，其中罗马尼亚族占88.1%，匈牙利族占7.9%。居民多信奉东正教，首都布加勒斯特，国歌为《三色旗之歌》，国花为白蔷薇，罗马尼亚语为国语，货币名称为列伊。1949年10月5日同中国建交。

2）礼貌礼节

罗马尼亚人十分好客，即使素不相识，只要登门，也会热情接待。如果被邀请去罗马尼亚人家中做客，一定不要忘记给女主人带上一束鲜花。香水、化妆品、咖啡和牛仔裤是送给罗马尼亚人的理想礼品。

3）饮食习惯

罗马尼亚人以面食为主食，对午餐很重视，要求质好量多，早、晚餐可简单些。食品以冷食为主，味喜清淡，忌油腻，偏重酸辣。罗马尼亚人不喜欢吃肥肉，猪肉也少吃。最喜欢吃牛肉，也喜欢喝酒和喝咖啡；一年四季都要喝清凉饮料，特别是盛夏，饮料必须冰冻；还喜欢吃各种水果。

4）禁忌

罗马尼亚人忌"过堂风"，在房间、客厅、过道、行车途中均不能同时对开门窗，也不喜欢随便谈论政治等问题。

8.4　非洲主要国家的礼仪与禁忌

非洲是世界文明的发源地之一。非洲人勤劳、智慧、勇敢。非洲人大体分黑种人和白种人。黑种人大多信仰原始宗教、拜物教；而白种人则以信奉伊斯兰教为主。他们的礼俗往往是由宗教信仰决定的。尽管目前非洲来华的旅游者不多，但近年来我国游客去非洲特别是埃及观光的人越来越多，因此有必要了解一些非洲国家的礼俗。

8.4.1　埃及

1）简介

阿拉伯埃及共和国位于非洲东部，小部分领土（西奈半岛）位于亚洲西南角，是地跨亚、非两洲的国家，面积100.1万平方千米，人口9 455万，居民主要为阿拉伯人，约占87%，科普特人约占11.8%。居民多信奉伊斯兰教，科普特人信奉基督教；首都开罗；国花为莲花；阿拉伯语为官方语言；货币名称为埃及镑。1956年5月30日同中国建交。埃及是人类文明的摇篮之一，保存着极其丰富的文物古迹，如金字塔、狮身人面像等等，过去是美洲、欧洲游客热衷的旅游胜地，现在也成为中国游客青睐的旅游目的地。非洲旅游路线可将埃及、苏丹、南非、坦桑尼亚等国"一览无余"。

2）礼貌礼节

埃及人正直、爽朗、宽容、好客。他们见面行握手礼，有时也行亲吻礼。在打招呼时往往以"先生"、"夫人"和头衔称呼对方。人们广泛使用的问候语是"祝你平安"，当斋月来临时，人们常问候"斋月是慷慨的"，回答是"真主更慷慨"。

埃及人把绿色视为吉祥之色，把白色视为快乐之色。一般人都比较喜欢"5"和"7"，认为"5"会给人们带来吉祥，"7"是个受人崇敬的完整数字。和埃及人交谈，他们喜欢谈埃及有名的棉花和古老的文明。

3）饮食习惯

埃及人的主食为不发酵的面饼。副食爱吃豌豆、洋葱、萝卜、茄子、西红柿、卷心菜、土豆等。埃及人忌食猪肉、海味以及奇形怪状的食物，喜欢喝红茶和咖啡。

4）禁忌

埃及人忌讳蓝色和黄色，认为蓝色是恶魔、黄色是不幸的象征。"针"在埃及是贬义的，每日下午3时至5时是严忌买针和卖针的时间，以避"贫苦"和"灾祸"。埃及人忌讳熊猫，因为它的形体近似肥猪。

> **同步业务8-5**

埃及的"闻风节"

每年的4月9日，尼罗河畔阳光和煦、绿草如茵，埃及民众迎来了最古老的传统节日之一——闻风节。男女老少纷纷走出家门，尽情呼吸春风带来的阵阵花香，享受春日的勃勃生机。

在古埃及，闻风节是庆祝春天来临的节日，因此也被称为"春节"。如今，每逢闻风节，埃及全国放假，亲朋好友欢聚一堂，相约踏青。在公园、在海滨，微风处处传播着春天的欢乐，但闻名世界的吉萨金字塔却看不到埃及当地人的踪影。原来，吉萨金字塔曾是埃及人欢度闻风节的好去处，往年在这一天攀登金字塔的埃及人特别多。为保护古迹，埃及当局规定，闻风节时吉萨金字塔只接待外国游客。

"闻风"是阿拉伯语"夏姆·纳西姆"的意译。"夏姆"意为吸、嗅，"纳西姆"意为微风、柔风。闻风节的由来可以追溯到公元前2700年甚至更早。一说是古埃及人根据节气变化而确定的，他们认为这一天是世界的诞生日；一说是古埃及传说中慈善之神战胜凶恶之神的日子。

不论闻风节来历如何，数千年来，它都是埃及人祈愿世界祥和的节日。这个节日让成千上万的埃及人尽情呼吸春天的气息，分享对生活的热情和希望。

资料来源　http://www.sc5757.cn.

8.4.2　苏丹

1）简介

苏丹共和国位于非洲东北部，面积188.6万平方千米，人口3 915万。约半数居民信奉伊斯兰教，其余居民信奉拜物教、天主教和基督教；首都喀土穆；阿拉伯语为官方语言，通用英语；货币名称为苏丹镑。1959年2月4日同中国建交。

2）礼貌礼节

苏丹人以热情好客和注重礼节著称。友人相遇，特别是老朋友久别重逢，彼此握手拥抱，亲切问候，从个人问好一直问到对方的家属、亲戚和朋友等，历时数分钟之久。一旦有宾客临门，往往要现宰肥羊，把生羊肝切成片，撒上一些辣椒和香料，端上桌子，盛情款待客人。

3）饮食习惯

苏丹人以欧式西菜为主，喜食中国的川菜。常吃的菜有番茄、黄瓜、洋葱、土豆等，以及牛肉、羊肉、鸡、鸭、蛋等。苏丹人口味清淡，喜食煎、烤、炸和辣味食品，也爱喝牛奶和咖啡；爱吃香蕉、桃子和西瓜；喜饮果汁和凉开水。

4）禁忌

苏丹人忌食猪肉、海鲜及虾、蟹等奇形怪状的食品；忌用狗的图案做商标。

8.4.3　摩洛哥

1）简介

摩洛哥王国位于非洲西北端，面积45.9万平方千米，人口3 278万，主要是阿拉伯人和柏柏尔人。绝大多数人信奉伊斯兰教；首都拉巴特；国歌为《摩洛哥颂》；阿拉伯语为国语，通用法语；货币名称为迪拉姆。1958年11月1日同中国建交。

2）礼貌礼节

摩洛哥人与客人相见和告别时，一般行拥抱礼，握手礼也较为普及。摩洛哥女士与宾客见面时行屈膝礼。摩洛哥人待客热情，亲朋从远方来，捧上一杯甜的有新鲜薄荷叶的绿茶，是主人表示敬意的礼节。即使是招待各国贵宾，也用这种茶代替酒类。饭后要饮茶三道。

3）饮食习惯

摩洛哥人的饮食简单，普通人一日三餐除面包外，便是几杯香甜可口的绿茶和几粒用盐渍过的橄榄果。

4）禁忌

摩洛哥人忌讳白色，认为它是"贫穷"的象征；认为"13"是个消极的数字，也忌讳六角星和猫头鹰图案。

8.4.4　坦桑尼亚

1）简介

坦桑尼亚联合共和国位于非洲东部，东临印度洋，面积94.5万平方千米，人口4 490万，居民绝大多数为非洲黑人。居民多信奉拜物教、天主教、基督新教和伊斯兰教；首都达累斯萨拉姆；国花为丁香；斯瓦希里语为国语，英语为官方通用语言；货币名称为先令。1964年4月26日同中国建交。

2）礼貌礼节

坦桑尼亚人待人诚恳，注重礼貌。无论被介绍给谁，都要与对方握手问好，客人和主人之间互称"某某先生"。不要称呼他们为"黑人"，而应称"非洲人"，否则是对他们的蔑视和不礼貌。他们视自己的父母是最可亲、可信的人，通常尊称男客人为"爸爸"、女客人为"妈妈"。对客人都会热情招待。

3）饮食习惯

坦桑尼亚部族众多，饮食习惯各异。有的以牛、羊肉为主食，有的以吃鱼、虾为生，也有的以香蕉代饭。大多数坦桑尼亚人以羊肉为主要副食品，还爱吃带浓汁的豆豉鱼、辣味鱼、咖喱牛肉、咖喱鸡等。

4）禁忌

坦桑尼亚人忌食猪肉、动物内脏以及鱿鱼、甲鱼等奇形怪状的食物，也不喜欢谈论有关当地政治等敏感性话题。

同步思考8-4

问题：你知道情人节的来历吗？

理解要点：情人节起源于古代罗马，公元7世纪定名为"圣瓦伦丁节"，于每年2月14日举行，现在已成为意大利和世界各国青年人喜爱的节日。每当节日来临，青年们就忙着挑选礼物赠给心爱的人。人们送的最多的礼物要数圣瓦伦丁贺卡，上面印有各种象征爱情的图案，故又称"情人节"。

同步业务8-6

怎样礼貌地和非洲人交往

和非洲人特别是穆斯林交往时，千万不能用左手递物品，而要用右手。不要与他们谈及政治。他们做礼拜时不能打扰。表示友好时可行握手礼，并要显得落落大方。对黑人不能直呼其"黑人"，而应该称"非洲人"或某国人，否则他们会认为这种称呼是对他们的歧视、不礼貌。所以，我们要注意他们所属的民族和原属哪个国家的殖民地，以便了解他们使用的语言和基本习俗。非洲人大多爱好音乐、舞蹈，即兴时会手舞足蹈，对此不要表露出吃惊的神态，而应理解和尊重他们。由于历史的缘故，非洲人很注意别人对他们的尊重程度，因此礼貌礼仪有着特殊意义。

资料来源　国家旅游局人事劳动教育司.旅游服务礼貌礼节[M].2版.北京：旅游教育出版社，1999.

▶ 本章概要

□ 内容提要

本章简要介绍了亚洲、美洲、大洋洲、欧洲、非洲共 25 个我国主要旅游目的地国家的基本情况、礼貌礼节、饮食习惯和禁忌。同一个地区或同一个民族、同一种宗教信仰、同一种语言的人群，其礼貌礼节或风俗习惯、禁忌往往有相同或相近之处。这些礼仪与禁忌是长期的文化积淀，是不易改变的。到这些国家旅游或接待这些国家的游客都必须掌握这方面的知识。做好接待工作、尊重接待对象，就能提高接待水平，使游客乘兴而来，满意而归；作为一般游客，了解这些知识，就可避免出现不愉快的情况，从而提高旅游的质量。

□ 主要概念和观念

▲ 主要概念

主要客源国　旅游目的地

▲ 主要观念

同一地区或同一民族、同一宗教信仰、同一种语言的人群，其礼貌礼节或风俗习惯、禁忌往往有相同或相近之处。

掌握主要客源国（旅游目的地）的基本概况、饮食习惯、礼仪、风俗和禁忌，对旅游接待人员来说，能提高其接待能力和水平；对出国旅游者来说，能大大提高旅游质量，而且能发展与各国、各民族的友好往来，树立我国在国际上的良好形象。

□ 重点实务

模拟到泰国旅游　接待日本旅游团

▶ 基本训练

□ 知识训练

▲ 复习题

8.1　亚洲和欧洲有哪些主要旅游目的地？

8.2　美洲、大洋洲有哪些主要旅游目的地？

8.3　日本人用筷子有哪些忌讳？

8.4　韩国的商务礼俗有哪些？

8.5　墨西哥人送礼时为什么忌送手帕和剪刀？

8.6　泰国的合十礼有哪四种规格？

8.7　为什么称美国人为"山姆大叔"？

8.8　接待西方国家的游客时，最敏感和忌谈的话题有哪些？

▲ 讨论题

8.1　加拿大人的价值观是什么？

8.2　中国人和法国人对仙鹤、菊花的态度有何不同？

8.3　德国人守纪律、讲整洁对我们有什么启示？

　　□　能力训练

　　▲　理解与评价

　　30年前，还没有"出国旅游"这个词。张建德是上海某大学的退休教师，20世纪80年代，因为工作关系，他有很多出国考察机会，因此很早就有了赴美经历。80年代末，东南亚成为我国最先开放出境旅游的目的地，"新马泰"成为最热门的旅游话题。90年代初，老张带着爱人到泰国旅游，"当时一个月收入也就400元，到了国外，什么都不敢买，什么都觉得贵"。2007年12月中美达成旅游协议，2008年6月首个中国旅行团赴美。这年年底，老张带着家人再次以游客身份赴美。7年过去了，到美国旅游已经成为越来越多的上海人的过节方式，签证延长到10年后，买一张便宜机票就能走。老张感叹："过去出国感觉是一辈子一次的事情，现在变化真是太大了。"

　　国家旅游局数据显示，2014年，中国内地公民出境旅游首破1亿人次，达1.15亿人次，海外支出达到创纪录的1 648亿美元，较2013年增长28%。有数据显示，2015年中国出境游客消费支出预计高达1 940亿美元。这些数据背后意味着，中国已稳居世界第一大出境旅游市场、第一大出境旅游消费国。目前，全球150个国家和地区成为中国公民出境旅游目的地。

　　资料来源　程绩.从"一生一次"到"个性定制"[N].新民晚报，2015-02-16.

　　问题：老张的旅游经历和国家旅游局的数据说明了什么？

　　▲　案例分析

邮筒变成了垃圾箱

　　背景与情境：随着中国游客在韩国越来越多，中韩两国由社会文化差异产生的问题也部分显现出来。韩国《朝鲜日报》9日呼喊"救救邮筒"，抱怨中国游客习惯性地往韩国邮筒里扔垃圾。

　　《朝鲜日报》称，首尔明洞和东大门的邮筒因为中国游客扔的垃圾而肮脏不堪，乐天百货店前的邮筒每周能清出10升垃圾，东大门平和市场入口处的邮筒每周能清出2~3升垃圾。该报记者请一名中国女大学生做自我批评称，"虽然有的邮筒贴上汉语警告语会让人感到不快，但中国人的意识至今未能提高也是事实。没想到就连邮筒里他们也会扔垃圾"。

　　据《环球时报》记者了解，中国游客往韩国邮筒中扔垃圾可能有多种原因：首先，韩国从20世纪80年代中期开始取消垃圾桶，但绝大多数中国人并不清楚这点。韩国人在逛街时，如果手中有垃圾，要么交给购物地点的商贩，要么拿纸或塑料袋装入自己包中。其次，韩国的邮筒与垃圾桶外形相似，容易"误投"。另外，语言不通也是重要原因。韩国网友对该报道议论纷纷，除讥讽声音外，也有不少反省。网友"郑方镐"说，大城市没有垃圾桶本身就是问题，韩国人同样感到不方便，甚至直接往街上扔垃圾。网友"金基范"则认为，旅行社并没有为中国游客准备垃圾袋等解决方案的意识，有关部门应尽快寻找对策，这才是韩国成为观光大国的正确道路。

　　资料来源　张涛.韩媒抱怨中国游客往邮筒扔垃圾[N].环球时报，2015-01-10.

　　问题：请分析中国游客往邮筒里扔垃圾的原因，并为韩国有关部门和中国旅游部门、中国游客提出改进措施。

分析要求：（1）形成性要求：学生分析案例提出的问题，拟出《案例分析提纲》；小组讨论，形成小组《案例分析报告》；班级交流，相互点评和修订各组的《案例分析报告》；在校园网的本课程平台上展出经过修订的各组《案例分析报告》，供学生相互借鉴。

（2）成果性要求：以经班级交流和教师点评的《案例分析报告》为最终成果。

▲ 实训操练

8.1 实训项目：泰国礼貌礼节和禁忌在旅游中的应用

实训要求：将班级学生分成若干小组，以本章"重点实务"中的"模拟到泰国旅游"作为操练项目，模拟游客和当地居民，体验泰国的礼貌礼节和禁忌。

实训步骤：

（1）将班级学生分成若干小组，每组确定1人负责。

（2）各组学生结合本地旅行社组团赴泰国旅游的实际情况，参照本章"同步案例"，进行赴泰国旅游的情境设计，并结合情境设计进行游客和当地居民的角色分工。

（3）各组以本章"实务教学"中泰国的礼貌礼节和禁忌为业务规范，以"情境设计"中的"背景"为基本情节，进行角色操练，体验本项目模拟实训的全过程。

（4）各组学生交换角色，再次体验本项目模拟实训过程。

（5）各组学生记录本次模拟实训的主要情节，总结实训的成功经验、找出存在的问题及解决办法，在此基础上撰写《泰国礼貌礼节和禁忌知识应用实训报告》（以下简称《实训报告》）。

（6）在班级讨论、交流，相互点评与修订各组的《实训报告》。

（7）在校园网的本课程平台上展出经过修订并附有教师点评的各组《实训报告》，供学生相互借鉴。

8.2 实训项目：日本礼貌礼节和禁忌在接待中的应用。

实训要求：将班级学生分成若干小组，以本章"重点实务"中的"接待日本旅游团"作为操练项目，模拟中国导游、日本游客，体验日本的礼貌礼节和禁忌。

实训步骤：

（1）同8.1实训步骤（1）。

（2）各组学生结合本地旅行社接待日本游客的实际情况，参照本章"同步案例"进行接待日本游客的情境设计，并结合情境设计进行导游和日本游客的角色分工。

（3）各组以本章"实务教学"中"日本的礼貌礼节和禁忌"为业务规范，以情境设计中的"背景"为基本情节，进入角色操练，体验本项目模拟实训的全过程。

（4）同8.1实训步骤（4）。

（5）同8.1实训步骤（5），撰写《"日本礼貌礼节和禁忌知识"应用实训报告》（以下简称《实训报告》）

（6）同8.1实训步骤（6）。

（7）同8.1实训步骤（7）。

□ 善恶研判

"出境游押金"迟迟不退引投诉

背景与情境：北京某旅行社在组团出境旅游时，为了防止旅游者滞留境外不归，要求旅游者在组团出境前缴纳一定数量的现金即"出境游押金"。该旅行社在游客出境游结束回国后，逾期未返还出境游押金，涉及387名游客的2 411万元，引发游客集体投诉。

　　资料来源　佚名."出境游押金"迟迟不退引投诉[N].新民晚报，2015-01-15.

　　问题："出境游押金"巨款迟迟不退，反映了该旅行社什么样的问题？

　　研判要求：（1）形成性要求：学生分析案例提出的问题，拟出《善恶研判提纲》；小组讨论，形成小组《善恶研判报告》；班级交流，相互点评和修订各组的《善恶研判报告》；在校园网的本课程平台上展出经过修订并附有教师点评的各组《善恶研判报告》，供学生相互借鉴。

　　（2）成果性要求：以经过班级交流和教师点评的《善恶研判报告》为最终成果。

附录1 待人处世谚语

1. 气量要宏大，待人要真诚。
2. 自知之明量自己，实事求是对别人。
3. 要受人尊重，首先尊重别人。
4. 若要人敬己，必先己敬人。
5. 你尊敬人，人尊敬你。(维吾尔族)
6. 你敬人一尺，人敬你一丈。
7. 不看你待我，只看你待人。
8. 爱人者人恒爱之，敬人者人恒敬之。
9. 用大话不能取得别人对你的尊重。
10. 你对人无情，人对你薄意。
11. 你对人不放心，人对你不实心。
12. 恭敬不如从命。
13. 爱朋友胜过生命，纵然死去还有生命。(蒙古族)
14. 严于责己，宽以待人。
15. 聪明人常常责备自己，愚蠢人常常责备别人。(维吾尔族)
16. 看自己莫用放大镜，看别人莫要隔门缝。
17. 宁可人负我，不可我负人。
18. 功不独居，过不推诿。
19. 有过不包庇，有功不奉承。(白族)
20. 临事需替别人想，论人先从自己想。
21. 以责人之心责己，以恕己之心恕人。
22. 欺人是祸，饶人是福。
23. 把困难留给自己，把方便让给别人。
24. 宁可扶起人，不可推人倒。
25. 为人为到底，送人送到家。
26. 受人之托，忠人之事。
27. 多下及时雨，少放马后炮。
28. 若不与人行方便，念尽弥陀总是空。
29. 喝水莫忘掘井人，赏花应谢育花人。
30. 记住别人给你的好处，忘掉你给别人的恩情。(藏族)
31. 待人恩义千年记。
32. 受人滴水之恩，当以涌泉相报。
33. 把寒冷的冬天，用火热的劳动度过吧！把人家的恩情，用实际行动去报答吧！

（蒙古族）

34. 没有礼貌的人，就像没有窗户的房屋。（维吾尔族）

35. 礼多人不怪。

36. 有礼不怕迟。

37. 千里送鹅毛，礼轻情意重。

38. 盘子里的羊肉虽少，情意深似海洋。（哈萨克族）

39. 客无亲疏，来者当敬。

40. 客来茶当酒，意好水也甜。

41. 有情饮水饱，无情吃饭饥。

42. 瓜子敬客一点心。

43. 招待客人之前，先喂好客人的马。（柯尔克孜族）

44. 客人是否高兴，要看主人是否诚心。

45. 接到的饼大，回送的也大。（朝鲜族）

46. 主雅客来勤。

47. 热不占人风头，冷不占人火炉。

48. 出门让三人：老人、小人和女人。

49. 大欺小，不公道；大帮小，呱呱叫。

50. 一叶浮萍归大海，人生何处不相逢。

51. 在家不理人，出外人不理。

52. 要做雪天一盆火，不做严冬一箱冰。

53. 你有来言，我有去语。

54. 一好要两好，两好合一好。

55. 处世让一步为高，待人宽一分是福。

56. 让人不为低。

57. 让人一着，天宽地阔。

58. 当着矮人，别说矮话。

59. 人同此心，心同此理。

60. 人心换人心，八两换半斤。

61. 若要人下水，自己先脱衣。

62. 己所不欲，勿施于人。

资料来源 张岩松，初萍.现代商务礼仪[M].北京：清华大学出版社，北京交通大学出版社，2014.

附录2　传统敬语

拜望——意为探望。

拜服——意为佩服。

拜辞——意为告辞。

赐教——给予指教。

呈——恭敬地送上去，用于晚辈对长辈或下级对上级。

呈正——把自己的作品送请别人批评指正。

重教——尊称长者给予的教诲。

重问——尊称长者或上级的问题。

重念——尊称长者或上级的挂念。

大作——尊称别人的文章。

奉告——意为告诉。

奉还——意为归还。

奉陪——意为陪伴。　　　　、

贵庚——询问对方年龄。

贵姓——询问对方姓名。

惠存——请保存，多用于送人相片、书籍等纪念品时。

惠顾——指对方到自己这里来，多用于商家对顾客。

华翰——尊称别人的书信。

华诞——尊称别人的生辰。

恭候——恭敬地等候。

请便——请对方自便。

钧鉴——敬请长辈或首长看信，用于书信开头的称呼之后。

高就——指离开原职担任较高职位。

高寿——用于询问老人的年纪。

府上——尊称对方的家或老家。

光临——宾客来到。

光顾——商家多用以欢迎顾客。

璧还——用于将物品归还原主或辞谢赠品。

璧谢——意为退还原物并表示感谢，多用于辞谢赠品。

千金——称别人的女儿。

公子——称别人的儿子。

驾临——指对方到来。

宽衣——请别人脱下衣服。

仰承——意为遵从对方的意图。

资料来源　张岩松，初萍.现代商务礼仪[M].北京：清华大学出版社，北京交通大学出版社，2014.

附录3 传统谦辞

敢——表示冒昧地请求别人。

敝——旧时用于与自己有关的事物。

寒门——贫寒的家庭。

刍议——指自己的议论。

错爱——表示感谢对方的爱护。

斗胆——形容大胆。

痴长——用于年纪较大的人，说自己白白地比对方大若干岁。

不才——自我谦称。

笨鸟先飞——指能力差的人，做事恐怕要落后，比别人先行动。

拙——多谦称自己的文章、见解等。

卑职——旧时官吏自我谦称。

老朽——老年人的自我谦称。

才疏学浅——意为学而不广、学而不深。

过奖——对方过分地表扬或夸奖。

不敢当——表示承担不了。

资料来源　张岩松，初萍.现代商务礼仪[M].北京：清华大学出版社，北京交通大学出版社，2014.

附录4 公历节日

2月7日："二七"纪念日

3月5日：学雷锋纪念日

3月1日：国际海豹节

3月8日："三八"国际妇女节

3月12日：中国植树节

3月14日：国际警察日

3月15日：国际消费者权益日

3月21日：世界森林日、消除种族歧视日

3月22日：世界水日

3月23日：世界气象日

4月1日：愚人节

4月7日：世界卫生日、世界无烟日

4月22日：世界地球日

4月第四个星期日：儿童预防接种宣传日

4月24日：世界青年团结日

4月25日：世界儿童日

5月1日：国际劳动节

5月4日：中国青年节

5月8日：世界红十字日

5月12日：国际护士节

5月第二个星期日：母亲节

5月17日：世界电信日

5月30日：中国"五卅"运动纪念日

5月31日：世界无烟草日

6月1日：国际儿童节、国际儿童电影节

6月5日：国际环境日

6月第三个星期日：父亲节

6月23日：国际奥林匹克日

6月25日：中国土地日

6月27日：国际禁毒日

7月1日：中国共产党成立纪念日、国际建筑日

7月3日：国际合作节

8月1日：中国人民解放军建军节

9月8日：国际新闻工作者日、国际扫盲日

9月10日：中国教师节

9月第三个星期二：国际和平日

9月第四个星期日：国际聋人节

9月最后一周的一天：世界海事日

9月20日：中国爱牙日

9月27日：世界旅游日

10月1日：中华人民共和国国庆节、世界音乐节、国际老人节

10月2日：国际和平斗争日

10月第一个星期一：国际住房日

10月第二个星期三：国际减轻自然灾害日

10月9日：世界邮政日

10月14日：世界标准日

10月15日：国际盲人节

10月16日：世界粮食日

10月24日：联合国日

10月31日：世界勤俭日

11月1日：万圣节

11月10日：世界青年日

11月17日：国际学生日

11月的第四个星期四：感恩节

12月1日：世界艾滋病日

12月5日：社会经济发展国际志愿人员日

12月10日：世界人权日、诺贝尔日

12月25日：圣诞节

资料来源　张岩松，初萍.现代商务礼仪[M].北京：清华大学出版社，北京交通大学出版社，2014.

附录5 农历节日

正月初一：春节

正月十五：元宵节、壮族歌圩节、朝鲜族上元节、苗族踩山节、达斡尔族卡钦

正月十六至二十：侗族芦笙节

正月二十五：填仓节

正月二十九：送穷日

二月初一：瑶族忌鸟节

二月初二：春龙节、畲族会亲节

二月初八：傈僳族刀杆节

三月十五：佤族播种节

三月十五至二十五：白族三月街

清明日：清明节

四月十八：锡伯族西迁节

五月初五：端午节、黎族朝花节、苗族龙船节

五月十三：阿昌族泼水节

五月二十二：鄂温克族米阔鲁节

五月二十九：瑶族达努节

六月初六：姑姑节、壮族祭田节、瑶族尝新节

六月二十四：彝族、阿昌族、白族、佤族、纳西族、基诺族火把节

七月初七：女儿节、乞巧节

七月十三：侗族吃新节

七月十五：盂兰盆会、普米族转山会

八月十五：中秋节、拉祜族尝新节、仡佬族后生节

九月初九：重阳节

十月初一：祭祖节

十月十六：瑶族盘王节

十二月初五：苗族姊妹饭节

十二月初八：腊八节

冬至日：冬至节

十二月二十三、二十四：祭灶日

十二月三十：除夕

资料来源 张岩松，初萍.现代商务礼仪[M].北京：清华大学出版社，北京交通大学出版社，2014.

主要参考书目

[1]张岩松.职业礼仪教程[M].北京：清华大学出版社，2014.

[2]张岩松，初萍.现代商务礼仪[M].北京：清华大学出版社，北京交通大学出版社，2014.

[3]魏雪，常瑛.礼仪与修养[M].北京：电子工业出版社，2014.

[4]朱列文，李薇.服务礼仪与形体训练[M].北京：中国轻工业出版社，2014.

[5]何叶.商务礼仪[M].西安：西安交通大学出版社，2014.

[6]李建峰，董嫒.社交礼仪实务[M].北京：北京理工大学出版社，2014.

[7]胡爱娟，陆青霜.商务礼仪实训[M].北京：首都经济贸易大学出版社，2014.

[8]万里红.最实战商务礼仪[M].北京：机械工业出版社，2013.

[9]周文柏.中国礼仪大辞典[M].北京：中国人民大学出版社，1992.

[10]陈本林，等.涉外知识大全[M].上海：上海人民出版社，1992.

[11]金应忠，等.国际知识基础[M].上海：上海社会科学院出版社，1988.

[12]陆永庆，吴宝华.旅游服务礼貌礼节[M].昆明：云南人民出版社，1993.

[13]赵景卓.公关礼仪[M].北京：中国财政经济出版社，1995.

[14]关彤.接待礼仪[M].海口：南海出版公司，1996.

[15]吴宝华.礼貌礼节[M].北京：高等教育出版社，1995.

[16]杨军，等.旅游公关礼仪[M].昆明：云南大学出版社，1995.

[17]张四成.现代饭店礼貌礼仪[M].广州：广东旅游出版社，1996.

[18]陆永庆.现代旅游礼仪学[M].青岛：青岛出版社，1998.

[19]金正昆.涉外礼仪教程[M].北京：中国人民大学出版社，1999.

[20]陈刚平，周晓梅.旅游社交礼仪[M].北京：旅游教育出版社，2000.

[21]杨眉.现代商务礼仪[M].大连：东北财经大学出版社，2000.

[22]上海市精神文明建设委员会办公室.文明礼貌100题[M].上海：复旦大学出版社，2000.

[23]金正昆.服务礼仪教程[M].北京：中国人民大学出版社，2005.

[24]上海市旅游专业编委会.旅游服务礼仪[M].北京：旅游教育出版社，2003.

[25]陆永庆，阮益中.现代会务服务[M].上海：上海交通大学出版社，2005.

[26]文晓玲，李朋.社交礼仪[M].大连：大连理工大学出版社，2008.

[27]刘元.送礼[M].北京：海潮出版社，2004.

[28]姜瑞华，张玉会.会展礼仪[M].大连：东北财经大学出版社，2009.

[29]向国敏.现代会议策划与实务[M].上海：上海社会科学院出版社，2003.

[30]饶雪梅.会展礼仪[M].北京：中国劳动社会保障出版社，2006.

[31]朱立安.国际礼仪[M].广州：南方日报出版社，2001.

[32]吴忠军.中外民俗[M].4版.大连：东北财经大学出版社，2015.

[33]薛群慧，邓永进，庄新成.现代旅游接待礼仪[M].北京：北京大学出版社，2006.